英格兰民族语言形成的
社会历史根源

The Social and Historical Origins of English
as a National Language in England

张尚莲 著

外语教学与研究出版社
FOREIGN LANGUAGE TEACHING AND RESEARCH PRESS
北京 BEIJING

图书在版编目（CIP）数据

英格兰民族语言形成的社会历史根源：中文、英文／张尚莲著. —
北京：外语教学与研究出版社，2016.2（2017.6 重印）
 ISBN 978-7-5135-7190-6

Ⅰ. ①英…　Ⅱ. ①张…　Ⅲ. ①语言史-研究-英格兰-汉、英
Ⅳ. ①H310.9

中国版本图书馆 CIP 数据核字（2016）第 043900 号

出 版 人　蔡剑峰
项目负责　孔乃卓
责任编辑　付分钗
封面设计　郭　子
版式设计　付玉梅
出版发行　外语教学与研究出版社
社　　址　北京市西三环北路 19 号（100089）
网　　址　http://www.fltrp.com
印　　刷　北京九州迅驰传媒文化有限公司
开　　本　650×980　1/16
印　　张　16.5
版　　次　2016 年 2 月第 1 版　2017 年 6 月第 2 次印刷
书　　号　ISBN 978-7-5135-7190-6
定　　价　52.90 元

购书咨询：（010）88819926　电子邮箱：club@fltrp.com
外研书店：https://waiyants.tmall.com
凡印刷、装订质量问题，请联系我社印制部
联系电话：（010）61207896　电子邮箱：zhijian@fltrp.com
凡侵权、盗版书籍线索，请联系我社法律事务部
举报电话：（010）88817519　电子邮箱：banquan@fltrp.com
法律顾问：立方律师事务所　刘旭东律师
　　　　　中咨律师事务所　殷　斌律师
物料号：271900001

序

张尚莲的博士毕业论文即将出版了，作为她的指导教师，我感到非常欣慰。三年期间，我见证了作者完成本书的全过程及史学素养方面的不断提高，愿在此与广大读者分享自己内心的激动和喜悦。

张尚莲是河北工业大学外国语学院的英语教授。2011 年在博士研究生入学面试时，她对自己跨学科攻读博士学位就表现出很强的兴趣和决心。她认为，一名长期从事英语教学与研究工作的高校教师，应该对英语成长发展的历史有一个深入的理解与认识。考入天津师范大学历史文化学院攻读史学博士学位，正是使得自己的英语修养再上一个新台阶的努力和尝试。

因此，英语史成为张尚莲的研究选题。这也是出自她对我国英语史研究现状的长期观察：历史界学者对历史发展进程中的语言形式描写仍然不多，而外语界学者对语言发展中的社会历史因素仍缺乏足够的关注。她的研究恰恰想搭建两类研究的桥梁，并取得了一定的研究成果。

回顾历史，英语发展成为英格兰的民族语言经历了一个曲折多变的过程。社会的变迁对语言的演变和发展起到了至关重要的作用。英格兰最初的语言是凯尔特语。5 世纪中叶，日耳曼人迁入后则以盎格鲁－撒克逊语为主，盎格鲁－撒克逊语即为古英语，这是英格兰使用英语的开始。本书从社会史角度，结合英格兰从古代到中世纪晚期的政治、经济、宗教、文化的历史来考察英语作为民族语形成的社会根源，以期为英语语言史研究提供新的视角并丰富其研究内容。鉴于中世纪英语是英语民族语形成的重要时期，本书着重研究了中世纪英语发展的历史阶段语言与社会文化历史的交互影响。

首先，作者明确了盎格鲁－撒克逊时期的古英语是现代英格兰民族语言的根基，但同时它也是几种语言的混合体。日耳曼人的迁徙促使古英语逐渐与凯尔特语、拉丁语的接触与交融。8 至 10 世纪斯堪的纳维亚人入侵并定居不列颠使得古诺斯语也对古英语产生了重大影响。这一时期的古英语属于综合型语言，主要依靠词汇自身形态变化（性、数、格、时态、语态等）来表示语法关系。10 世纪，盎格鲁－撒克逊人已经有了相对成熟的标准语——西撒克逊方言。

第二，作者通过大量的珍贵史料，阐明了 11 世纪中叶诺曼征服后英国社会出现的拉丁语、法语及英语三种语言共存现象。法国贵族成为英国的统治阶层主体，法语以及在西欧大陆上盛行的拉丁语也随之进入英国。法语成为上层社会的语言，而英语则是社会大众普遍使用的语言。英国语言有了明显的社会性。13 世纪以后，英法之间在政治上的矛盾冲突日益尖锐，尤其是在百年战争期间，英国国王和英国大贵族失去了在法国的领地，定居英国的贵族逐渐放弃使用法语，使得英语的使用在英国社会上层越来越普遍。

第三，作者还进一步论证了伦敦作为统一市场形成的地位是英语统一的重要因素。商品贸易的发展加强了英国各地的经济往来，而"伦敦的经济是全国经济交流的引擎"，伦敦的经济地位在英语标准化进程中起了最关键的作用。以伦敦英语为主的商人在经济活动中加强了各地方言英语的整合。当时各地移民以伦敦为核心，他们的方言与伦敦方言互相交融与改变，使伦敦英语成为了一个南方方言、东南部方言和东中部方言的混合体。

此外，作者还重点研究了官方使用英语的历史渊源以及英语普及和规范化过程的重要因素。自 14 世纪起，王室法庭开始用英语代替拉丁语或法语，其中包括公告、章程、遗嘱、议会记录、诗歌、论著等。14 世纪中叶，议会颁布《辩护法令》，要求法庭审讯程序必须用英语，这标志着官方使用英语的开始。官方文书与大众语言也在逐渐趋于一致。在此之后，威克里夫翻译的《圣经》、乔叟的《坎特伯雷故事》以及莎士比亚的戏剧都为英语语法的规范、英语语汇的丰富起到了不可替代的作用。

印刷术出版行业的发展也为英语的普及作出了巨大的贡献。所有这些都为早期现代英语的确立奠定了重要的基础。

　　总的看来，本书以英国中世纪社会、政治和文化变化的历史背景考察了英语作为民族语的形成。国内外对该方面的研究大多集中于语言学界，从社会史角度的拓展研究则很少，本书从社会史角度，尽可能地收集了翔实史料来阐释英语的发展规律及英语在民族国家形成中的重要作用，为英语史提供了新的研究视角并丰富了其研究内容。作者将英语的发展置入历史研究框架之中，特别从中世纪社会历史角度系统探讨了影响英语民族语言地位确立的社会文化背景。这样的研究属于跨学科研究，强调了从社会史角度阐述英语的发展和演变。这不仅对语言史研究给予了社会史方面的补充，也为世界史研究提供了新的视角。

　　三年期间，张尚莲好好体会了攻读博士学位的艰辛。既当学生又当老师的角色让她不得不频繁往来于天津师范大学和河北工业大学这两个几乎位于天津南北两端的学校，有好几次在一天内她连续奔波在两个学校的三个校区，单天行程百余公里。三年的学习和工作她几乎没有节假日，总是把工作干完，立即又投入学习，有时连乘地铁、坐公共汽车也都成为她读书不能错过的时机。读博三年，一路走来，情感和精力的付出都很多，但张尚莲也有了可喜的收获。论文写作完成仅是一个阶段的结束，我希望她能够继续完善自己的研究，把读博期间的学习所得融入到自己的学习和教学当中去，开启新的研究历程！

天津师范大学历史文化学院教授、博士生导师

2014 年 10 月 31 日

目 录

前　言

一、研究意义

语言是人与人之间传递情感、相互交流的重要工具。人们借助语言保存和传递人类文明的成果。语言的产生和发展是和社会的发展密不可分的。语言是社会生活和社会意识的一面镜子，语言不能脱离社会而存在，社会的发展与变化必然影响语言的发展变化。[1]

语言是民族的重要标志之一。一般来讲，每一个民族都有自己的语言，语言对于一个民族的形成起着非常重要的作用。在民族组成的多个要素中，位于核心的是宗教和语言。[2] 而语言在民族国家形成过程中又往往起着对内唤醒民族意识、凝聚民族向心力，对外同其他民族相区别的重要作用。语言的这种族群属性标记功能使它成为人们身份和认同的重要辨识与表现手段，是民族和国家的标记，具有重要的象征意义。[3]

据德国出版的《语言学及语言交际工具问题手册》统计，现在世界上查明的有 5651 种语言。虽然英语不是当前世界上使用人口最多的语言，但是当前世界上使用最广泛的语言。大致说来，世界上说英语的人群可划分为三类。其中第一类人以英语为母语，人口约在 3 亿 5 千万到 4 亿左右，他们分布在除拉丁美洲之外的几乎所有地区。第二类人群将英语看作是正常生活中不可或缺的一部分，是接受良好教育或进行社交活动

[1] 陈平："语言民族主义：欧洲与中国"，载《外语教学与研究》，2008 年第 1 期，第 4 页。

[2] Huntington, S., *The Clash of Civilizations and the Re-making of World Order*, Simon & Schuster, 1996, p. 59.

[3] 陈平："语言民族主义：欧洲与中国"，第 4 页。

的重要工具。他们居住在亚非两州的国家和地区，英语在部分国家被法定为官方语言。第三类英语语言使用者的族群也往往把英语看作是能否进入知识阶层的重要标志。在他们居住的国家或地区，英语虽没有被指定为官方语言，但是国民教育中的重要组成部分，在绝大多数学校中英语是官方指定学生的必修的第一外国语。除了这三类讲英语的人外，世界各国还散落居住着很多使用洋泾浜英语（Pidgin English）和克里奥尔英语（Creole English）的特殊人群。[1] 不难看出，全球当前使用英语的人口数量巨大，占有显著地位。

然而，与众多当今仍在使用的语言相比，英语的历史并不算长，只有大约 1500 年的历史。英格兰最初的语言是凯尔特语并不是英语。说英语的人们的祖先是活动在欧洲北海岸一带的日耳曼人。他们说的方言都属于低地西日耳曼语。由于这些方言彼此近似，不同部族之间语言沟通障碍较小。5 世纪中叶，居住在这一地区的三个日耳曼部落盎格鲁人（Angles）、撒克逊人（Saxons）和朱特人（Jutes）侵入不列颠。不列颠岛原先居住的居民凯尔特人被赶到西北山区一带，日耳曼人成为岛上的主人。由于侵入不列颠岛的盎格鲁人（Angles）最多，不列颠岛逐渐以盎格鲁人来命名，被称为"英格兰（England）"，其含义是"盎格鲁人的土地（land of the Angles）"，他们所说的语言就是"盎格鲁语"。"盎格鲁语"与撒克逊人的方言、朱特人所说的方言等逐渐融合在一起，被后人称之为古英语。对英语最初发展阶段的称谓，历史上曾有过多种意见。最广泛的两种称谓是"Anglo-Saxonicus"（盎格鲁－撒克逊语）和"Old English"（古英语）。17 世纪初，英国史学家凯穆丹（William Camden）首先使用拉丁语"Anglo-Saxonicus"（盎格鲁－撒克逊语）来指诺曼征服前的英语，这一名称在后来英语史的研究中被学者们广泛采用。[2]"Old English"（古英语）这一名称早在公元 1200 年前后就已有人使用，当时这两个字的拼法是"ald Englis"。[3] 但这一说法被广泛采用是在 19 世纪末人们才开

---

1 Algeo, J. (ed.), *The Cambridge History of the English Language (Vol. 6)*, Cambridge University Press, 1998, pp. 630-631.

2 Algeo, J. (ed.), *The Cambridge History of the English Language (Vol. 6)*, Cambridge University Press, 1998, p. 632.

3 具体参见 Seinte Marherete 一书第 52 页。转引自 Algeo, J. (ed.), *The Cambridge History of the English Language (Vol.6)*, Cambridge University Press, 1998, p. 632.

始用古代英语（Old English）来取代"盎格鲁 - 萨克逊"一词[1]。也有一些学者认为，用"古英语"来指诺曼征服前的英语不太妥当。他们认为，盎格鲁 - 撒克逊时期的现存手稿几乎没有一部是用盎格鲁人的墨尔西亚方言抄写的，我们所看到的手稿多是用不列颠西南部的西撒克逊方言抄写。所以，体现这一时期英语真实面貌的是西撒克逊方言不是盎格鲁人的方言。不过，早在 8 世纪初，英国历史学家比德已将不列颠岛上所有日耳曼部族称为"gens anglorum"（英国人），在当时文化领域称雄一时的西撒克逊王阿尔弗雷德大帝（Alfred the Great）也把他们的本族语称为"englisc"。由此可见，当时在不列颠岛上的各日耳曼部落已有了民族共同语意识，"englisc"（英语）已是岛上各个日耳曼部族所用方言的通称。[2]从英语发展的连续性角度来看，笔者认为"Old English"一词与"Anglo-Saxon"一词相比可以更直观地体现英语在演变过程中的连续性，似乎更为妥当。

由于语言的演变过程很缓慢，人们为讨论方便，不得不将所研究语言按时间顺序进行切分。目前，人们普遍采纳的断代方法是，将英语按其历史发展顺序依次分为古代英语（Old English，450–1100）、中世纪英语（Middle English，1100–1500、现代英语（Modern English，1500 至今）三大段，其中第三段又可大致以 18 世纪初北美独立战争为界分为早期现代英语（Early Modern English，1500–1899）和当代英语（Present Day English，1800 至今）。[3]

在这 1500 年的发展过程中，中世纪英语是一个过渡时期：从古代英语过渡到现代英语，起着承上启下的作用。本书选取的重点就是中世纪英语史的研究。英语在这一阶段首先是顺应了语言发展的一般趋势：从最初的综合性语言渐渐演变成分析性语言，词形从多变化到大大减少。与此同时，该阶段的英语发展又有其非常独特的一面：它能够在中

1　英国史学家比德（Bede）曾经使用 Angli Saxones（盎格鲁 - 撒克逊人）一词，以区别被他称作 Antiqui Saxones 的欧洲大陆撒克逊人。后人使用的 Anglo-Saxon 一词应源于此。参见 Quirk 第 2 页。转引自 Algeo, J. (ed.), *The Cambridge History of the English Language (Vol. 6)*, Cambridge University Press, 1998, p. 632.

2　具体参见 Strang 第 378 页。转引自 Algeo, J. (ed.), *The Cambridge History of the English Language(Vol. 6)*, p. 632.

3　Algeo, J. (ed.), *The Cambridge History of the English Language (Vol. 6)*, p. 631.

世纪晚期几近成为英国民族语言这一过程并不像汉语成为中国的国语那么一帆风顺，而是经历了垂死、复生、逐渐壮大、最终发展成为英格兰民族语言的复杂过程。从公元 5 世纪中叶开始到公元 12 世纪中叶为止（449-1150），即从日耳曼各部族大举移居不列颠后到诺曼征服（1066）前，是古英语方言并存并互相竞争的时期。诺曼征服后，法语在 11 世纪及 12 世纪一度是英国统治阶级的语言，英语仅作为英格兰老百姓使用的下层语言，并不能登上大雅之堂。但到 13 世纪初约翰失地王时期（John Lackland，1199-1216），英国贵族在法国的大量领地丧失致使他们不可能再回到大陆而只能滞留在英国本地，英国成了他们真正的家园，他们不得不使用英语来交流，这就为英语从下层语言上升到官方语言提供了一个契机。到了 14 世纪，各地方言兴起，以伦敦为中心的统一市场形成，市民阶层政治地位逐渐提升，在议会中争取到了越来越多的话语权，议会开始用英语发表演说，各类经济政治法律文件使用英语也越来越多；以乔叟为代表的作家用英语写作发表的作品数量也随着卡克斯顿（Caxton）将印刷术由欧洲大陆引进伦敦而越来越多，各行各业所用英语渐趋规范，英语才逐渐上升为英国的主导语言。

英语的这一发展历程有其独特的社会文化背景。本书拟将英语的发展置入当时的历史发展情景之中，特别从中世纪社会历史角度系统探讨社会因素对英语语言的影响及社会历史在英语语言中的反映，从而揭示英语由于多元社会因素及语言自身发展趋势的交互作用而最终演变成为英格兰民族语言的全过程。语言的变化原因纷繁复杂，本文不能面面俱到，鉴于中世纪英语是古英语到早期现代英语的过渡期，是英格兰民族语言的重要形成期，本书着重研究中世纪英语这一历史阶段，特别是中世纪晚期（13-15 世纪）语言与社会历史的交互影响及具体呈现。为将这一研究重点阐释清晰，本书遵循两条写作主线：一是要利用史料搞清楚中世纪英语书面语言的内部特征，特别是词法及句法演变特征。英语要成为民族语言，首先是能够被英国民众所接受。而大众语言就不应仅仅被当做口语来使用，只有当这一语言变成文字时其语言的功能才能充分体现出来。英语词法及句法变化则能很好地体现其文字上的发展变化。而了解这些特征则需要通过查找及分析详实的历史文本（包括不同时代及不同地域的社会、政治、经济及法律文本等）来证明英语在逐渐简化并趋于统一后才逐渐被大多数人所接受，成为真正的大众语言。二是要突出在 13-15 世纪英语书面语在英格兰社会经济活动中特别是伦敦成为英格兰首都后所起到的越来越重要的作用。13-15 世纪是英语重要的发展阶段，表现在其用途越来越广泛。它不仅是人们交流的工具，还是经济生活中不可缺少的语言工具，如商人记账、记录土地产量等经济方面的用途。在政治方面，法庭使用英语越来越多了，如王室法庭、议会记录、文史档案等所有这些都发生在中世纪晚期。然而，促使英语渐趋统一进而成为民族语言的最有影响的因素应当是伦敦成为英格兰的首都。伦敦当时是全国最大、最富裕的城市，在中世纪后期已成为英格兰王国行政、商业、文化和社会的中心。可以说，伦敦英语的发展历史就是英格兰民族语言（抑或说是英语标准语）形成的历史。[1]

　　由此看来，了解中世纪英语形成英格兰民族语言的这一过程有助于进一步了解英格兰中世纪的政治、经济和文化图景，这是作者对中世纪英语进行研究的第一个原因。

　　作者选取中世纪英语进行研究的第二个原因是试图突破英语史的研究一直以来较多专注于研究英语的内部结构考察，而从笔者所收集到的材料来看，专门针对英语语言与民族、文化、地理、历史等方面的关系（即语言的外部史）的研究仍很少。诚然，每一种语言在本质上都是不可穷尽的，因此我们对语言的研究不可能指望对其做全面的探究，更不可能做全面的描述。[2] 然而，大地、人与语言是一个不可分离的整体，即使在纯语法研究的领域里，我们也绝不能把语言与人、把人与大地分割开来。[3] 研究英语如何演变为英格兰民族语言的社会根源首先属于社会语言学的范畴。"研究语言不能脱离社会；研究社会语言学，更不能脱离社会而单独进行。语言不仅仅是一个结构符号系统，而且还具有社会文化属性，是一种社会文化现象"。[4] 因此，语言研究是不应该脱离社会的。然而，由于反映社会文化现象的语言事实难以发现，同时对事实做到准确

1　Fisher, J. H., *The Emergence of Standard English*, University Press of Kentucky, 1996, p. 4.
2　洪堡特："普通语言学论纲"，载《洪堡特语言哲学文集》，姚晓平译，商务印书馆 2011 年，序言第 4 页。
3　洪堡特："论人类语言结构的差异"第 67 节，载《洪堡特语言哲学文集》，姚晓平译，序言部分，第 1 页。
4　陈平：《语言民族主义：欧洲与中国》，载《外语教学与研究》，2008 年第 1 期，第 4 页。

的解释也很困难，对英语语言外部史的研究较少。北京大学历史学家钱乘旦教授在《英国通史》中也提到"英语本土语言在诺曼征服后只在社会中下层及凯尔特血统占统治地位的威尔士、苏格兰和爱尔兰有所保留，但这种本土文化始终保持着其顽强的生命力。英语富有灵活多变的特征，对外来语有很强的吸附能力，在诺曼统治的三百年中不但没有被法语所替代，使用人数反而越来越多，到后来统治阶级也在逐渐接受这一语言。但在文化史上英语是怎样跻身到上层社会的是很复杂的一个问题，很难考察。"[1]

英语逐渐发展为上层社会最终接受的过程难以考察，一方面是说英语语言发展有其自身规律，加上促成其向前发展及滞后的社会文化背景错综复杂，很难理出一条清晰的思路来。但反过来说，正是由于英语语言的发展与其所依赖的社会历史文化背景息息相关，研究语言的历史文化背景才可以给研究者提供一个新的研究中世纪文化视角，从而更深入地认识中世纪的英格兰。我们可以依据史料来分析其中包含的诸多历史文化因素并在以后的章节中分类阐述。笔者试图通过查找中世纪大量原件如议会档案、书信、商业记录、商业信函、个人的信件等进行调查，寻找反映英格兰社会文化特征的语言现象，并透过语言现象分析其对英格兰社会、政治、经济、文化等方面所起到的作用。

进行中世纪英语语言史研究的第三个原因是笔者认为进行这一研究对提高英语语言教学有重要意义。笔者本人从事高校英语教学已经有十多年。在英语教学当中，教师及学生往往注重现代英语语言的发展状况，对于英语早期是如何发展、伦敦英语的地位是如何确立及它在经受拉丁语、法语等语言好几百年影响之后又如何跻身为官方语言的历史渊源则由于史学知识的欠缺而容易把这一重要课题忽视。事实上，这些史学知识是所有深入学习英语语言的老师及学生所应了解的。对英语教师来讲，在意识到了解英语语言渊源的重要性后，多读一些关于英语发展史方面的著作，自己的认知视野会变得更开阔，从而可以在进行英语语言、翻译及文学等方面的教学中更深入地解释其来龙去脉。对研究英语语音、语法和词汇的学生来说，了解语言史也有助于让他们拓宽研究思路，从

---

1 钱乘旦，许洁明：《英国通史》，上海社会科学院出版社，2002年，第103页。

历史发展和演变的角度来分析语言现象；而对喜欢英语文学的学生来讲，如果对早期的英语知识有所了解，他们就能更主动地借助词典和注释阅读古英语散文和乔叟、莎士比亚等人的作品，并深入领会其思想内涵。由此可见了解英语语言发展史对老师及学生都很有必要。

本书的创新点主要是以英国中世纪社会、政治和文化变化的历史背景来考察英语作为民族语的形成。国内外对该方面的研究大多集中于语言学界，从社会史角度的拓展研究则很少，本书欲从社会史角度，尽可能收集翔实的史料来阐释英语的发展规律及英语在民族国家形成中的重要作用，以期为英语史提供新的研究视角并丰富其研究内容。鉴于中古英语是英语标准语重要形成期，我们着重研究中古英语历史阶段语言与社会文化历史的交互影响。在梳理好中古英语的语言内部特征的基础上，要通过分析不同时代及不同地域的政治、经济、法令、文学等文本来来阐明英语在逐渐简化并趋于统一，最终被接受为英国的民族语言。

本研究属于跨学科研究，强调从社会史角度阐述英语的发展和演变。这不仅对语言史研究给予了社会史方面的补充，也为世界史研究提供了新的视角。对国内外语言史的研究者来说如何处理好语言发展变化的内部因素与外部因素一直是一个难题。自上世纪初索绪尔区别内部语言学与外部语言学以来，[1] 语言学者多研究"内部语言学"，研究"外部语言学"似乎有些不符合现代语言学精神，而语言史的研究是无法脱离研究社会、历史、文化对语言变化推进和制约的。[2] 正如笔者在研究意义部分所提到的，本书试图通过查找中世纪大量原件如议会档案、书信、商业记录、商业信函、个人的信件等进行调查，寻找反映英格兰社会文化特征的语言现象，并透过语言这些现象分析其对英格兰社会经济等方面所起到的作用。研究英语成为民族语言的过程实际上就是英语在中世纪晚期重新获得它在官方的话语权的过程，而这一动态变化又是多元因素合

---

[1] 瑞士的语言学家斐迪南·德·索绪尔（Fardinand de Saussure）是现代语言学及结构主义语言学的开山鼻祖，现代语言学的许多理论基础都来源于索绪尔语言学。他认为，语言是表达观念的独立系统，是语言学家应该关注的唯一对象。

[2] Algeo, J. & Pyles, T. *The Origins and Development of the English Language (fifth edition)*, 世界图书出版公司，2009 年，p. 5.

力的结果。对于英语而言，其政治、经济、文化宗教的变革直接或间接影响语言地位的提升与下降。期待本书在英语语言内史与外史相结合方面的研究有所突破。

二、学术史回顾

研究英语语言史首先是语言史，同时它也与英国的社会史、政治史、经济史，文化史、哲学史和民族史等紧密相关。英语语言史是国外语言学研究中经久不衰的话题，而国内对此研究起步晚，专门著述很少。本文先梳理国外英语史研究情况，然后对国内相关研究做一回顾，并对英语史经典著作论文的主要贡献及相关专业论著与论文尽可能细致地加以整理分析。

1. 国外研究现状

语言学有悠久的研究历史。人类最早的语言研究是从解释古代文献开始的，是为了研究哲学、历史和文学而研究语言的。中国在汉朝时产生了小学，包括文字、音韵和训诂。公元前 4 世纪到 3 世纪，印度和希腊就出现了语法学。而现代的语言学建立于 18 世纪初期。[1] 1786 年，英国语文学者威廉·琼斯爵士（William Jones）就欧洲语言的谱系问题宣读了他关于梵语、希腊文、拉丁语同源的有关论文。[2] 他的这一论断为当时新兴的领域提供了科学的比较研究方法，对语言学界具有重要的意义，但同时也在客观上为后世的历史语言学者勾画出一个不易突破的研究范围。此后 100 多年，历史语言学者们都将语言研究聚焦在语言内部结构如语音、音系、句法、词汇等的发展变化上，对影响语言发展变化的社会文化因素却长期没有给予足够的重视。[3] 将社会文化因素与语言演变研究彻底割裂的是瑞士语言学家索绪尔等其他与之持有相同或类似结构主义观念的语言学者。索绪尔认为语言是表达观念的独立符号系统，语言

---

1 http://baike. baidu.com/subview/9995/5117367. htm?toSubview=1&fromId=9995&from=rdtself

2 Fennel, B. A., *History of English: A Sociolinguistic Approach*, Blackwell, 1998, p. 21.

3 Knowles, G., *A Cultural History of the English Language*, Peking University Press, 2004, Guide Part, p. 1.

的研究应当是纯粹对语言内部结构的观察、分析与判断。[1] 这种只研究语言系统本身的状况一直持续到 20 世纪上半叶。此后的几十年中,随着社会语言学、语用学等新语言学分支的相继确立及其理论的迅速发展,语言研究者开始重新审视语言与社会之间复杂多变而又不可分割的关系。美国语言学家萨丕尔认为,一个特定社会所做和所想的就是该社会文化的核心内容。[2] 人们的行动和思想如果发生变化,该社会所用的语言也必然发生变化,语言的变化与其所处的历史时代紧密相关。

上述变化着的语言研究方法与内容在历史语言学界特别是英语史学界表现明显。自 18 世纪末历史语言学确立,至今已有 200 余年,英语史作为历史语言学的一个分支,也早已受到海外语言学界的重视,他们对英语史的研究也有近两个世纪的历史。依据英语史学研究的方法与内容变化,笔者将国外有关英语史的相关研究主要分为以下三类:第一类是侧重于语言形式描写的英语内部结构史研究,这一类研究基于上述研究背景著述最多,已经有了相当的规模。第二类是将英语语言发展史与社会文化史接轨的学术性研究或是介绍英语发展历史的通俗作品;第三类是史学通史类、经济社会史类的专著或论文对英语发展史的简要介绍。关于中世纪英语史的研究历史,笔者也将在介绍完英语整体发展史之后进行简要介绍。

第一类是侧重于语言形式描写的英语史研究。该类专著很多,主要集中在语言内部的发展与变化特征描写上,系统地讲述英语从古至今的发展历程。下面是几部对英语发展史介绍全面而又各具特色的代表作。

第一部是约翰·艾尔吉奥(John Algeo)和托马斯·派欧斯(Thomas Pyles)所著的《英语的起源与发展》(*The Origin and Development of the English Language*)。[3] 该书将英语语言的发展按照古英语时期、中古英语时期、早期现代英语以及后期现代英语四部分讲述,每部分着重讨论各时期英语的词汇意义、构词方法和借词等问题。另外,该书还提到了语言的符号性、交际性及传承性等特性,指出了研究英语史的必要性。托马斯·派欧斯在

1　Saussure, Ferdinand de, *Course in General Linguistics*. La Salle: Open Court, 1986, p. 15

2　萨丕尔:《语言论:言语研究导论》,陆卓元译,商务印书馆 1964 年。

3　Algeo, J. & Pyles, T. *The Origins and Development of the English Language (fifth edition)*,世界图书出版公司 2009 年(原出版商:Harcourt Brace Jovanovich College, 1993)。

第五版继承传统研究英语内部结构的基础上，专门阐释研究英语语言外史的必要性。全书脉络清晰、史料详实，是一本在国际上广泛使用的英语史教材。

琳达·马格尔斯通（Lynda Mugglestone）编著的《牛津英语语言史》[1]是又一本视野宽广、详略得当、重点突出的单卷本英语语言史学专著。参与写作的14位专家大多是在各自研究领域具有相当影响力的欧美国家的教授，包括专门从事古英语文学的英国教授苏珊·欧文（Susan Irvine）和以研究古诺斯语与古英语之间相互影响见长的知名学者马修·汤恩德（Matthew Townend），使该书平添了一层难得的群体探索氛围。专家们凭借深厚的语言史功底，通过比较不同时期、不同地区的英语，系统地讲述了英语的演变发展和不断向外传播的经过。马格尔斯通指出《牛津英语语言史》不是又一次简单重复英语历史，其重要意义在于研究者们通过考察英语的某些方面在历史叙述中的缺失，认真分析围绕各种可能缺失而展开的相关论述，对英语历史进行认真的再建构。如马格尔斯通对英国文艺复兴时期英语（约1500-1700年）进行了重新架构。作者认为该时期的英语正处于一个矛盾重重而又充满生机的关键期，它既带有中世纪英语后期复杂的方言多样性，又显示出语言趋于标准化的倾向。[2]

具有代表性的以历史文献为核心的英语史教程当属邓尼斯·弗里伯恩（Dennis Freeborn）的《英语史：从古英语到标准英语》。作者选取了200余篇反映各时期英语面貌的原始文本，通过对这些文本的分析讲解，生动具体地呈现出一部英语的变迁史。选文大多附有原文扫描图片、转写文本（包括用古英语字体和当代英语书写体转写的文本）以及现代英语译文（包括逐词翻译及意译），对本书写作具有很高的参考价值。特别应指出的是该书用了近一半的篇幅从第六章到第十四章（全书共二十章）详细阐释中世纪英语的发展变化。在第十二章作者专门分析了英国密德兰地区方言特点、伦敦方言的特点以及14世纪英语书面语的发展状况，因为这些地区是现代标准英语的发源地。在第十三章，作者又进一步以乔叟（Chaucer）的诗作为例分析了伦敦的方言特征。这为笔者深入分析英

1　Mugglestone, L., *The Oxford History of English*, Foreign Language Teaching and Research Press, 2011.
2　Ibid.

语民族语的形成提供了难得的原始资料。更重要的是，该书所选史料被编排得一目了然，其分析更是细致入微，具有很好的借鉴意义。

专门介绍古英语的单卷本的英语史论著也有不少，《古英语入门》(*A Guide to Old English*)[1] 便是重中之重。30 多年以来，《古英语入门》一直是一部标准的古英语语言和文学的教科书。此书由两部分组成：第一部分有对古英语语言的介绍，其中包括了对正字、发音、屈折形式、构词法的介绍以及对古英语句法的权威论述。接着是对古英语研究的介绍，内容涉及对于语言、文学、历史、考古学和生活方式的讨论。在第二部分，该书选了大量包括散文和诗歌的古英语文本，其中有许多是完整的文本，国内读者可以利用该书提供的词汇表直接阅读古英语文本，对国内学习和研究古英语语言和文学都有很好的帮助。[2]

详尽叙述英语历史的多卷本巨著是剑桥大学出版的《剑桥英语史》六卷本 (*The Cambridge History of the English Language*)。这是一部规模空前的巨著，前四卷是从史前到 20 世纪 90 年代末的英语正史部分；第五卷和第六卷分别为《英国及海外英语》和《北美英语》，两卷书以地理分布为线索，讨论了近三百年来英语的普及情况。这部巨著汇集了数十位英美学者多年的研究成果，都是英语史学界很有影响的著名学者。全书的论述从语言学的核心内容（语音学、形态学、语义学、句法学）一直延伸到人名和地名的专名学领域，内容权威，视角独到，分析方法多样，是英语史研究者一部很好的工具书。

对本书写作最有启发意义的是《剑桥英语史》的第一卷、第二卷和第三卷。第一卷涉及诺曼征服之前的英语，了解古印欧语特别是古日耳曼语对了解英语的形成及其本质起着重要的作用。第二卷、第三卷是对中世纪英语及近代英语的描述和阐释。这两卷在对中世纪英语及近代英语的语音、词法、句法等全面阐述的同时，有两个重点很突出。一是研究中世纪英语的方言学（Dialectology）。当时说英语的人们还没有标准英语这一概念，到了 13、14 世纪居住在英格兰各地区的人们还依然讲着各自的方言，并根据自己方言的发音拼写自己的文字，并且有一定的随意

1　Mitchell, B., *A Guide to Old English*. 2nd ed. Oxford: Basil Blackwell, 1968.

2　杨开范："国内古英语文学研究 30 年述评"，载《理论月刊》，2012 年第 8 期，第 81-86 页。

性。为突出中世纪英语的这一特点。第二卷特意开辟一章，集中研究中世纪英语的方言学（Dialectology）以及相关问题。二是对标准英语拼字（Orthography）及标点符号的正确使用的讨论。15 世纪初印刷术从欧洲大陆被引入英国，人们逐步建立了衡量英语优劣的统一标准，像对待拉丁语和法语一样，他们开始重视正确拼写自己的母语，在书写时正确使用标点符号，这在英语发展的过程中是很大的进步。第三卷第二章专门讨论了标准英语拼字（Orthography）及标点符号的正确使用这一现象。[1]

第二类是将英语语言发展史与社会文化史接轨的学术性研究以及介绍英语发展历史的通俗作品。

如前所述，20 世纪 50 年代依然盛行着只注重语言系统本身的变化而忽略社会文化环境影响的传统结构主义倾向。然而，在相继出版的一批英语语言史专著与教材中也有例外，阿尔伯特·鲍（Albert C. Baugh）和托马斯·凯博（Thomas Cable）合著的《英语史》[2] 在 1978 年出版的第三版中就表达了试图均衡对待语言"外史"与"内史"的意愿。该书既沿袭了传统英语史教科书的编排，对英语语言各个发展阶段在语音、形态、句法、词汇等方面分别作了详细的描述和比较，又凭着深厚的历史研究功底将英语语言置于当时的历史大背景之下，以严谨顺畅的叙事风格阐释了英语语言在其特殊的政治、社会与文化外力的推动下所经历的语言演变。[3] 如作者在第五章详细分析了诺曼征服后英语沦为非官方语言从 1066 年至 1200 年的历史背景。在第六章和第七章又阐述了从 1066 年至 1200 年英语成为官方语言的社会地位重新确立的社会状况。作者对该时期社会状况的分析有独到的见解，如在亨利三世（1216–1272）期间，整个英格兰几乎都是外国人，外国人的教会在英格兰的税收是国王的三倍，亨利三世又草率将财产赠与法国人等行动使英语语言使用几乎完全处于被动状态。然而，作者指出这并不是对英语的发展不利，因为外国人多反而增强了英格兰人反抗外族人的意识，促使其民族意识不断增长，并随之逐渐认识到英

1 Algeo, J, (ed.), *The Cambridge History of the English Language (Vol.6)*, p. 634.

2 Baugh, A. C., & Cable, T., *A History of the English language*, London: Routledge & Kegan Paul, 1978.

3 Ibid: p. xiii.

语应当是英格兰的主导语言（England for the English）[1]。另外，该书脚注中的目录及每章结尾处具体的相关文献介绍是本书写作的重要参考资料。

杰里·侬斯（Gerry Knowles）于 1979 年出版的《英语语言文化史》（*A Cultural History of the English Language*）[2] 是在这一语言学思潮中推出的很有特色的英语史专著。该书为英语 1500 多年的演变历史提供了翔实的文化史依据，有意略去了传统英语史教科书对语言结构变化的详细分析，重点突出，为本书梳理写作思路提供了很好的帮助。在具体内容方面，该书依据英语发展的时间顺序，介绍了英语自形成后在不同阶段接触这些历史上强势种族所使用的北欧语言、法语、拉丁语等带给英语自身的影响，继而又论述了曾给英语带来深刻影响的重大历史事件如瓦特泰勒农民起义、百年战争、宗教改革、17 和 18 世纪的"语言纯净运动"等。这些论述有助于读者形成一个明晰的历史概念，并了解到英国复杂的政治、社会、文化历史对英语演变所起到的重要作用。

从社会语言史角度来阐述英语语言史的发展的代表作品是出版于 90 年代末期的芭芭拉·菲内尔（Barbara A Fennell）的《英语语言史：社会语言史研究》（*A History of English: A Sociolinguistic Approach*）[3]。作者尝试从几种不同的观察角度来探讨英语语言的发展。首先，本书的主要章节都有一个大事记列表，列出了这一阶段发生的与英语语言演变有关的历史事件或社会文化现象；在年代列表后面的则是"社会历史与政治历史"一节，有助于读者了解本阶段英语背后决定其演变走向的社会政治环境，为紧接其后关于英语言内部结构变化的讨论做了历史背景铺垫。各章最后一节是"社会语言学特别关注"，突出了本书以社会语言学的角度对英语发展变化进行诠释的特点。总起来说，这部著作视角新颖，内容相对完备。遗憾的是，作者未能对决定英语嬗变的社会原因进行更为详细的阐述。

前面提到的这些学术性专著从体例编排上都采用了传统英语史教科书的编排模式，将英语的发展过程分为古代英语（449-1066）、中古英语（1066-1600）、早期现代英语（1600-1800）和现当代英语（1800 至

---

1 Baugh, A. C., & Cable, T., *A History of the English language*, pp. 120-121.

2 Knowles, G., *A Cultural History of the English Language*, Arnold, 1979.

3 Fennel, B. A., *History of English: A Sociolinguistic Approach*, Blackwell, 1998.

今），其文化史、社会语言学等的研究视角都为研究英语语言的整体发展过程提供了很好的范例。除学术专著外，还有介绍英语历史的通俗作品。这些作品都是结合历史发展的大背景来讲述，可归为英语史中以外史为主的类型。例如罗伯特·麦克伦（Robert McCrum）、罗伯特·麦克尼尔（Robert MacNeil）和威廉·克兰（William Cran）合著的《英语的故事》（1986，1992，2002）（*The Story of English*）[1]，以及塞思·勒雷（Seth Lerer）所著的《发明英语》（*Inventing English: A Portable History of the Language*）[2]等等。此类著作一般配有电视专题片同步播映，可更直观地对英语语言的发展有一个初步了解。

关于中世纪英语史的研究，按照传统的分法，中世纪英语（Middle English）[3]始于 1066 年的诺曼征服，结束时间是 1485 年（亨利七世即位，都铎王朝开始）。这两个年份在英国政治史上都及其重要，期间 400 多年的历史对英语语言的的发展都产生了重要的影响。但正如"13 世纪从 12 世纪产生，14 世纪也从 13 世纪产生一样"[4]英语的变化不是一朝一夕的事情，它是连续发展的，不能靠具体的年份将其断开。中世纪英语的起始与结束是以一系列语言变化的特征来标记的。最重要的特征之一可能应归于"英语诗歌之父"乔叟（Geoffrey Chaucer）。许多人是通过读乔叟的作品才对中世纪英语有了一些了解。更为重要的是自威廉·卡克斯顿（William Caxton）于 1476 年将乔叟的《坎特伯雷故事》印刷出版后，这一作品更加广为人知。此后的几个世纪人们总是把乔叟与中世纪英语联系在一起。[4]还有一位作家马洛礼（Malory）也几乎与乔叟齐名。他的作品《亚瑟王之死》（*Le Morte d'Arther*）在 16 世纪到 19 世纪期间被印刷多次。不过由于乔叟和马洛礼都属于文学界，人们通过阅读他们的作品开始对中古英语感兴趣，并且主要集中在文学方面而非语言本身。

对中世纪英语书面语其他方面的深入研究始于 19 世纪，部分原因

1　McCrum, R., Macnail, R. & Cran, W., *The Story of English (Third Revised Edition)*, Penguin Books, 2003.

2　Lerer, S., *Inventing English: A Portable History of the Language*, Columbia University Press, 2007.

3　Middle English 传统译为"中古英语"或"中世纪英语"，这里笔者倾向于将其译为"中世纪英语"，原因是 Middle 一词在这里指这一阶段介于古代与现代之间，而从诺曼征服到都铎王朝开始共约四百年的历史通常被史学界归为欧洲中世纪史阶段，其间使用的 Middle English 也就顺理成章地译为"中世纪英语"。

4　查尔斯·霍莫·哈斯金斯：《12 世纪文艺复兴》，上海人民出版社 2005 年，第 5 页。

是由于浪漫主义运动（Romantic Revolution）。[1] 这一时期的民谣、浪漫文学及散文诗都已出现。托马斯·里特森（Thomas Ritson）及帕西主教（Bishop Percy）是首批通过他们的作品将这类文学形式传播给大众的人。学术性较强的书当属弗德利希·曼登爵士（Sir Frederic Madden）的作品《布鲁特》（*Brut*），出版于 1847 年，至今还很有价值。然而对中世纪英语的研究不像古代英语那么有吸引力，很可能由于这是一个过渡期，也可能是由于异教文化与基督教文化之间的联系（inter-relationship）不是太多。幸运的是，这一时期出现了乔叟这样的大作家。乔叟称得上是第一个对英语进行加工和润色的人，他的文学作品对英语在当时统治阶层及社会大众中的广泛传播做出很大的贡献。不过，在一些学者看来，乔叟仍是一个新时代的发起者，而不是中世纪英语时期的典型。[2]

19 世纪历史语言学兴起，主要集中在方言研究、音系研究及个人信件等文本的研究上。19 世纪出版的中世纪英语文学作品大多涉及音系特征的研究，很少或几乎没有句法方面的特征（尽管也有对个别词语的评述）。这一时期韵律研究很多，呈现在学者面前的是一大堆丰富的材料，比古代英语丰富得多，可将其分为方言和次方言。材料多需要有一个合理的模式来整理。这项工作的杰出代表就是摩尔（Moore）等多位学者的同语线（isogloss）研究[3]。这项研究基于 266 个文本，跨越 300 年（12–15世纪），方言图共分为十大区域来讨论。该研究到现在仍是搞音系研究或英语标准语形成的重要参考资料。

二战后中世纪英语的研究有了很大的飞跃。自本世纪 60 年代以来，欧美专门从事研究中世纪英语的专家在深入调查的基础上发表了一系列关于中世纪英语的论文，但讨论英语书面语标准化问题的似乎也并不很多。首先讨论英语书面语标准化问题的是塞缪尔（M. L. Samuel）的论文《中古英语的实际应用》（*Some Applications of Middle English*

1　Ruggiers, P. G. (ed.), *Chaucer: The Great Tradition*, Pilgrim, 1984.

2　Blake, N. (ed.), *The Cambridge History of the English Language* (Vol.2:1066–1476), Cambridge University Press, 1992.

3　Moore, S., Meech, S. B. & Whitehall, H., "Middle English Dialect Characteristics and Dialect Boundaries", in *Essays and Studies in English and Comparative Literature*, University of Michigan Press, pp.1-60, 1935.

Dialectology)。[1] 塞缪尔的研究认为有四种语言类型由于没有明显的方言特征很可能近似于英语书面语，或者说可能是 15 世纪开始出现的英语书面标准语的原型语言。[2] 第一种类型是威克里夫英语圣经手稿所用的语言，这是一种接近文学标准的语言，建立在中部密德兰（Central Midland）地区的方言基础之上。这是因为罗拉德派（Lollard）运动中心如拉特沃思（Lutterworth）和莱斯特（Leicester）很明显在传播该类语言。自 1430 年罗拉德派在英格兰中部地区和南部地区都在使用，有时也有其他方面的用途。第二种近似标准（proto-standard）的语言类型是伦敦及伦敦周围的非官方书面语，如 Auchinleck 文本（早期英语祈祷用的圣诗集）及塞缪尔研究辨识出来的 14 世纪中期的文本。第三种类型是乔叟、高厄、朗格兰、利德盖特、霍克利夫（Chaucer、Gower、Langland、Lydgate 和 Hoccleve）所写的上乘作品及钱伯斯与当特（Chambers & Daunt）合编的《伦敦英语 1384–1425》[3] 所收集的大批文件。这些文本虽有拼写上的变体，但文本中词屈折形式及句法的一致性都使其近似于英语标准体。第四种类型是大法院标准英语（Chancery Standard English）。1430 年之后大批的政府公文用的都是近似于标准英语的语言，当然这和乔叟的语言很不同，但该类型却为现代英语书面语奠定了坚实的基础。费希尔（Fisher）[4] 受塞缪尔启发很大，他研究了 14、15 世纪大法院英语（Chancery English）对英语标准语形成的贡献[5]。马尔科姆·理查德逊（Malcolm Richardson）博士在其论文中也探讨了英王亨利五世所用英语和大法院英语的相似之处[6]。

继费希尔和理查德逊在研究中强调英语语言在 15 世纪初英国的"本土化"的过程中市政厅的记录的重要性到现在 30 年后，格威利姆·多德（Gwilym Dodd）将这一研究又推进了一步。他撰写的关于英语语言社会

---

1 Samuels, M. L., "Some Applications of Middle English Dialectology". *English Studies* 44(1963): pp. 81-94.

2 Fisher, J. H., *The Emergence of Standard English*, University Press of Kentucky, 1996, Introduction, pp. 5-6.

3 Chambers, R. W. & Daunt, M. (eds.), *A Book of London English 1384–1425*, Clarendon, 1931.

4 费希尔教授是美国田纳西大学研究中世纪英语史专家，更是研究英语标准语形成的权威。

5 Fisher, J. H., "European Chancelleriesry and the Rise of Standard Languages", *Proceedings of the Illinois Medieval Association* 3, 1986, pp.1-33.

6 Richardson, M., "Henry V, the English Chancery, and Chancery English". *Speculum* 55(1980): pp. 726-50.

地位上升、法语地位在下降的论文[1]运用史实例证指出了这两种语言力量对比变化的重要时间节点。多德认为，"十五世纪呈交给议会的议案选择语言有一个戏剧性的转变：1425年几乎所有的文件都用盎格鲁－诺曼法语；而在1450年，几乎所有的都是用英语写的。"又如按照多德的分析，在15世纪初，法语在城市市议会记录中被废弃。议会议员可能比各郡的骑士更愿意用英语来向国王呈交正式文件。运用类似的分析方法，多德又指出各郡停止用法语的时间也有明确的节点：例如，在温彻斯特黑皮书（*Black Book of Winchester*）中，法语于1411年后不再使用；在科尔切斯特（Colchester）市议会记录中显示的是1412年。[5]他还指出议案书写人选用英语是一种偏好而非语言政策规定所致。这一过程也是缓慢完成的。英语和法语在一段时期内都已很好地满足了语言及行政需求。历史学家和历史语言学家都认为亨利五世在英语成为政府用语的发展过程中起到了决定性作用。但真正转折期是在亨利六世期间，特别是在15世纪30年代，英语地位彻底转变，即从一开始是法文或拉丁文写成的文件中只是有个别出于新奇而使用英语到成为日常文案的工作语言。也是在这一时期英语得到官方认可，国王使用英语方言来回复普通议案——这一行为有力地证明了英语的重要性，这要比英语只出现在国王加印的信件（signet letters）更有说服力。多德进一步指出，亨利六世期间使用英语的动机并非他本人不懂法语，一方面是由于英语有其实用性，另一方面是由于亨利六世想摆脱法语[6]以争取普通民众的支持。很明显，国王用英语是为了让普通民众听懂。多德依据大量史实分析细致，见解独到，对笔者完成本书具有重要借鉴意义。

　　专门探讨英语标准语[2]形成的专著并不很多，费希尔于1996年出版的《英语标准语的出现》（*The Emergence of Standard English*）[3]是最有见地的研究著作之一。他认为英语语言的发展并不是像大多数传统学者所认为

1　Dodd, G, "The Rise of English, the Decline of French: Supplications to the English Crown, c. 1420–1450", *Speculum*86 (2011), pp.117-149; 136; 143-144.

2　本论文要考察的主题是英语民族语形成的社会文化根源。这里的英语民族语不是指英语口语而是英语书面语。英语民族语言形成过程也是英语标准语或英语官方语的形成过程。所以，为避免多次重复，文中会经常用"英语标准语"或"英语官方语"替代"英语民族语"。关于它们的区别，本文暂不做详细讨论。

3　Fisher, J. H., *The Emergence of Standard English*, University Press of Kentucky, 1996.

的那样没有规划。相反，大量的史实证明英语书面语及发音在过去甚至是现在主要是由于社会政治和知识分子力量的影响才变得标准化了，并非天然而成。英语书面语标准化先于英语口语标准化。他从大法院英语、乔叟使用的英语及兰卡斯特王朝语言使用趋于统一等角度深刻探讨了促使英语标准语形成的外部因素[1]，对笔者的研究有重要参考价值。

除此之外，《从记忆到书写记录》(*From Memory to Written Record*)[2]这本书详细阐述了英格兰从 1066 年至 1307 年约三百年间的中世纪英国从口头语到书面语的演变史，这对笔者讨论英语书面语的起源很有帮助。更多著作从中世纪英语与英格兰社会政治经济文化等的某一个或几个角度探讨相互之间的关系。如有讨论中世纪英语发展与英格兰政府之间密切关系的研究[3]，有介绍卡克斯顿印刷术对英语标准语所产生的重大影响的专著[4]，有专门讨论中世纪时期法语、拉丁语、英语在社会主导地位不断交替的具体历史原因的著作[5]等，相信这些著作对本书无论是写作角度的选择还是语言的分析方法、史料的参考等都会很有启发。

最后一类第三类是史学通史类或经济社会史类的专著或论文对英语发展史的简要介绍。上个世纪末以来，在西欧中世纪的宗教、政治、经济和文化的研究中相继涉及到了英语语言在中世纪的发展状况，已出版的几部学术价值较高的专著和论文都有与本书相关的内容，为笔者提供了很好的借鉴。《牛津通史》在"中世纪后期（1290–1485）"一章"走向民族国家"部分专门讨论了中世纪晚期人们的识字情况及英语语言的演变。其中的一些结论对笔者扩充史实资料加强中世纪晚期英国社会的认识很有帮助。如作者提到识字的普及和英语的频繁使用是十四五世纪的两大发展。它们表明英国人对公共事务的认识在增长，也反映了他们

1　费希尔对英语标准语形成与法庭用语及乔叟对英语标准语形成的贡献有深入探讨，费希尔认为，1400 以前各地都在自由使用自己的方言，没有书面统一形式。到英王亨利四世和五世执政期间，英语标准化初见端倪，很重要的一个原因是那时的英国国王需要获得普通大众的支持和帮助，以便在议会取得胜利。因此，议会使用的法语必须改为英语以便能够与普通民众交流。英语的统一也就逐渐开始。

2　Clanchy, M. T., *From Memory to Written Record: England, 1066-1307*, Harvard University Press, 1979.

3　W. Rothwell, "Language and Government in Medieval England", *ZFSL* 93 (1983), 258-70.

4　Blake, N. F., *Caxton and his World*, Andre Deutsch, 1969.

5　Trotter, D.A., *Multilingualism in Later Medieval Britain*, Cambridge, 2000.

的爱国主义和民族主义感情。但作者也指出"这事让人相信并不难，但要详细证明却不易。"[1] 一方面研究英语语言的发展的社会大背景很有意义，另一方面也表明了其研究的难度。霍罗克斯和奥姆罗德（Horrox & Ormrod）合编的《英格兰社会史 1200-1500》在第 18 章专门讨论了英格兰中世纪晚期识字和阅读状况。该章作者保罗·斯特罗姆（Paul Strohm）提醒英语史研究者这一时期拉丁语和法语在逐渐被替代，但是拉丁语在教会及文学两大领域在这三百年中一直保持着其强势地位，法语也一直被用在中世纪晚期的法律记录中。[2] 此外，作者在第五章关于社会流动性的分析对笔者的写作也很有启发。

目前笔者接触到的其他经济社会史领域著作对本文写作帮助很大的著作有：考察 1200 年至 1500 年间中世纪英格兰的社会关系的著作是里格比（Ribgy, S. H.）的《中世纪晚期的英格兰社会：阶层、地位和性别》，作者指出黑死病之后英格兰的贵族结构发生巨大变化，贵族内部的等级划分愈益分明。[3]

关于英格兰城市发展史的阐述有很多，其中，比利时学者亨利·皮朗的《中世纪的城市》[4] 是一本观点鲜明、史料详实的杰作；英国学者诺曼·庞兹的《中世纪城市》[5] 对中世纪城市作了概括性研究；里尔主编的《剑桥不列颠城市史》（第一卷）[6] 则是对英国城市发展史的一个细致分析，涉及城乡之间的关系、城市内部的社会结构等诸多方面；汉斯 - 维尔纳·格茨（Hans-Werner Goetz）在《中世纪生活》[7] 中对城市领主的封建特权、市民的日常生活与宗教生活都作了详细的介绍。英国中世纪城市的兴起与发展对英语语言的使用及规范并上升到英格兰官方语言有重要推动作用，笔者将在第三章进行阐述。

1　[英] 肯尼思·O. 摩根：主编《牛津英国通史》，王觉非译，商务印书馆 1993 年，第 229 页。

2　Horrox, R. & Ormrod, W. M. (eds.), *A Social History of England (1200–1500)*, Cambridge University Press, 2006. p. 455.

3　Rigby, S. H., *English Society in the Later Middle Ages: Class, Status, and Gender*, London, 1995.

4　[比] 亨利·皮朗：《中世纪的城市》，陈国樑译，商务印书馆 2006 年。

5　Pounds, N., *The Medieval City*, Greenwood Press, 2005.

6　Palliser, D. M., ed., *The Cambridge Urban History of Britain c.600–c.1540*, Vol. 1, Cambridge, 2000.

7　[德] 汉斯 - 维尔纳·格茨：《欧洲中世纪生活》，王亚平译，东方出版社 2002 年。

2. 国内研究现状

与国外学界比较而言，国内学界有关英语史的研究一直都较薄弱。长期以来在历史学领域内相关的研究内容尚不多见，尤其是尚未见以西欧中世纪英语发展变化为专题的历史学著作。而英语界人士对英语史研究在英语学习中的重要性也是在近些年才逐渐加深了认识。首先，有一些英语史的著作出版，如秦秀白教授 1983 年出版的《英语简史》[1] 是我国学术界第一本有关英语发展历史的专著。本书从语言学角度对古英语到现代英语的产生发展及当代英语的发展趋势做了比较系统的陈述。李赋宁教授 1991 年出版的《英语史》[2] 探讨了英语内部结构发展的全过程，内容全面，很有参考价值。解楚兰教授 1995 年出版的《英语史话》[3] 生动有趣地讲述了有关英语的起源和演变。另外还有周有光教授 1997 年出版的《世纪文字发展史》[4] 中介绍了英语文字史的发展。此后至 2013 年之前，国内有关英语史的专著一直没有问世。直到 2014 年，张勇先教授出版的《英语发展史》[5] 将英语置于其宏观社会文化背景之中，从社会语言学的角度阐述了英语从英格兰到全球范围的传播与发展。以上著作为本书的写作提供了重要参考。遗憾的是近几年关于英语史研究的中文专著笔者尚未见到。

以英国社会发展为背景来研究英语语言与社会之间关系所发表的相关论文较多，主要来自于国内英语语言学界。这里笔者选取有代表性的论文简要做一介绍：较早的是宋德生的《简析诺曼征服后英国的语言状况及其发展主流》[6]，本文分析了诺曼征服后两种语言的并用情况包括法语逐渐消亡及英语词缀逐渐消亡及英语词缀的简化过程，作者指出，"诺曼征服后所形成的两种语言平行使用的状况是当时历史条件下有利于维持民族关系的最合理的语言政策。"法语在英国消亡的根源在于"诺曼民族在英国在放弃诺曼底的田产而认同英国后被逐渐同化。英语词缀系统的简化得益于诺曼征服后造成的英语放任自流状态，而大量法语借词进入

1 　秦秀白：《英语简史》，湖南教育出版社 1983 年。

2 　李赋宁：《英语史》，商务印书馆 1991 年。

3 　解楚兰：《英语史话》，江苏教育出版社 1995 年。

4 　周有光：《世界文字发展史》，上海教育出版社 1997 年。

5 　张勇先：《英语发展史》，外语教学与研究出版社 2014 年。

6 　宋德生："简析诺曼征服后英国的语言状况及其发展主流"，载《石油大学学报》，1996 年第 3 期，第 78-80 页。

英语乃是优势语言和劣势语言长期并存与优势语言消亡过程中的必然产物。"[1] 杨敏在《诺曼征服对英语的影响》[2] 一文中收集了诺曼征服后法语词汇进入英语在政府机构及宗教方面的例子，简要分析了诺曼征服促使复杂的古英语开始简化的过程。另外，作者还阐述了语言在民族认同问题上以及在民族主义的表现形式和发展过程中所起的作用。民族语言是社会语言学家、历史学家和政治学家都十分关心的问题。陈平在《语言民族主义:欧洲与中国》[3] 一文介绍和分析德国、英国/爱尔兰、法国和中国语言民族主义的表现特征，探讨了"这些国家各自的语言在民族和国家的历史演变和在同时代政治社会生活中的作用"。作者指出:"语言的民族属性标记功能在近代德国和法国表现突出，但在英国、爱尔兰则相对弱化。"[4] 程冷杰，江振春在《英国民族国家形成中的语言因素》[5] 一文中借用历史时期的传统分期框架，结合重大历史事件，分析英语在民族国家形成中所扮演的历史使命。[6] 作者指出古英语形成期是缺乏民族自我的年代；到了中古英语时期英格兰人从民族意识的萌发到有民族认同感；民族国家的形成是在现代英语时期。在探讨英语民族语形成的过程方面，必然要涉及到乔叟作品对英语发展的贡献。肖明翰的《〈坎特伯雷故事〉的朝圣旅程与基督教传统》详细分析了作品中的典型人物故事背后所含中世纪晚期英国社会多种特征并指出坎特伯雷故事的宗教意义。[7]

考虑到语言的发展与社会发展密不可分，要阐释英语民族语的形成过程的社会因素就必须对英国中世纪晚期的社会有很好的认识。

马克垚先生在《西欧封建经济形态研究》[8] 和《英国封建社会研究》[9] 等著作中，对西欧封建经济形态和英国封建社会的特征的详细研究对国内

1　宋德生:"简析诺曼征服后英国的语言状况及其发展主流"，载《石油大学学报》，1996 年第 3 期，第 78-80 页。

2　杨敏:"诺曼征服对英语的影响"，载《外语研究》，2006 年 4 月号中旬刊，123-124 页。

3　陈平:"语言民族主义:欧洲与中国"，第 4-13 页。

4　同上。

5　程冷杰，江振春:"英国民族国家形成中的语言因素"，载《外国语文》，2011 年第 3 期，第 80-84 页。

6　同上。

7　肖明翰:"《坎特伯雷故事》的朝圣旅程与基督教传统"，载《外国文学》，2004 年第 6 期，第 93-98 页。

8　马克垚:《西欧封建经济形态研究》，人民出版社 2001 年。

9　马克垚:《英国封建社会研究》，北京大学出版社 2005 年。

学者进一步全面了解中世纪西欧封建社会有着重要意义。在经济 – 社会史领域，国内世界史学者在社会转型研究方面有丰富的学术成果。侯建新教授在《社会转型时期的西欧与中国》一书中，从经济 – 社会史的角度出发重新审视社会转型问题，[1] 指出西欧社会转型的基本原因不在于某项技术或资源，而在于其社会本身的变化。英国中世纪晚期以农村经济的普遍发展和富裕农民兴起为基础发展起来的"第三等级"推动了社会结构的变化。他们既有一定的经济地位，又有一定的政治地位，是现代农村的发起人，是迈向现代农村社会的载体。[2]

在中世纪西欧政治史方面，阎照祥教授的《英国政治制度史》详细地研究了英国政治制度的发展历程，并提供了丰富的史料。[3]

王亚平教授关于西欧法律演变的社会根源、西欧中世纪土地用益权的演变、中世纪西欧社会中的三个等级及西欧中世纪的三次文艺复兴等方面有自己非常独到的见解。在《西欧法律演变的社会根源》一书中，王亚平教授从史学角度分析西欧社会的法律变化启发了笔者最终决定选择从社会史角度分析英语民族语形成的社会根源。王亚平教授没有将法律看作僵硬的条文，而是将其还原到历史发展之中，与人的社会活动紧密相连，从而以社会结构的变迁作为西欧法律演进的基础，有助于我们深入理解西欧社会的发展特点。[4] 在《试析中世纪晚期西欧土地用益权的演变》一文中王亚平教授指出中世纪的西欧土地的用益权决定了地租的形态，地租的形态既决定了中世纪西欧土地上附着的各种权利，也反映了人们的社会关系和政治地位，而经营土地方式的演变改变了人们的社会地位和身份，进而影响到整个社会结构的变化。[5] 在《试析中世纪西欧社会中的三个等级》一文中，王亚平教授指出西欧中世纪社会"农民、贵族和教士三个等级构成了社会的主体。等级划分的依据是三类最主要的社会活动：即农业生产、战争和基督教的传教。"[6] 等级制度构成了中世

---

1 侯建新：《社会转型时期的西欧与中国》，济南出版社 2001 年。
2 侯建新：《社会转型时期的西欧与中国》，2001 年。
3 阎照祥：《英国政治制度史》，人民出版社 1999 年。
4 王亚平：《西欧法律演变的社会根源》，人民出版社 2009 年。
5 王亚平："试析中世纪晚期西欧土地用益权的演变"，载《史学集刊》2010 年第 5 期，第 80-86 页。
6 王亚平："浅析中世纪西欧社会中的三个等级"，载《世界历史》，2006 年第 4 期，第 60-68 页。

纪社会的基础。但随着社会的发展，三个等级变化很大。[1] 在《论西欧中世纪的三次文艺复兴》一文中，王亚平教授指出文艺复兴在西欧社会经济和政治发生重大转变时期，都会伴随出现复兴古典文化为特点的思想文化运动。[2] 发生在 8 世纪和 9 世纪的文艺复兴注重恢复学习拉丁语，为古典文化的传承保留了最基本的载体；12 世纪的文艺复兴促进了对古典哲学的学习，创立了中世纪的科学；14、15 世纪的文艺复兴在创新古典文化的同时，深刻地探究了人的本质。[3] 王亚平教授针对中世纪社会结构的变化及法律、宗教、文化等方面的深入探讨对笔者分析中世纪早期出现三语共用现象及中世纪晚期英语使用社会地位上升法语地位下降的社会因素有很大帮助。

　　了解中世纪英国城市发展特别是伦敦周边地区的发展及东密德兰地区的发展对笔者分析东密德兰地区的语言使用状况也很有帮助[4]。刘景华教授关于崛起时期英国经济地理格局的演变、英国崛起的外来因素及中世纪城市对近代文明因素的孕育等方面的精辟论述对笔者拓宽研究视野、加强英国城市发展特征的认识很有帮助。刘景华教授在《论崛起时期英国经济地理格局的演变》一文中指出从 11 世纪至 16 世纪初，英国经济总体落后，且发展不均，经济水平呈现东南高、西北低的明显梯度。[5] 东南部经济水平高是促使中世纪东中部方言逐渐发展为英国民族标准语的重要因素。在《外来移民和外来商人：英国崛起的外来因素》一文中，刘景华教授指出英国从中世纪不断接受外来移民、外国商人及其资本对其到 18 世纪成长为世界第一工业强国有重要的推动作用。[6] 这也是促使英语语言在发展过程中能大量吸收外来语的一个重要的社会因素。

　　从目前搜集到的资料来看，多数英语史研究已从语言学角度对英语语言的发展历史进行了多方位的阐释，为其研究提供了丰富的语言素材。

1　王亚平："浅析中世纪西欧社会中的三个等级"，载《世界历史》，2006 年第 4 期，第 60-68 页。

2　王亚平："论西欧中世纪的三次文艺复兴"，载《东北师大学报》，2001 年第 6 期，第 1-8 页。

3　同上。

4　东密德兰地区是中世纪晚期英语官方语言统一的重要地区；伦敦英语某种意义上说就是英语标准语。

5　刘景华："论崛起时期英国经济地理格局的演变"，载《天津师范大学学报（社会科学版）》，2009 年第 6 期，第 38 页。

6　刘景华："外来移民和外来商人：英国崛起的外来因素"，载《历史研究》，2010 年第 1 期，第 138 页。

但是，从社会史角度将中世纪的英国社会与英语语言发展结合起来进行互动考察的专门研究仍不多见，本书将从该角度深入探讨英语民族语形成的社会历史根源，希望能有所突破。

三、本书基本框架

第一章　盎格鲁－撒克逊时期的古英语

这一章主要阐述盎格鲁－撒克逊时期古英语发展的社会背景及该时期古凯尔特语及古英语的语言特征。具体内容分三节来阐述。第一节首先介绍古英语所处的盎格鲁－撒克逊的社会状况，包括盎格鲁－撒克逊人及维京人的先后入侵与本土居民的不断冲突与融合、基督教开始在不列颠的传播、"七国"时代和威塞克斯为不列颠的统一所做的努力。重点描述和分析日耳曼人大迁徙前后外来民族和英格兰当地人的融合。总体来看，盎格鲁－撒克逊时期的不列颠呈现出社会动乱交替发生和重新调整的景象。[1]古英语正是在这样动荡不安的时代逐渐与本土语言的冲突与交融中发展。第二节和第三节都将重点从语言学的角度来阐释这一点。第二节侧重阐释古凯尔特语与古英语的融合。盎格鲁－撒克逊人入侵不列颠岛之后，虽然凯尔特人进行了顽强抵抗，但是最终还是以失败告终，古凯尔特语也就因此作为被征服者的语言没有能够过多地影响古英语。但是这也并不是说凯尔特语销声匿迹了。英语地名中有不少来自古凯尔特语；有一小部分凯尔特语在凯尔特人与盎格鲁－撒克逊人的日常接触中进入英语；另外，有少数古英语词汇带有凯尔特基督教语的影响。数量虽少，但在一定程度上反映了凯尔特人所处时代的文化特征。第三节将阐释盎格鲁－撒克逊时期古英语本身的特点，注重丹麦人入侵后其语言（斯堪的纳维亚语）对古英语的影响以及英语的兼容。盎格鲁－撒克逊时期的古英语属于综合型语言，到 10 世纪为止已经有自己相对成熟的标准语－西撒克逊方言，然而诺曼人征服英格兰之后，英语却发生了巨大的变化没有能够平稳向前发展。

1　[英]肯尼思·O. 摩根：《牛津英国通史》，王觉非译，商务印书馆 1993 年，第 4 页。

第二章　诺曼征服后英语的变化

　　本章主要阐释诺曼征服后英格兰社会的语言使用状况。侧重描述中世纪早期使英语发生巨大变化的时代背景、三种语言共用状况和英语在这一历史时期自身的语言演变。本章的具体内容也将分三节来阐述。第一节主要阐述中世纪早期英格兰的社会、经济、文化等总体发展状况。诺曼人的征服改变了英国的历史发展道路，政治方面最为重要的是诺曼人的征服引进了采邑制，加速了英国封建制度的发展。13世纪，西欧许多地区的世俗君主政体都得到了加强。英格兰等级制度分明，王权加强，避免了像法国那样的四分五裂。贸易的复兴，城镇的发展和交换经济的再现，深刻地影响了政府机构的发展，为民族国家的诞生提供了必不可少的社会经济基础。基于这样一种社会背景，诺曼征服后由于统治阶层是法国贵族占主体，其语言法语也就成为官方语言，英语沦为非官方语言，再加上中世纪一直作为书面语使用的语言是拉丁语，英格兰社会出现三种语言共用现象。文章将在第二节阐述这三种语言的共用状况，说明为什么在那个时候会出现三种语言。诺曼征服英格兰后，这三种语言各自的功能主要如下：拉丁是书面语，主要用于教会和知识界；法语是贵族语言、宫廷语言，更是官方语言；而英语则是社会大众使用的语言，说话人数占得最多，但主要用在口语。这时期的贵族语言和平民之间的语言没有许多共通的地方。贵族讲法语，只是到了英国贵族在西欧大陆失去其领地之后，英国成为他们真正的家园，这些人才开始慢慢讲英语。而他们的英语就是英国本土的大众语言，文字记录很少，这一点在后面的具体阐述应很清楚。那么，本土英语的演变情况又如何呢？本章的第三节将主要回答这一问题。重点将从语言学的角度谈拉丁语、法语对英语的影响。当时拉丁语和法语占主体，英语在12世纪时还很少有书面文字出现，在土地合同、商贸往来等文件中很少，而13世纪后英文记录明显大量增多，这时的英语中拉丁语所占比重和法语所占比重都很大。本节将通过选取典型案例以表格加文字分析的方式逐一阐述，以此来表明英语对拉丁语及法语极强的兼容性。

第三章　作为民族统一语言的英语

　　13世纪后英国和大陆关系发生了重大变化，这在客观上为英格兰人产生民族意识以及将自己的母语英语发展为民族统一语言创造了条件。

全章内容分三节来阐释。第一节着重交代英国与西欧大陆关系的变化。13 世纪后英国和大陆关系发生的变化主要体现在英国贵族在法国的领地丢失，只能留在英国，这是描述英格兰人产生民族意识进而需要有自己的民族语的重要历史背景。为把这一背景阐释清楚，需要从失地王的事情说起。本节具体内容有：1）国王约翰失地的时代背景。失地王之后英国国王逐渐丧失了在法国的领地；2）百年战争的影响。百年战争之后，英国国王的领地仅局限在英伦三岛，英国贵族也不再有在法国的领地，法语的使用在贵族中逐渐减少。百年战争后英国商贸往来增加，从事商贸的人是市民阶层，他们使用的语言多是英语。而英语在当时仍不能像法语和拉丁语那样受人尊重，因此提高英语的社会地位就成为手工业者、商人及市民阶层越来越明确的愿望。

第二节将阐述英国统一市场形成时期的英语。该部分主要写由于经济发展而使伦敦英语变成权威方言，伦敦方言有了特殊的社会地位：从某种程度上说，伦敦英语就是标准英语；标准英语就是伦敦英语[1]。这是因为伦敦从罗马统治不列颠时期就已建立，很早就成为英国的商业中心；英国所有的商业活动也以伦敦商人为主体。在这时，伦敦商人的书面语言就成为商业同行如信贷等等商贸活动交际中的必要语言。伦敦作为统一市场形成的地位决定了英语统一的很重要因素。本节要着重写统一市场以伦敦为中心，伦敦语言的特点；在贸易活动中伦敦方言的主导地位、地方语言的差异和兼容。统一市场形成促进了民族意识的增强，英语上升为官方英语的时机已渐趋成熟。

第三节写官方确立的英语。王室法庭和议会中开始使用英语宣布审判和发布议会和王室的敕令，拉丁语逐渐淡出官方语言。王室法庭的历史要从亨利二世时期的王室巡回法庭写起。亨利二世时期用的是拉丁语。法庭判案、王室发布敕令等都是拉丁语。到 14 世纪中叶，议会颁布公告规定法庭审判程序要用英语标志着官方英语的开始。王室使用英语在亨利五世和亨利六世时期最突出。从爱德华三世开始到理查二世这是法国文化在英国影响的巅峰期。亨利四世时期还用拉丁语发布敕令，到亨利

1　Baugh, A. C. & Cable, T. *A History of the English Language*, p. 190.

五世时期已成为英语使用转折期，无论是与王室法庭、议会还是与平民交流都坚持用英语交流；亨利六世时期更重视官方英语的使用。有研究显示 1425–1430 年期间的请愿书以及在 1430–1435 年期间的令状中的英语使用明显多于拉丁语或法语。[1] 本节还将以大法院英语及玉玺保管处的英语使用情况说明官方语言由拉丁语及法语过渡到英语的客观需要及英语自身应渐趋统一的必要性，强调王室和议会开始有官方英语的时代背景及官方英语所起到的导向作用。

　　第四节着重阐释大众语言与官方语言的统一。大众语言主要是指民众的信函、文学方面的著作等，本节将选取实际的例证（如帕斯顿家族的书信等）从语言学的角度谈英语在方言中的构词、伦敦语的构词及随时间推移这些构词及表达渐趋统一的现象及原因。除构词有统一倾向外，笔者还查阅到大众语言与官方语言的统一也可以从 1362 年议会第一次真正用英语的前因后果来分析。在此前王室法庭依然用拉丁语，而在 1362 年改用英语绝不是一种突然现象，它说明由于社会民众都在使用英语，议会作为官方机构必须使用英语以便能够让民众听懂。诚然，真正的官方语言是自上而下的，英语成为社会的优势语言要依靠官方的推动，但这需要一个广大的群众基础。没有群众基础，自上而下推广英语的时机应用自然也就很难执行。文章还将通过另一个时间段，即 1400 年后，英语突然变多进一步解释其中的原因。这一时期内，乔叟及好几个同期作家都作为典型的文学代表出现在这一时段（其中乔叟的历史地位之所以无人撼动，国王在其中起了重要作用，也是英语成为优势语言需要官方支持的一个例证）。从这些作家的作品中可以感觉到英国的民族意识越来越强，英语的广泛使用成为民族统一的重要标志。

第四章　早期现代英语的基础

　　继古英语及中世纪早期和中期英语跌宕起伏的发展之后，到中世纪晚期及现代早期，英语已经赢得了一个适合自身发展并上升为官方用语的相对有利的社会环境。在前三章分析的基础上，本章将选取中世纪晚

1　Fisher, J. H., "A Language Policy for Lancastrian England", *Modern Language Association*, Vol. 107, No. 5 (Oct., 1992), pp. 1168-1180.

期对英语民族语形成有突出贡献的四位历史人物来阐释形成早期现代英语的社会文化基础。当然，语言在一个历史时期发展变化是多种因素合成所致，本章之所以选择这四位重要历史人物考虑到他们基本代表了促使英语向标准化发展的四个重要因素，他们使用的语言显示出英语从不规范走向规范、从只是老百姓的口头语言发展成为社会各界开始采纳使用的书面语，最终上升为英格兰民族语言。

本章共分为四节。第一节介绍宗教改革的晨星威克里夫翻译英语《圣经》的时代背景及对英语语言发展所作的贡献，希望借这一角度来阐释基督教发展对英语语言发展的影响。英国的宗教改革可以追溯到 14 世纪初的英格兰教会的民族化。当时，"罗马教皇以无上的精神感召力几乎吸引着所有基督教徒对教皇的忠诚，而作为通用语的拉丁语，则是教皇权威得以保障的重要媒介，以绝对优势统治着整个欧洲，"[1]直至威克里夫及其助手用本族语英语翻译的《圣经》才打破了教会以拉丁语为工具实行对宗教和知识的垄断，从而可以让更多的人了解《圣经》。英语《圣经》的翻译对丰富英语的词汇及英语语法的进一步规范起到了很好的促进作用。

第二节着重分析乔叟语言的特点。乔叟是英语和英国民族文学的奠基人。他曾经受过良好的教育，熟悉拉丁文、法文、意大利文和多种英语方言，"英国民族自信心伴随着其民族语言的成熟，在乔叟身上找到了完美的表达"。[2]乔叟流传下来的作品很多，特别是《坎特伯雷故事》对英格兰社会进行了全景式的描述，展现了社会各阶层人士特征及社会的时代风貌，对读者了解中世纪文学语言及英格兰社会具有很高的参考价值。所以，本节一方面将就乔叟写作的语言特点，从其对中世纪英语词汇的扩充、语法渐趋简化朝规范方向发展等方面所作的贡献进行阐述；另一方面，本节将阐述乔叟文学创作中的社会政治因素。乔叟的文学声誉有着深刻的语言及社会政治背景。本节将对《坎特伯雷故事》序诗的语言分析以及对乔叟家族与王室家族谱系进行历史学考证，以此来表明语言文学发展与社会进步之间的密切关系。

1　程冷杰，江振春："英国民族国家形成中的语言因素"，第 80-84 页。
2　钱乘旦，许洁明：《英国通史》，2002 年，第 103 页。

第三节主要谈印刷术与早期现代英语的传播。本书所谈英语的标准化主要涉及书面语的标准化。书面英语标准化的出现归功于印刷业的出现和发展。自 1476 年威廉·卡克斯顿在英格兰开办第一家印刷所后，印刷术迅速兴起，"从根本上改变了教士与学者对文化知识的独占权，凡是能够购买书籍的家庭开始 大量阅读有关道德礼仪，宗教信仰、卫生保健等方面的书籍以及文学作品。"[1] 英文版《圣经》价格更为低廉，从而为广大下层人民所拥有等等。这都在客观上使英语传播变得广泛。本节通过介绍卡克斯顿对印刷业所作的贡献及翻译方面所取得的成就揭示了英语从纷繁多样到统一的必然趋势。

第四节阐述莎士比亚对英语语言发展的历史贡献。莎士比亚极具天才的创造力对英语语言的发展产生重大影响，给后人留下了一笔宝贵的文学财富。本节将重点关注莎士比亚在众多作品中独创的英语词汇及语法结构。莎士比亚戏剧中的许多词汇、短语进入英语词库，莎士比亚独创的语法也逐渐成为英语中的标准用法，使得英语词汇和语法丰富多彩，大大增强了英语的表达力。

四、研究方案

1. 研究目标

对国内外语言史的研究者来说如何处理好语言发展变化的内部因素与外部因素一直是一个难题。从笔者目前所搜集到的资料来看，对中世纪英语的研究多集中于语言学界，而从社会史角度的拓展研究很少。本书欲从社会史角度，以翔实的史料考察促使英语民族语形成的社会、政治、宗教和文化等方面的历史大背景，以期为英语史提供新的研究视角并丰富其研究内容。我们拟将英语的发展置入历史研究框架之中，特别从中世纪社会历史角度系统探讨中世纪的英格兰社会、历史、文化对英语发展的推进和制约。鉴于中古英语是英语标准语重要形成期，我们着重研究中古英语历史阶段语言与社会文化历史的交互影响。笔者试图通过查找中世纪大量原始议会档案、书信、商业记录、商业信函、个人的

1　程冷杰，江振春："英国民族国家形成中的语言因素"，第 80-84 页。

信件等进行调查，寻找反映英格兰社会文化特征的语言现象，并透过这些语言现象分析其对英格兰社会经济等方面所起的作用。研究英语成为民族语言的过程实际上就是英语在中世纪晚期重新获得话语权的过程，而这一动态变化又是多元因素合力的结果。对于英语而言，其政治、经济、宗教、文化等的变革直接或间接影响语言地位的提升与下降。期待本书在中世纪英语语言内史与外史相结合方面的研究有所突破。

2. 研究方法

本书从社会史角度阐述英语在中世纪演变的社会历史根源，因此本研究的范式要按照社会史研究范式来进行。首先，要注重整体性研究。由于促成英语向前发展及滞后的社会文化背景错综复杂，探讨英语民族语形成的社会根源涉及对中世纪英格兰的政治、经济、宗教、文化等诸多社会因素的研究，不能偏颇，更不能只就英语语言本身特征研究英语史。第二，要关注"底层社会史"。英语最终发展为民族语言不可或缺的基础是英语在英格兰普通民众经济生活中的广泛使用，如第三等级政治力量的壮大、世俗文化的提升对英语成为官方语言都有重要推动作用。第三，多角度研究视野。研究英语语言的社会根源就是研究英国的社会史，必然涉及到政治学、文化学、哲学等方面的知识，要拓宽研究视野，多层次、多角度地展示本文研究对象。另外本书要依据大量史料来研究，笔者将通过定量分析和定性分析相结合进行资料收集和整理工作。在论述过程中尽量做到史论结合，内容翔实而又重点突出。

3. 相关概念的界定

本书涉及到的历史概念很多，笔者认为必须在书中解释清楚的概念主要有：语言、方言、民族和民族语言。

语言：语言是人类进行沟通最重要的交际工具，人们借助语言保存和传递人类文明的成果。关于语言的起源有多种学说，其中说服力最强的是恩格斯的劳动起源说。恩格斯认为"语言是从劳动中并和劳动一起产生的。"[1]

---

1 [德]马克思，恩格斯：《马克思恩格斯全集》，第 3 卷，中共中央马克思恩格斯列宁斯大林著作编译局编译，人民出版社 1995 年，第 500 页。

　　语言是不断发展变化的。瑞士语言学家索绪尔认为"语言是一种符号系统，语言始终是社会成员每人每时都在使用的系统，说话者只是现成地接受，因此具有很大的持续性。语言符号所代表的事物和符号本身的形式，可以随时间的推移而有所改变，因此语言是不断变化和发展的。"[1] 语言的发展一方面有其自身规律，另一方面又和社会的发展息息相关。语言是推进历史的有力杠杆。语言和思维都是人类共有的，但语言具有明显的民族特性，不同的民族语言是不相同的。一种具体语言的文化取决于整个民族的禀赋和特性。

　　语言研究对后世人文学科的影响很大。"人类最早的语言研究是从解释古代文献开始的，是为了研究哲学、历史和文学而研究语言的。"[2] 中国早在公元前 3 世纪的汉朝就产生了小学，包括文字、音韵和训诂。公元前 4 世纪到 3 世纪，印度和希腊也出现了语法学。现代的语言学建立于18 世纪初期。[3] 1786 年，英国语文学者威廉·琼斯爵士（William Jones）就欧洲语言的谱系问题宣读了他关于梵语、希腊文、拉丁语同源的有关论文。[4] 他的这一论断为当时新兴的领域提供了科学的比较研究方法，对语言学界具有重要的意义。18 世纪下半叶，德国语文学家沃尔夫和布克指出语言就是"民族的传记"。19 世纪初，历史比较语言学奠基人拉斯克和格林也持类似观点，认为"语言是了解民族起源及其远古历史和亲缘关系最重要的工具。"[5] 格林的观点更为直接，他说"我们的语言就是我们的历史"，"语言比骨骼、武器和墓穴更能证明一个民族的历史"。19 世纪，欧洲的历史比较语言学家将语言学与民族学结合起来研究[6]，这不但使"历史语言学成为一门独立的科学，同时又显示出它与其他社会科学和某些自然科学广泛的接缘性，并成为一门影响其他学科的领先学科。"[7] 总之，"语言既是自然界的产物，又是人类历史的产物；是改造自然界的

1　http://en.wikipedia.org/wiki/Ferdinand_de_Saussure

2　http://en.wikipedia.org/wiki/Language

3　http://baike. baidu. com/subview/9995/5117367. htm?toSubview=1&fromId=9995&from=rdtself

4　Fennel, B.A., *History of English: A Sociolinguistic Approach*, Blackwell, 1998, p. 21.

5　Ibid.

6　http://en. wikipedia. org/wiki/Historical_linguistics

7　参见 http://baike.baidu.com 关于"民族语言学"条目。

结果，也是作用于人类历史的力量。"[1]

方言：方言指一种语言在不同地域产生的变体。[2]方言可分为地域方言和社会方言。地域方言，指的是由于社会中的地域分隔而产生的语言变体。"在古代交通不发达的条件下，地域条件是社会生活中最重要的影响因素，这一差别也最先在语言中留下印记。"[3]社会方言指一种语言在不同社会阶层的使用者之间产生的变体。属于同一社会阶层的人对于其他阶层的语言特点往往持高度一致的判断和评价。[4]这说明社会成员对社会变体非常敏感。通常说来，随着社会的发展，地域方言之间的差别在逐渐减小，而社会方言之间的差异却越来越大，因为社会方言的不同反映了各阶层社会成员之间等级的不同。社会地位高的阶层使用的方言往往被看做是"标准"语言，地位低的社会阶层所使用的方言则被看做是"不标准"的。由此看来，方言分歧多数情况下发生在有社会冲突的领域。

民族和民族语言：民族是指人们在一定的历史发展阶段形成的有共同语言、共同地域、共同经济生活以及表现于共同的民族文化特点上的共同心理素质的稳定的共同体。一种民族语言的形成，都是由社会的历史条件决定的。[5]"在任何一种现代语言中，自然地产生出来的言语之所以提高为民族语言，部分是由于现成材料所构成的语言的历史发展，如拉丁语和日耳曼语；部分是由于民族的融合和混合，如英语。"[6]英语向我们展示了最富启发性的现象：即一种语言可能由十分不同的部分组构而成。英语是语言研究很有价值的对象。

1　宋振华：《马克思恩格斯和语言学》，吉林人民出版社 2002 年。

2　http://zh.wikipedia.org/wiki/%E6%96%B9%E8%A8%80

3　Ibid.

4　http://zh.wikipedia.org/wiki/%E7%A4%BE%E4%BC%9A%E6%96%B9%E8%A8%80

5　[德] 马克思、恩格斯：《马克思恩格斯全集》，第 3 卷，第 500 页。

6　同上。

第一章
盎格鲁－撒克逊时期的古英语

盎格鲁－撒克逊时期的古英语是现代英语的祖先。5 世纪中叶，日耳曼人入侵不列颠开启了英语的时代。盎格鲁人、撒克逊人及朱特人进入并在不列颠岛定居下来。这一时期是盎格鲁－撒克逊人的国家形成期，也是一个混乱的时代，不列颠呈现出社会动乱交替发生和重新调整的景象。[1] 外来者与当地居民混居在一起，自然有了各种语言的相交和相融。因而，盎格鲁－撒克逊时期的古英语是一种综合型的语言，并逐渐形成相对成熟的标准语——西撒克逊方言。

第一节　盎格鲁－撒克逊社会

盎格鲁－撒克逊人从公元 3 世纪晚期入侵到 7 世纪最后定居在不列颠经历了长约 4 个世纪的时间。征服之后，盎格鲁－撒克逊的社会动荡不安不断重新调整。基督教开始在不列颠传播，七个王国逐步出现。到 9 世纪，威塞克斯王朝兴起，大有统一英格兰之势，然而却遭遇到 8 世纪起就已开始挪威和丹麦人长达近三百年时断时续的入侵。这一时期非常

1　[英] 肯尼思·O. 摩根：《牛津英国通史》，王觉非译，商务印书馆 1993 年，第 4 页。

混乱，然而却是不列颠历史发展的分水岭，不列颠的历史从此成为连续的历史，不再只是片段。

一、盎格鲁－撒克逊人征服不列颠

公元初年，在罗马帝国的北部即北欧住着许多日耳曼部落。他们属于从亚洲腹地、经黑海沿岸一直到多瑙河中游草原上无数部落的一部分，在公元 4 世纪至 5 世纪侵入欧洲，被希腊人和罗马人称作"蛮族"，当时希腊人和罗马人把所有他们以外的人都称作"蛮族"，并不是我们现在意义上粗鲁凶狠的蛮族。[1] 盎格鲁－撒克逊人则是这些蛮族中的一部分。比德在《英吉利教会史》中将盎格鲁－撒克逊人主要分为三部分：盎格鲁人、撒克逊人和朱特人。[2] 后世学者多采用这一分法。盎格鲁人祖居地位于丹麦半岛的安格尔恩地区（相当于今德国的石勒苏益格地区）；撒克逊人祖居地位于易北河下游的古撒克逊地区（相当于今荷尔斯泰因地区）；朱特人则祖居日德兰半岛地区。其中，盎格鲁人和撒克逊人是日耳曼部落中联系较多的两个部落，他们在后来征服的不列颠地区都使用盎格鲁－撒克逊方言，勇猛好斗，最初与罗马文明接触并不多。而朱特人与罗马文明则有一些接触，在后来征服的不列颠形成了不同于英格兰其他地区的独特文化——肯特文化。肯特（Kent）这一地名就是朱特人（Jutes）这一族名的音变。[3] 另外，除了比德所说的这三个部落属于传统意义上的盎格鲁－撒克逊人外，还有从 5 世纪初起就和撒克逊移民杂居在一起的弗里斯人。这一点已在比德关于早年移民远离故土的描述中出现过，在魏塞河入口的考古挖掘也得到证实。[4] 尽管按照比德这样的民族划分有些简单，但可以从另一个角度来理解：盎格鲁人、撒克逊人、朱特人及弗里斯人都具有广义上的同质文化特征。而对他们的考古发现也时有证实，例如 6 世纪后期，盎格鲁人所用的金属制品和朱特人所用的金属制品就非常相似。

---

1 ［苏］柯思明斯基：《中世世界史》，何东辉译，人民教育出版社 1956 年，第 5-6 页。

2 ［英］比德：《英吉利教会史》，陈维振、周清民译，商务印书馆 1997 年，第 48 页。

3 侯建新："英格兰种族、语言和传统探源"，载《天津师范大学学报》（哲社版）1995 年第 5 期，第 61 页。

4 ［英］肯尼思·O. 摩根：《牛津英国通史》，王觉非译，商务印书馆 1993 年，第 61 页。

　　盎格鲁－撒克逊人从入侵到最后征服不列颠经历了长约 4 个世纪的时间。3 世纪晚期，在不列颠东南地区就有盎格鲁－撒克逊海盗出现，他们后来还在不列颠地区建立了一些拓殖地。到公元 5 世纪中叶，他们已经深入到不列颠大部分。然而，真正定居不列颠的人不是这些海盗，而是被雇来保卫不列颠的雇佣兵，他们是被雇佣来对抗来自北方的皮克特人或那些来不列颠岛上寻求土地的其他野蛮人。[1] 考古学发现，在泰晤士下游河谷地带有罗马后期的墓地，在这些墓地中考古学家找到一些当时罗马军队中的法兰克人及撒克逊人当雇佣军所用的背带附件殉葬品。[2] 按照历史学家吉尔吉斯的说法，英格兰南部的国王沃蒂根就曾雇佣撒克逊人来对抗皮克特人和苏格兰人对他们东海岸的不断侵扰。然而，令国王始料不及的是，雇佣军发动叛乱并袭击了雇主，几年后在肯特和英格兰东部建立了自己的王国。到 7 世纪，盎格鲁－撒克逊人逐渐在不列颠建立起一些王国，征服历程基本结束。

二、盎格鲁－撒克逊征服后的社会状况及文化特征

　　本文所阐述的盎格鲁－撒克逊时期的不列颠主要指公元 5 世纪中叶到 11 世纪中叶诺曼征服前的不列颠。在这约 600 年的历史中，英格兰先后遭受了盎格鲁－撒克逊入侵、北欧人入侵及诺曼入侵，其间社会动乱交替发生并在不断地重新调整。[3] 我们先从 5 世纪中叶的入侵讲起。据《盎格鲁－撒克逊编年史》记载，公元 449 年，北欧沿海地区日耳曼民族的三个部落盎格鲁人、撒克逊人和朱特人趁罗马军队撤出不列颠的机会，从现在的荷兰、丹麦相继渡海而来，将当地凯尔特人赶到西部和北部山区，占领了不列颠岛上土地最肥沃的平原地带，[4] 其中包括罗马人曾经占领的地区，如科尔切斯特（Colchester）及圣奥尔本斯（St. Albans）等。由于侵入不列颠岛的盎格鲁人（Angles）最多，不列颠岛逐渐以盎格鲁人而命名，被称为"英格兰 (England)"，其含义是"盎格鲁人的土地 (land

---

1　Mayr-Harting, H., *The Coming of Christianity to Anglo-Saxon England*, the Pennsylvania State University Press, 1991, p.13.

2　[英] 肯尼思·O. 摩根：《牛津英国通史》，王觉非译，商务印书馆 1993 年，第 60 页。

3　同上，第 4 页。

4　李赋宁：《英语史》，商务印书馆 1991 年，第 3 页。

of the Angles)"，他们所说的语言——"盎格鲁人的语言"就是"English"
（古英语拼写为 Englisc）。这些日耳曼部落当时正处在军事民主制末期，
与罗马文明相比，他们的文明程度很低，甚至还没有使用文字，但在战
争和社会管理方面有极为高超的能力。国王带领自己的亲兵四处征战，
侵占当地不列颠人的土地，掠夺金银财宝，扩大自己的领土。他们崇尚
英雄主义，作战极为勇敢，愿意忠诚为国王服务留得英名。这些亲兵可
能就是西欧骑士形象的雏形。用古英语写的最早的英雄史诗《贝奥武甫》
（Beowulf）就描写了以丹麦人和弗里斯人为背景的英雄传奇，反映出在
那个危机四伏的时代，人们崇尚忠诚勇敢的价值观念。他们的血亲观念
也非常强，无论是在故土北欧沿海还是在不列颠总能依靠血亲集团紧密
地结合在一起。一个移民团体仅由一个男子的家族极其隶属关系就能组
合成。团体中的每位成员都可以作为土地分配制度中的一员来分享各种
资源。我们现在可以从很多以 -ing 和 -ingham 以及 -ingtanw 为词尾的地
名看出这种扩大了的姻亲关系对移民团体特征的影响：如"Hastings"（哈
斯丁斯，意指"哈斯塔（Hasta）人民"；"Reading"（雷丁，意指"雷德
人民"）；"Workingham"（沃克海姆，意指"沃卡人〈Wocca〉的农田"）
等等。这些地名多数来源于对第一批移民的称呼，表明在领土被明确限
定时，地名往往以那里居住的部落组织来命名。按照塔西佗的说法，在
盎格鲁－撒克逊的社会中，各种血亲和贵族权利是维持他们社会极有力
的"粘合剂"。[1] 关于盎格鲁－撒克逊人早期在 5 世纪及 6 世纪的拓殖活动
记载的资料不多。其中最有参考价值的文献资料是 731 年由诺森布里亚
修道院的圣徒比德写的《英吉利民族教会史》，他提供了很多言之有据的
史料，其价值甚至超过了 7 世纪和 8 世纪的其他文献资料。[2]

　　盎格鲁－撒克逊人一个半世纪以来接连不断的入侵使不列颠社会元
气大伤，田地很多被荒弃，货币成了古玩，城市内部混乱，罗马大道无
人养护，这一时期的不列颠文明几近断裂，而基督教作为一种外部力量
在不列颠的传播从某种程度上来说则是对拉丁文化的延续，拉丁文化尚
未泯灭。罗马传教活动始于教皇格里高利一世（Gregory I，590–604）时

1　[英]肯尼思·O. 摩根：《牛津英国通史》，王觉非译，商务印书馆 1993 年，第 62 页。
2　同上，第 50 页。

期。教皇格里高利一世是欧洲历史上最伟大的教皇之一。[1]有关这位教皇的第一部传记大约于 704–714 年间的惠特比（Whitby）完成，其中有一段关于格里高利为何要把盎格鲁－撒克逊人转化为基督徒的描述：公元586 年，格里高利在罗马的集市上看到一些将被当奴隶卖掉的满头金发年轻人。在得知这些年轻人来自不列颠的异教徒，属盎格鲁人（Angles），他决心帮助他们成为上帝的天使（Angel）。Angle 的发音与拉丁语中Anglli（天使）的发音相似，传说格里高利当时把 Angle 错听成 Angel 的发音，所以他决心让这些面貌犹如 Angel（天使）一般的 Angle（盎格鲁人）皈依基督教以得到救赎，成为真正的天使。这是盎格鲁人认为自己是上帝派来的天使并为之自豪的一个传说。[2]事实上，格里高利选择盎格鲁－撒克逊人传播基督教主要有三个原因：一是不列颠是罗马帝国的行省。而盎格鲁－撒克逊人是罗马帝国境内唯一显著的异教徒。罗马教廷此前很少派人到异教徒之地进行传教，所以此举很有原创意义（an act of originality）。第二，在格里高利看来，盎格鲁－撒克逊人虽为异教徒但很诚实善良。第三，格里高利很可能已获悉肯特国王埃塞尔伯特（King Ethelbert of Kent）的布莱特瓦达地位（bretwaldship）[3]在英格兰已经有了较高的威信，英格兰政治环境相对稳定，可以传教。[4]

1　Mayr-Harting, H., *The Coming of Christianity to Anglo-Saxson England*, the Pennsylvania State University Press, 1991, P. 51.

2　*The Whitby life of Pope Gregory the Great*, ed. and trans. B. Colgrave (1968), c. 9. 转引自 Mayr-Harting, H., *the Coming of Christianity to Anglo-Saxson England*, the Pennsylvania State University Press, 1991, p. 57。英文如下：There is a story told by the faithful that, before he（笔者注：指格里高利）became Pope, there came to Rome certain people of our nation, fair-skinned and light-haired. When he heard of their arrival he was eager to see them;being promped by a fortunate intuition, being puzzled by their new and unusual appearance, and above all,being inspired by God, he received them and asked by what race they belonged to. (Now some say they were beautiful boys, while others say that they were curly-haired, hansome youths.) They answered, "the people we belonged to are called Angles." "Angels of God", he replied. Then he asked further, what is the name of the king of that people?" They said, "Aeili," whereupon he said, "Alleuia, God's praise must be heard there." Then he asked the name of their own tribe, to which they answered, "Deire," and he replied, "They shall flee from the wrath of God (de ira dei) to the faith."

3　布莱特瓦达（Bretwald）是当时七国时代的称号，可以译成"王中之王"，类似于我国春秋时代的霸主，表示盎格鲁撒克逊王国最有威信的国王，这个称号不能继承，要凭实力去争取。

4　Mayr-Harting, H., *The Coming of Christianity to Anglo-Saxson England*, the Pennsylvania State University Press, 1991, p. 60.

公元 597 年，圣·奥古斯丁 (Saint Augustine of Canterbury) 受教皇格里高利一世派遣率领 40 名修道士到不列颠传教。他们到达的第一站是肯特王国。奥古斯丁为肯特国王埃塞尔伯特（King Ethelbert of Kent）施洗礼，成功劝说肯特国王及当地臣民皈依基督教。随后，他又到与肯特相邻的埃塞克斯王国、东盎格利亚王国传教，这两个王国分别在约 600 年及 634 年皈依基督教；诺森伯利亚王国、威塞克斯王国、迈西亚王国及苏塞克斯王国也分别在约公元 627 年、634 年、653 年及 682 年信奉基督教。到 7 世纪末，不列颠的七王国均已信奉基督教。[1] 公元 664 年，诺森伯利亚国王奥维斯为解决罗马宗教和爱尔兰宗教产生的争端，在惠特比主持召开宗教会议，代表爱尔兰传统的林迪斯法恩主教科尔曼与代表罗马宗教传统威尔弗里德进行了辩论，奥维斯赞同罗马教会传统，从此不列颠土地上各王国的教会便在罗马主教的领导下团结起来了。简言之，以奥古斯丁为首的罗马传教士在七王国传播基督教及罗马教会权威的树立为拉丁语在不列颠的传播奠定了基础，此后英语受拉丁语的影响也便拉开了序幕。

蛮族社会皈依基督教对维持这一时期的社会稳定也起到了重要作用。在盎格鲁－撒克逊初期，组织程度最高的社会共同体是以大教堂和礼拜堂为中心的群众性宗教团体。几个世纪中，手工业者、商人、扈从和无业游民都因宗教的原因蜂拥至建有大教堂的地方。这样，罗马撤出不列颠后，盎格鲁－撒克逊人城市生活的最早复苏与大教堂的建立及基督教的传播密切相关。中世纪英格兰城镇的起源地之一就是以这些大教堂为中心的聚居地。

公元 7 世纪，盎格鲁－撒克逊人在征服不列颠后开始定居，进入七国时代。这七个王国的版图合起来大致相当于今天的英格兰地区。在 7 世纪北部的诺森伯利亚王国、中部的迈西亚王国及西南部的威塞克斯王国曾比较强大，甚至有统一英格兰的可能性。诺森布里亚王国虽把疆域扩展很大，但由于经常受到南北邻居（北部皮克特人及苏格兰人，南部迈西亚人）的两面夹击侵扰而中道衰落。到公元 8 世纪，迈西亚王国逐渐发展为军事实力最强的王国，特别是奥发（757–796）在位期间取得了很大的成就。他把迈西亚的疆域拓展到亨伯河以南的英格兰。他领导迈

1　Lagarde, A., *The Latin Church in the Middle Ages*, New York, 1915, p. 5-6.

西亚人修筑"奥发土墙"以防范威尔士人入侵；改革币制，他铸造的银便士在海内外流通时间达 500 多年；他还鼓励英格兰人与大陆进行贸易往来，堪称"盎格鲁王"。

然而，威塞克斯王朝的兴起以及北欧人的入侵却使这位"盎格鲁王"被迫放弃统一大业。796 年，奥发去世。威塞克斯王国借机与迈西亚王国交战并取胜。其他王国的国王也向威塞克斯国王称臣，再加上威塞克斯王国地理位置相对安全（靠英格兰南部，且有可能向西部扩张），9 世纪的威塞克斯王国也有可能统一英格兰。其中阿尔弗雷德大帝（871–899）为英格兰的统一作出了巨大贡献，被认为是"把英格兰从看上去无望的厄运中拯救出来的国王。"[1] 他在军事上取得了卓越战功，外交方面也非常讲究策略，特别是在处理迈西亚王国的问题上，他本人不直接参与管理，而是交由从前的王国委员会来管理；对内他体恤民情，公正执法，重视本国的文化教育，颁布了英格兰第一部法典《阿尔弗雷德法典》；他力图恢复诺森布里亚在 8-9 世纪衰落了的修道院体系，使其继续为繁荣艺术和教育服务（遗憾的是没有最终成功）。阿尔弗雷德还非常重视使用本族语言英语来写作：他是第一位使用 Agelcynn（字面意思是"英格兰人 [的土地]"）一词的人，而"Englaland"一词在下一个世纪 10 世纪才出现。由于当时的书面文本都是拉丁语，他亲自参加翻译工作，组织编写《盎格鲁－撒克逊编年史》、《英格兰民族教会史》等加强了其臣民的英格兰民族意识，为统一英格兰奠定了文化基础。在这位英明君主的带领下，威塞克斯王国的发展走向鼎盛时期。然而，就像奥发一样，这位历史上非常伟大的阿尔弗雷德大帝也因北欧人的入侵而未能完成统一大业（北欧人入侵英格兰以及在英格兰定居生活状况在本节的第三部分专门阐述）。到 10 世纪上半叶，英格兰出现了相对和平的局面。布洛赫认为，"英国在盎格鲁—撒克逊时期的最后阶段已经建立了伯爵统治下的名副其实的领地大公国，这些大公国由若干郡的联合体按古典模式组成。"[2] 这些存在的贵族阶层一部分来自世袭，即古时的部族首领，一部分来自君主的赏赐——往往是在战争中立下大功的武士，为英格兰的统一打下了基础。

1　[英]肯尼思·O. 摩根：《牛津英国通史》，王觉非译，商务印书馆 1993 年，第 92 页。
2　[法]马克·布洛赫：《封建社会》（下），张绪山译，商务印书馆 2007 年，第 683 页。

这也是英格兰郡主制及王权建立的时期。[1]

三、维京人入侵不列颠以及和盎格鲁 – 撒克逊人的冲突与交融

　　中世纪的斯堪的纳维亚地区在维京时代只包括相当于如今的丹麦、挪威、瑞典三个国家。维京时代也被称之为"北欧海盗时代"(the Viking Age[2]),指 8-11 世纪居住在斯堪的纳维亚半岛和日德兰半岛的北欧海上民族与陆地民族的冲突和交融,其影响遍及整个欧洲大陆。[3]在 8 世纪前,斯堪的纳维亚人在北部的家乡安分守己。但是从 8 世纪末起,由于种种历史学家至今仍难以定论的原因,(如维京人在 8 世纪由于农业技术发展人口过多、挪威统一社会相对安定大批战士无事可做想到外面寻求冒险等)开始了引人注目的扩张到全欧的冒险活动。他们先发起对北海和波罗的海临近地区的一系列攻击,到处掠夺和征服,时间长达三个多世纪,征服的范围也很广泛:瑞典人在沙俄建立了一个王国,挪威人殖民了部分的大不列颠群岛,法罗群岛(丹麦属地)和冰岛,一直推进到格陵兰、拉布拉多海岸和纽芬兰地区;丹麦人建立了诺曼底的公爵领地,最终征服了英格兰。[4]在 11 世纪初,他们的成就达到了顶峰,克努特(丹麦国王)登上英格兰的君主宝座,征服了挪威,统治了从英格兰首都及北部的斯堪的纳维亚大部分领地。[5]这些海上掠夺者勇敢坚毅,具备远洋水手的航海经验和胆识,加上欧洲当时四分五裂、内战不断,给维京人在欧大肆劫掠创造了条件。[6]

　　维京人对英格兰的攻击可划分为明显的三个阶段。根据《盎格鲁 – 撒克逊编年史》,第一个阶段是早期掠夺,始于 787 年,停停续续直至 850 年左右。这个时期的攻击主要是对乡村和沿海修道院的直接抢劫。神圣的金银容器、宝石神龛、昂贵礼服以及各种有价值的物件都被抢走了,

---

1　钱乘旦,许洁明:《英国通史》,上海社会科学院出版社 2002 年,第 27 页。

2　关于词语 "Viking"(海盗)通常被认为是古诺斯语(Old Norse)"峡湾"。也有认为来自于古英语 "营地"(海盗掠夺之后搭建的临时营地)。

3　宋小梅:《中世纪斯堪的纳维亚民族社会演进研究》,华东师范大学博士论文,2008 年,第 I 页。

4　Baugh, A. C. & Cable, T. *A History of the English Language*, Routledge & Kegan Paul, 1978, p. 83.

5　这里的维京人有时也被称作 "北欧人" 或 "斯堪的纳维亚人"。他们使用的语言是古诺斯语(Old Norse),有时也被称作 "斯堪的纳维亚语",在本文有时为了避免单调经常交换使用,其含义相同。

6　沈坚:"维京时代:冲突与交融",载《历史研究》,1995 年,第 167 页。

当地的英格兰人被抓走去当奴隶。这一阶段规模较大的袭击发生在 90 年代末期，连续三年（793-795）劫掠了不列颠的三个圣地：793 年，林地斯法恩修道院（Lindisfarne）被洗劫一空；794 年，对贾罗（Jarrow）修道院进行抢劫；795 年，又攻击圣·哥伦布修道院（Saint Columbia）。在停止了 40 余年后，834 年又重新开始在南部海岸和东盎格利亚进行掠夺。这些早期的掠夺基本属于散兵游勇，各个团伙独立行事。

　　第二个阶段从 850 年开始到 878 年左右，大批军队整体入侵英格兰并广泛定居。850 年，丹麦 350 艘战船到达英格兰，标志着入侵的新时期。海盗们在萨尼特群岛过冬，转年春天一到很快攻占了坎特伯雷和伦敦并掠夺周围的村庄。866 年，一支强大的丹麦军队掠夺了东盎格利亚；867 年，又攻占了约克。英格兰人虽有反抗但多以失败告终。869 年，东盎格鲁的国王埃德蒙德在反抗入侵者时遭遇杀害。英国人深切怀念这位国王，对他的殉难纪念成为英国传统，持续了两个世纪。[1]870 年左右，英国东部几乎都在丹麦人的掌控中了，他们把注意力转向威塞克斯，发起了对威塞克斯的攻击。阿尔弗雷德国王当年就领导威塞克斯人和维京人交战近 20 次。尽管阿尔弗雷德英勇作战，但也不能够经受住北部人的屡次攻击。七年抵抗之后，暂时的胜利也总是被新的进攻粉碎掉，阿尔弗雷德被迫携带一小队随从在萨默赛特的沼泽地里避难。但最黑暗的时期也给英国提供了机会，阿尔弗雷德凭借勇气和坚持不断取胜。他从维尔特郡、萨默赛特、汉普夏郡集结新的队伍后突然袭击了在爱丁顿（Edington）的古斯伦（Guthrum）领导的丹麦军队，取得了决定性的胜利。这一年（878 年）阿尔弗雷德和古斯伦共同签署温默尔条约（*Treaty of Wedmore*），丹麦人同意从威塞克斯领土上撤军，威塞克斯得以解救。但是他们并没有被强迫离开英格兰。条约仅仅规定了界限，大约从切斯特到伦敦归阿尔弗雷德统治，丹麦人统治的区域主要包括莱斯特郡、林肯郡、诺丁汉郡和约克郡。这一大块领土就是"丹麦区"。此外，丹麦人答应接受基督教，古斯伦（Guthrum）接受了洗礼，这就为两个群体的最终融合奠定了基础。

　　斯堪的纳维亚入侵的第三个阶段是政治调整和同化时期，时间大约

1　Baugh, A. C. & Cable, T., *A History of the English Language*, Routledge & Kegan paul, 1978, p. 84.

从 878 年到 1042 年左右。878 年温默尔条约只是暂时的妥协，并没有结束阿尔弗雷德的困境。丹麦人在 892–896 年又在肯特、威尔特、切斯特进行新的侵略。在阿尔弗雷德儿子爱德华（Edward the Elder，900–925）和孙子埃塞尔斯坦（Athelstan）的领导下，英国人发起了一系列反攻，迫使丹麦军方处于被动地位。937 年，在布鲁南（Brunanburh）战役中，埃塞尔斯坦战胜了丹麦和苏格兰的联合军队，取得了可喜的胜利。古英语诗歌《布鲁南堡之役》（*Battle of Brunanburh*）叙述的就是这次战斗中盎格鲁－撒克逊人反抗丹麦侵略的英雄事迹。[1] 10 世纪中期，英格兰东部的大部分再次回归到英国的统治之下。

然而在沉寂了 40 多年后，10 世纪末期，维京人强劲入侵再次开始且在此后连续不断。991 年，一支规模很大的维金战舰，可能曾在奥拉夫（Olaf Tryggvason）的统治下，攻击和劫掠了英格兰东南海岸的众多村庄。接着，它继续沿 Blackwater 北上至莫尔登附近，遇到了勇敢的东撒克逊伯爵布里塞洛夫（Byrhtnoth）。这场战役在一篇有名的古英语战争诗《马尔登之役》（*The Battle of Maldon*）中得到高度颂扬。994 年，挪威国王奥拉夫（Olaf）联合丹麦国王斯维恩（Svein）对伦敦发起新一轮的进攻。英格兰人内外交困，组织不起有效的抵抗，只得靠金钱买通敌军求得暂时和平。然而，需要买通的数额越来越高，到 1012 年竟然高达 48 000 镑。[2] 而每次停战都是暂时的，丹麦军队很快就会再次朝英格兰进军、屠杀和掠夺。最后，斯维恩打算自己在英格兰称王。1014 年，在他的儿子克努特（Cnut）的支持下，他驱逐了英国国王埃塞尔德（Æthelred）篡夺王位。不巧当上国王不久就去世，儿子克努特继位。克努特（Cnut）连续多年征战为他树立了很高的威信。英格兰处于丹麦国王的统治之下长达 25 年。

客观来讲，从 8 世纪到 11 世纪，维京人对英格兰从最初的侵略与掠夺到最后有大批的斯堪的纳维亚人留在英格兰定居促进了他们与英格兰人的融合，对英格兰历史的发展产生重要影响。英格兰庄园组织、地方管辖、法律程序及语言的变化方面都有很多体现。这里单以英格兰地名的变化为例就可窥见一斑。有数据表明，英格兰有 1400 多个地名使用斯堪的纳维亚语。其中大部分位于英格兰的北部和东部，即丹麦律法管辖

1　李赋宁，何其莘：《英国中古时期文学史》，外语教学与研究出版社 2006 年，第 9 页。
2　Baugh, A. C. & Cable, T., *A History of the English Language*, Routledge & Kegan paul, 1978, p. 85.

的地区（或丹麦区），因为绝大多数入侵者都定居于此。大部分的新居民是丹麦人，虽然在西北部的部分郡县也有大量的挪威居民。在英王致力于重新建立起对丹麦区的控制时期，英王采取暂时妥协（*modus vivendi*）政策，按照既成事实接受地区内混合的人口。尽管丹麦人坚持遵守自己的习俗，他们吸收了许多英国的生活方式，在长期贸易往来以及同当地人的代代交往中变成了一个混合民族。斯堪的纳维亚人名中有许多表明他们在早期就接受了基督教，其中包括僧人和修道院住持，大主教和教士，甚至还从那些向修道院和教会贡献土地的人名中也可以得到证实。到了 10 世纪，维京人和盎格鲁－撒克逊人之间的关系已不是想象中的那么敌对，尽管还有掠夺者在继续横跨整个地区进行抢劫，大部分人已经安定地生活在英国了。[1] 其中有 5 个自治区（林肯市、斯坦福德、莱斯特、德比和诺丁汉）是深受斯堪的纳维亚影响的地区。维京人在陌生的土地上倾向于聚居而不是分散。他们在逐渐定居于诸如上述大中心并有了大批的较小规模的社区后才开始吸收大批英国人。不过，他们之间的融合是必然的，只是时间早晚而已。

第二节　古凯尔特语与英语的有限融合

　　凯尔特人被盎格鲁－撒克逊人打败后又被赶到西北边陲一带居住。然而，凯尔特文化还是被顽强的凯尔特人保留下来并与盎格鲁－撒克逊文化发生冲突与交融。[2] 奇怪的是除地名外，凯尔特语对英语的影响很少，其原因到现在为止还没有令人信服的答案。

一、凯尔特人在不列颠的播迁

　　凯尔特人是从公元前 20 世纪中叶起就活动在中欧的庞大而又松散的族群。他们的活动范围很广，主要在当时的高卢[3]、北意大利、西班牙、不列颠与爱尔兰。从公元前 5 世纪起，他们以部落联盟为单位开始向西欧、

1　Baugh, A. C. & Cable, T., *A History of the English Language*, Routledge & Kegan paul, 1978, p. 86.

2　Hogg, R. M. (ed.), *The Cambridge History of the English Language*, vol. 1: *The Beginnings to 1066*, Cambridge University Press, 1984, p. 320

3　根据当时罗马人的看法，高卢以阿尔卑斯山为界，东南一侧是位于今意大利北部的山南（内）高卢，西北一侧的是位于今法国。比利时一带的山北（外）高卢。"当时的高卢"通常指山北高卢。参照沈坚：《凯尔特人在西欧的播迁》，载《史林》，1999 年第 1 期，第 103 页。

南欧和中东欧各地迁徙，到公元前 3 世纪中叶前后，凯尔特人"已经广布于东起多瑙河下游喀尔巴吁山脉及波希米亚，西抵不列颠、爱尔兰，西南至伊比利亚半岛东南达小亚细亚腹地的辽阔地域。"[1] 当时的高卢、西班牙、不列颠和北意大利等处人口密集，影响较大。高卢居住着凯尔特数量最多的部落，据统计至少有 400 万凯尔特人。[2] 所以凯尔特人经常被称为"高卢人"。"凯尔特人"一词的英语形式为"Celt"，源于希腊文的 κελται 或 κελτοι 和拉丁文 Celtae。"凯尔特人"一词最早出现于公元前 6 世纪希腊作家赫卡泰奥斯所写的《世界游记》，[3] 有人曾猜测其得名可能与一种类似斧、锛的史前砍凿工具 Celt 或有关，[4] 因为凯尔特人十分擅长手工技艺和金属制作，使用那种古老的工具或已成为他们有别于其他族群的象征和标志，但这没有令人可信的历史史料做证据。[5]

令人称奇的是，凯尔特人在欧洲的活动"像油渍那样一点点扩散，最后形成了一个'总体'"。[6] 这种扩散持续了数世纪之久，波及地域相当广阔，曾经占据从葡萄牙到里海的大片土地，形成了独特的凯尔特文明，在古代欧洲曾经盛极一时，甚至与古希腊罗马文明圈相对应和并存。但在遭到罗马人和日耳曼人的侵犯后，凯尔特人文明衰落，但是这并没有说明凯尔特人就此销声匿迹，而是在欧洲历史向前推进的过程中与其他民族的冲突与交融中产生了新的文化。我们甚至可以这样说，现代欧洲的各民族在很大程度上源自于他们。

不列颠群岛是凯尔特人在欧洲播迁最靠西的地区。在凯尔特人在与其他民族与文化的交融冲突几乎匿迹之时，他们竟然在地处西欧边陲的不列颠岛保留了最多的凯尔特人文遗迹，还包括传承下来了完整的凯尔特语。也正基于此，我们只能在如今的苏格兰、爱尔兰和威尔士找到真

1　沈坚："凯尔特人在西欧的播迁"，载《史林》，1999 年第 1 期，第 103 页。

2　参阅 [法] 瑟诺博斯：《法国史》，沈炼之译，商务印书馆 1964 年，第 20 页。

3　转引自张书理：《概念与现实中的凯尔特人》，华东师范大学硕士论文，2010 年，第 8 页。

4　Frank Delaney, *Celts*, London, 1989, p. 17.

5　张书理对"Celt"一词的来源做了考证。他认为"Celt"与"celt"的词源有根本性的不同。对此笔者同意其看法，不能因为"celt"在词源中指一种类似斧、锛的史前砍凿工具就和"Celt"所指的凯尔特人善于金属制作联系联系起来。另外，现代英语中的"Celt"与"celt"除首字母有大写小写区别外，其他相同，也容易让人产生上述类似的联想。

6　[法] 费尔南·布罗代尔：《法兰西的特性·人与物（上）》，顾良、张泽乾译，商务印书馆 1995 年，第 38 页。

正的凯尔特人后裔。[1] 凯尔特人迁入不列颠的最早时间说法不一，有的学者认为公元前 20 世纪就有凯尔特人迁来。若果真如此，凯尔特文化在不列颠就有 3000 多年了。也有学者认为是在公元前 8 世纪至公元前 5 世纪从莱茵河下游和塞纳河一带迁来[2]。但有一点可以令人信服，公元前 2 世纪末前后，比利其人（凯尔特人的一支）由于不堪日耳曼人对高卢地区的骚扰分批迁入不列颠，在凯撒率领罗马军队入侵高卢后又一次大量涌入不列颠。其后，凯尔特人与先前移入岛内的伊比利亚人混合，形成了不列颠岛上第一个民族不列颠人（Britons），不列颠岛也由此得名。[3] 凯尔特语言成为岛上有史料依据的最早语言。公元前 55 年和 54 年，凯撒先后两次率领罗马军队攻占不列颠，打败了当地的凯尔特人。此后 100 多年罗马征服不列颠，凯尔特人虽顽强抵抗终至失败。凯尔特文化逐渐消失融入到罗马文化当中。

公元 5 世纪中叶，居住在西北欧的三个日耳曼部族盎格鲁人、撒克逊人和朱特人趁罗马帝国衰落大举侵犯不列颠诸岛。凯尔特人顽强抵抗长达一个半世纪之久。抗击外族入侵最为成功的是由阿尔托瑞斯（Artorious，即后来传说中的亚瑟王）领导的。他带领凯尔特人顽强抵抗，使动荡不安的不列颠有了 30 多年的和平期。然而凯尔特人最终没能保住自己的家园，到了公元 6 世纪末，凯尔特人几乎灭绝，幸存者逃到西部和北部山区，今天被称作"凯尔特边缘地带"。盎格鲁－撒克逊人称这些被驱逐的凯尔特人"wealas"，意思是"外国人"。据说，这就是威尔士人（Welsh）一词的来源。而凯尔特人则把所有征服他们的日耳曼人称作"Anglii"或"Anglia"，即盎格鲁人，意为"入侵者"。

凯尔特人对盎格鲁－撒克逊人的敌对情绪在史料中很多。一首威尔士民歌中有这样的表达：一个年轻人"怀着极其沉重的心情"到"撒克逊人的土地上去谋生"。[4] 这种敌对情绪一直延续至今。今天的英格兰人同威尔士人、苏格兰人、爱尔兰人之间的隔阂还很明显。威尔士推行双语制，苏格兰人仍保留其独立的法律制度和教育制度。在苏格兰

1　沈坚："凯尔特人在西欧的播迁"，载《史林》，1999 年第 1 期，第 108 页。

2　《美国百科全书》第 6 卷，第 153 页，"凯尔特民族"条。

3　沈坚："凯尔特人在西欧的播迁"，载《史林》，1999 年第 1 期，第 108 页。

4　McCrum, R., et al, *The Story of English*, Penguin Books, 2003, p. 57

语中，撒克逊人被称作"Sassenache"，带有贬义；爱尔兰人把英国人叫做"Brits"，很明显也带有贬义。有迹象表明，凯尔特人很可能在诺森伯利亚呆过一段时间，因为一些借词只在诺森伯利亚地区的文本里找到如"bratt"（cloak），"carr"（rock），"lub"（lake），而且很有可能这里的凯尔特人是被盎格鲁-撒克逊人当做奴隶来用的，"wealh"一词的意思曾是"slave"（奴隶）。许多盎格鲁-撒克逊人与凯尔特妇女结婚表明至少在一些地区，这两个民族之间的联系还是相对密切的而且持续了好几代。[1]凯尔特语与英语也因此并存了好几个世纪。然而，出现在英语中的凯尔特语并不多，古英语中除地名外一共不足 20 多个词。"crag"（峭壁）、"combe"（深谷）和"tor"（突岩）是三个表示不列颠独特风景的词汇，他们进入古英语是由于来自欧洲大陆平坦沼泽地的盎格鲁-撒克逊人没有见过这种有悬崖峭壁的山地，他们需要借用现成的凯尔特词语来表达。莎士比亚戏剧中喜欢恶作剧的小精灵（puck）也来自凯尔特语"puca"。[2]

二、古凯尔特语对英语的影响

尽管幸存下来的凯尔特民族是被征服者，但由于受罗马统治 400 多年的影响，凯尔特文化要比他们的征服者盎格鲁-撒克逊的文化发达得多。[3]奇怪的是除地名外，凯尔特语对英语的影响很少，其原因到现在为止还没有令人信服的答案。有一种解释是盎格鲁-撒克逊人入侵不列颠之前就已经对拉丁语很熟悉，他们可能更愿意在必要时直接借用拉丁词，不需要通过凯尔特语转用。另外一种解释是由于凯尔特人被完全征服，而征服者的语言也不大可能从被征服者那里接纳大量词汇，这一现象与美国印第安人的土语在英语中的较少遗存现象比较相似。[4]加之盎格鲁-撒克逊的文化与凯尔特文化相比又是强势文化，所以凯尔特语基本上没有什么使用和发展的空间。因此，在现代英语中凯尔特语留下的痕迹较少，也是各种对英语发展产生影响的因素中作用较小的一个。[5]我们在第一

---

1 Hogg, R. M. (ed.), *The Cambridge History of the English Language, vol. 1: The Beginnings to 1066*, p. 318

2 [英] 罗伯特·麦克拉姆：《英语的故事》，秦秀白等译，暨南大学出版社 1990 年，第 63 页。

3 Hogg, R. M. (ed.), *The Cambridge History of the English Language, vol. 1: The Beginnings to 1066*, p. 320。

4 Algeo, J. & Pyles, T., *The Origin and Development of the English Language*, p. 277.

5 700 年前后当地人建立的政权，被称为"康奴比雅"（Cornubia），也被称为角地人之地。而后因与撒克逊人和其语言接触，撒克逊人将当地人和威尔士人混指。

节关于凯尔特人文化特征的介绍中已经涉及到一些存留在英语中的少数凯尔特词汇，现在我们再从以下几种分类中来观察凯尔特语对英语的影响。

首先，凯尔特语对英语最明显的影响是地名的借用。南部地区七王国时代的肯特王国（Kent）从凯尔特语 Canti 或 Cantion 演变而来；而北部地区诺森布里亚王国里的德里亚（Deria）和波尼西亚（Bernicia）也是凯尔特部落的名称。伦敦（London）和坎特伯雷（Cantebury）的来源也和凯尔特语有关。[1] 西部和西北部地区中的地名也含有凯尔特的成分："Winchester"（温彻斯特）、"Salisbury"（索尔兹伯里）、"Exeter"（埃克塞特）、"Gloucester"（格洛斯特）、"Worcester"（伍斯特）、"Lichfield"（利奇菲尔德）、"Devonshire"（德文郡）的第一个音节均来自凯尔特语。以德文郡为例，本词来自当时的部落名称"Dumnonii"以及"Cornwall"，意思是康努比亚（Cornibia）的威尔士人。而英国英格兰西北部旧"Cumberland"（郡坎伯兰）的字面意义指的是威尔士或凯尔特人的地方。河流名称中也存在一些凯尔特语的痕迹。"Thames"（泰晤士河）、"Avon"（埃文河）、"Exe"（埃克斯河）、"Esk"（艾斯克河）、"Usk"（尤思科河）、"Dover"（多佛河）和"Wye"（韦河）也来自凯尔特语。另外，英国西北部的山丘地貌也通过凯尔特语得以反映，如"Barr"（巴尔，现代威尔士语的"bar"为"高峰"）、"Bredon"（布雷登，现代威尔士语的"bre"为"小山"）、"Bryn Mawr"（布林茅尔，现代威尔士语的"bryn"为"山"，而"mawr"为"雄伟"）、"Pendle"（潘德尔，现代威尔士语的"pen"为"山顶"）、"Duncombe/Holcombe/Winchcombe"（邓库姆、霍库姆、维持库姆，现代威尔士语的"cumb"为"深谷"）、"Brockholes/Brockwall"（布罗克霍尔斯、布罗克沃尔，现代威尔士语的"brocc"为"獾子"）等等。

第二、一小部分凯尔特语通过两个民族之间的日常接触进入英语。这些词汇基本上具有当地本土特色，最常见的有"crag"（石壁，英国北部英格兰北部或苏格兰山区特有的垂直岩壁）、"luh"（湖泊）、"ass"（驴子）、"bannock"（燕麦烤饼）、"brat"（破衣服）、"brock"（獾）、"dun"（暗褐色）、"tor"（多岩石的小山）、"kern"（爱尔兰农夫）、"loch"（湖）、"bard"（吟游诗人）、"clan"（苏格兰高地氏族）、"glen"（峡谷）、"gull"

1　Baugh, C. & Cable, T., *A History of the English Language*, Routledge & Kegan Paul, 1978, p. 73.

（鸥鸟）、"bog"（沼泽）、"brogue"（爱尔兰腔）、"caber"（苏格兰投棒比赛中的木棒）、"cairn"（石堆、小山）、"coracle"（柳条艇）、"galloglass"（古爱尔兰酋长武装随员）、"gillie"（古苏格兰酋长男仆）、"metheglin"（蜂蜜酒）、"pillion"（女用轻马鞍）、"plaid"（格子花呢）、"shamrock"（酢浆草）、"slogan"（苏格兰高地氏族冲突中呼喊的口号）、"trews"（苏格兰紧身格子呢裤）等。

第三，还有少数词汇带有凯尔特基督教语的影响。从以上概述来看，尽管凯尔特语对英语的影响很小，但深入研究后就会发现凯尔特人对英国文学影响很大。斯威夫特（Jonathan Swift）、彭斯（Robert Burns）、司各特（Walter Scott）、王尔德（Oscar Wilde）等优秀作家都是凯尔特人的后裔。[1]

在爱尔兰教会历史上，早期的凯尔特教会曾占有极为重要的地位。凯尔特教会是存在于不列颠群岛的早期基督教会，它大致可以分为由不列颠人建立的不列颠教会和爱尔兰人建立的爱尔兰教会。公元3世纪起，不列颠诸岛遭到盎格鲁、撒克逊、朱特等蛮族人的陆续入侵，英格兰的基督教会逐渐销声匿迹，但爱尔兰凯尔特教会却在发展。基督教存在于爱尔兰的最早记录是431年，当时罗马主教派遣助祭帕拉迪（Palladius）前往爱尔兰出任基督徒的主教。[2] 而在他担任主教期间基督教并未在爱尔兰得以普及，其中原因很复杂，很重要的一点是当时的爱尔兰依然是原始部落氏族社会，盛行神灵崇拜，不愿接受一神教。而后来出任主教的圣帕特里克（St. Patrick）通过宽容、灵活的传教方式将爱尔兰真正带入基督教世界。为保障传教顺利进行，他支付给各部国王大笔保护金；在得悉爱尔兰流行一种养父制度（nutritor）后，他反其道而行，主动给各部国王抚养金以获得担任贵族子弟教父的权利，使基督教在部落贵族中的影响迅速扩大。[3] 他建立教会，设置教区，使基督教发展成与当地习俗相适应的教会体制。爱尔兰这一时期的基督教传教热情很高，被尊为"圣徒之岛"。[4] 有大批传教士学成之后前往苏格兰、北英格兰、法国、德国、

---

1 McCrum, R., Macnail, R. & Cran, W., *The Story of English* (*Third Revised Edition*), Penguin Books, 2003, p. 64.

2 Casiday, A., *The Cambridge History of Christianity*, *(Vol.2)*, Cambridge University Press 2007, p. 60.

3 参见 St. Patrick, *The Confession*, Grand Rapids, 2004, 14:52; 14:53.

4 Schaff, P., *History of the Christian Church: Medieval Christianity A. D. 590-1073*, Grand Rapids, 2002, p. 38.

瑞士和北意大利等地布道施教。约 633 年，凯尔特教会在英格兰建立的第一个传教中心位于英格兰北部的林迪斯法恩岛（Lindisfarne），此后，又在诺森伯利亚等地设立教会与修道院、开办学校。[1] 在他们的宗教活动影响下，一些词汇如 "ancor"（隐者）、"dry"（魔术师）、"clugge"（铃铛）、"gabolrind"（指南针）、"cursian"（诅咒）曾在古英语中得以短期使用，但遗憾的是在现代英语中这些词汇已经消失。

第三节　盎格鲁－撒克逊时期英语的特征

盎格鲁－撒克逊时期的古英语属于综合型语言，词汇自身形态变化（性、数、格、时态、语态等很复杂。不仅如此，由于这一时期不列颠内部四分五裂（参见第一节相关介绍），各王国国力屡弱，没有具备统一不列颠的政治和经济条件，更没有形成统一的语言，各地方言差异很大。然而，古英语的文学已有一定发展。这说明古英语尽管是来自于"蛮族"的语言，其表达力也已较为丰富。而在词汇不断得到扩大的过程中，外来语对古英语的发展影响很大，包括拉丁语、凯尔特语（参见第二节相关介绍）和斯堪的纳维亚语，其中斯堪的纳维亚语在这一时期对古英语的影响最大。

一、古英语的方言概况

与世界其他语言一样，古英语也存在方言差异。古英语的方言包括诺森布里亚方言、迈西亚方言、西撒克逊方言和肯特方言。其中诺森布里亚方言和迈西亚方言主要集中于泰晤士河北部盎格鲁人的聚居区，所以也被称为盎格鲁语。迈西亚方言分布于泰晤士河与亨伯河之间地区，肯特方言和西撒克逊方言则分布于南部沿海的东部和西部。有关诺森布里亚方言和迈西亚方言目前的档案材料已经很少，只是零星存在于一些契约、碑文、诗文残卷和圣经的行间翻译之中。肯特方言主要分布在朱特人聚居区，有关的档案材料更加稀少。唯一现存档案材料较多的是西撒克逊方言，这是因为英国的文化中心在 9 世纪迁到了西撒克逊的首府

1　Turner, E. R., *Ireland and England: In the Past and at Present*, New York, 1919, p. 23.

温切斯特。阿尔弗雷德大帝积极提倡本土文化发展，亲自组织外国文学和学术著作的翻译以及本国文学的抄写和修订工作。在这种情况下，西撒克逊方言成为了官方语言，因此西撒克逊方言获得了更多的发展。只是诺曼征服之后西撒克逊方言失去了官方地位，其继续发展的进程才被打断。

二、古英语的特征

由于目前流传在世的材料均为西撒克逊方言写成，我们这里所说的古英语实际上就是西撒克逊方言的特征。古英语在发音、拼写、词汇以及语法与现代英语都有较大差异。下面分别加以简述。

发音方面，古英语虽然与现代英语一样也分为长元音、短元音和双元音，但单词基本上与其现代对等词有一定的发音差异。尤其是长元音变化最为明显。古英语的单词 stān 与现代英语的 stone 虽然为同一个单词，但元音却差异很大。其他对应例子还有（第一个词为古英语，第二个词尾现代英语，后同）"hālyg-holy"（神圣的）、"gān-go"（去）、"bān-bone"（骨头）、"rāp-rope"（绳子）、"hlāf-loaf"（面包）、"bāt-boat"（船）其他元音在古英语和现代英语之间也存在显著差异。例如 "hēafod-head"（头）、"fæger-fair"（漂亮）、"sāwol-soul"（精神）在元音长度上相比，现代英语的元音要明显缩短。

拼写方面，古英语使用了已经在现代英语中被废弃的 "þ" 和 "ð" 来表示 "th" 的发音 /θ/ 或 /ð/。例如 "wiþ-with" 或 "ðā-then"。另外，现代英语元音 /æ/ 现在由字母 "a" 表示，而古英语则由一个二合音 "oe" 来表示。类似地，古英语用 "sc" 表示现代英语 "sh" 的发音，例如 "scēap-sheep"（绵羊）或 "scēotan-shoot"（射击）；古英语用 "c" 表示现代英语 "k" 的发音，例如 "cynn-kin"（亲戚）、"nacod-naked"（赤裸）；古英语也用 "c" 表示现代英语 "ch" 的发音，例如 "ecg-edge"（边缘）、"scip-ship"（船）、"bæc-back"（背面）、"benc-bench"（长凳）、"þorn-thorn"（刺）、"pæt-that"（那个）。

词汇方面，古英语的词汇基本上均为日耳曼词源，来自拉丁语词源的词汇很少，而来自法语的词汇几乎缺失。然而拉丁词源和法语词源的词汇在现代英语所有词汇中的比例要占到一半以上。为数不多的三个外来语词源分别来自被盎格鲁－撒克逊人征服的不列颠岛原住民凯尔特人的语言、来自罗马商人和传教士说的拉丁语以及来自 9 世纪、10 世纪入侵不列颠岛的斯堪的纳维亚人讲的古诺斯语。[1] 古英语在诺曼征服后由于失去官方地位而在文学和其他正式场合被法语和拉丁语所替代。据调查，85% 的古英语词汇目前在现代英语中已经退出使用，而剩下的词汇成为现代英语的基础词库。[2] 除了代词、介词、连词、助动词类之外，这些基础词库还包括一些基本概念，例如 "mann-man"（男人）、"wīf-wife"（女人）、"cild-child"（孩子）、"hūs-house"（房屋）、"weall-wall"（墙壁）、"mete-meat"（食物）、"goers-goers"（草）、"lēaf-leaf"（草叶）、"fugol-fowl"（鸟）、"gōd-good"（好）、"hēah-high"（高）、"strang-strong"（强壮）、"etan-eat"（吃）、"drincan-drink"（喝）、"sloepan-sleep"（睡）、"libban-live"（生活）、"feohtan-fight"（战斗）等。

　　词法方面，古英语为综合型语言，主要依靠词汇自身形态变化（性、数、时态、语态等）来表示语法关系，而现代英语为分析型语言，其语法关系主要不是通过词汇自身的形态变化来表达，而是通过虚词、词序等手段来完成。例如，古英语名词具有语法性别，分为阳性、阴性和中性三类，古英语名词还有五个格，分别为主格、生格、与格、宾格、工具格，古英语名词还有单数和复数之分；古英语人称代词有主格、宾格、所有格和与格之分，现代英语只有主格、宾格、所有格；古英语形容词与它所修饰的名词在性、数、格各方面都必须保持一致；古英语副词的转换方式比较简单，只需要在形容词词尾加 "-e" 或 "-lice" 即可，这一点与现代英语在形容词词尾加 "-ly" 相似；古英语动词也分为强变化动词和弱变化动词。弱变化动词的特点是其词尾附加 /t/、/d/、/əd/ 来形成过去式，而强变化动词的词干元音在不定式、第一人称及第三人称单数过去式、第二人称单数过去式、各人称复数过去式均要发生内部元音变化。古英语中，弱变化动词数量大大超过强变化动词，成为现代英语中的规则动词，而强变化动词在古英语中有 300 多个，到了现代英语剩下 60 多个，成为不规则动词。

1　李赋宁：《英语史》，商务印书馆，1991 年，第 69 页。

2　Baugh, A.C., & Cable, T. *A History of the English Language*, Routledge & Kegan Paul, 1978, p. 49.

句法方面，从时态上看，古英语的时态只有现在时和过去时两种区分，其中现在式涵盖现代英语的一般现在时、现在进行时和一般将来时；而过去时涵盖现代英语的一般过去时、过去将来时和过去完成时。从语序上看，古英语的陈述句一般有主语＋谓语型、主语＋其他成分＋谓语型、谓语＋主语型，而现代英语只有主语＋谓语型。

三、古英语文学分析

有关古英语的口语限于年代久远、资料匮乏而已经很难研究。我们只能从仅存的古英语书面语材料中对英语的发展进行观察。古英语的书面语主要指古英语文学作品，形式包括散文和诗歌。散文主要以编年史为代表，诗歌则包括史诗、战歌、哀歌、诀术歌、谜语诗、箴言诗、宗教诗和寓言诗。[1]

从公元 7 世纪起，盎格鲁－撒克逊各王国已开始有人撰写编年史，但这些编年史基本上还都是地方性的，而且各版本在一些事件的记载方面多有出入。阿尔弗雷德大帝统一英国后十分注重编年史的统一性，他在任期间组织了一批学者收集各地的编年史，统一加以校订，《盎格鲁－撒克逊编年史》（*Anglo-Saxon Chronicle*）由此问世（见图表 1.1）。阿尔弗雷德大帝之后编年史的编写工作继续下去，主要是由英格兰各地的修道院不断地更新、增添新的内容，同时还进行抄录并保存在修道院的图书馆内。这部编年史的书写工作一直持续到 1154 年前后。值得一提的是，这本编年史是以古英语书写，最早的篇章大约是 9 世纪后半叶在威塞克斯王国最先开始出现，[2] 迄今保存下来的编年史共有九个版本，891 年以前的手抄本版本在内容和规格上大致相同，均出自西撒克逊首都温切斯特所藏本（*The Parker Chronicle*），在此之后的手抄本在规格上有了很大的区别，甚至在内容上也详略各不相同。

《盎格鲁－撒克逊编年史》是古代一部优秀的散文著作，有的地方还加入诗歌。

1　陈才宇：《古英语与中古英语文学通论》，商务印书馆 2007 年，第 3 页。
2　同上。

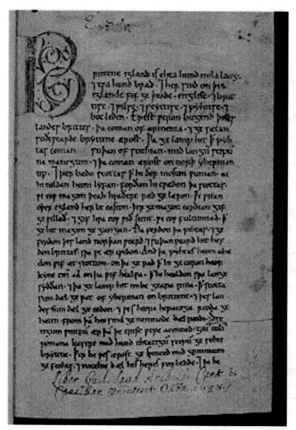

图 1.1　《盎格鲁－撒克逊编年史》E 版本《彼得伯勒编年史》的首页 [1]

　　这部编年史着重于世俗历史，并较多地采用英国中部和南部的年代记材料和口头传说。这本编年史可以说是英国最著名的史书之一，也是中世纪早期西欧最重要的史学著作之一，记载了自公元前 50 年至 1154 年这一千多年的英国历史，尽管不同版本的编年史记录的详略不同，但基本史实很可靠，例如对英国历史产生重大影响的奥古斯丁传教一事的记载，具有极高的史料价值，见图 1.2。

1　《盎格鲁－撒克逊编年史》(Anglo-Saxon Chronicle) 是部记载 9 世纪至 12 世纪英格兰历史的编年体汇编。这部编年史以古英语书写，大约是在 9 世纪后半的韦塞克斯 (Wessex) 出现，之后由英格兰各地的修道院独立书写、抄录与保存，最晚的更新延续至 1154 年。现有的编年史为九份彼此相关的手稿，皆为后来抄写的副本。本图片和相关内容参见维基百科 http://en.wikipedia.org/wiki/Peterborough_Chronicle

例一	《彼得伯勒编年史》595 年记事 （Peterborough Chronicle for AD 595)
原文 扫描	
现代 英语	At this time the monastery of Benedict was destroyed by the Lombards. In this year Pope Gregory sent Augustine to Britain with many monks, who preached God's word to the English nation.
汉译	今年，本尼迪克特修道院被伦巴第人毁掉了。教皇格里高利派奥古斯丁带着很多僧侣来到不列颠，向英吉利民族传播上帝的福音。
例二	《派克 / 温切斯特编年史》595 年记事 （Parker/Winchester Chronicle for AD 601)
原文 扫描	
现代 英语	601. In this year Pope Gregory sent the pallium to Archbishop Augustine in Britain, and very many religious teachers to help him; and Bishop Paulinus converted Edwin King of Northumbria and baptized him.
汉译	601. 今年，格里高利教皇给不列颠的奥古斯丁主教送来了披肩，教皇还派来许多教士来帮助他。鲍利努斯主教使得诺森布里亚国王埃德温皈依基督，并给他施洗。

图 1.2 《盎格鲁－撒克逊编年史》不同版本内容比照

　　古英语诗歌的主题来自两个方面，一个是盎格鲁－撒克逊人作为征服者从欧洲大陆带来的神话传说以及英雄故事等，另外一个就是基督教 6 世纪末期在不列颠岛南部的传播。这两种主题一个基于本民族传说，一个基于基督教义，在不列颠合流，开创了古英语文学的先河。事实上，两种文学主题并没有泾渭分明，而是互相渗透，具有异教背景的本民族诗歌往往带有基督教义的悲悯情怀，而基于基督教义的诗歌又会包含本民族传统中的某些哲理，[1] 更有甚者，异教的天神与基督教的上帝存在于同一首作品之中，形成独特的古英语文学面貌。

　　古英语文学的第一个创作主题就是本民族的英雄传说。最重要的代表作品就是《贝奥武甫》（*Beowulf*）（见图 1.3）。这是英国最早的一部

1　Baugh, A.C. & Cable , T., *A History of the English Language*, Routledge & Kegan Paul, 1978, p.63.

用本民族语言写成的史诗，在英国文学史、欧洲文学史乃至世界文学史上都占有重要地位。史诗故事发生在 5 至 6 世纪现在的丹麦和瑞典南部（当时盎格鲁－撒克逊人活动的区域），起初由吟唱形式传播。这些民族侵入不列颠后有关贝奥武甫的传说在盎格鲁－撒克逊晚期才被写成文字。全诗 3000 多行，以西撒克逊方言写成，押韵方式为押头韵（alliteration），用双字隐喻而不用明喻。全诗故事以贝奥武甫的英勇事迹为主要内容，共分两部分：第一部分描述古丹麦王国的霍格国王（King Hrothgurs）宏伟的宫殿突然遭受妖怪的袭扰，在前后 12 年中，半人半魔的妖怪格兰戴（Grendel）每晚出没捉食霍格的武士。此时恰巧瑞典南部济兹（Geats）王子贝奥武甫来访，贝奥武甫与之格斗，贝氏扭断妖怪的一只臂膀，妖怪逃跑后受重伤致死。第二天晚上，格兰戴的母亲前来为其子复仇，贝奥武甫又把她杀死在一个洞穴之中。第二部分描叙贝奥武甫凯旋，被人民拥为王长达半世纪，国势昌盛。最后，晚年的贝奥武甫又杀死一条喷火巨龙，但其个人亦因而身负重伤而死，人民为其举行了隆重的葬礼。

图 1.3　《贝奥武甫》的封面[1]

　　一方面，《贝奥武甫》非常形象地反映了当时盎格鲁－撒克逊人的生存状态：生存条件险恶，氏族战争、灾难、猛兽时刻威胁着人们，英雄主义、责任感、忠诚、超自然的神力被广为推崇，出生入死的武士和智勇双全的领袖得到爱戴。另外一方面，成书于盎格鲁－撒克逊晚期的《贝

1　本图片来自英文维基百科 http://en.wikipedia.org/wiki/Beowulf

奥武甫》经民间及宫廷说唱艺人长期口耳相传，也逐渐导入了明显的基督教思想，终于形成了非基督教文化与基督教传统共存于一体的民间史诗风格。[1] 因此，本民族传统主题的作品也已经受到当时的基督教文化影响。

四、斯堪的纳维亚语对古英语的影响

古英语末期，英语受拉丁语及凯尔特语影响后，又经历了第三次外来影响－斯堪的纳维亚语。维京人从 8 世纪中期到 11 世纪初期对英格兰长期的掠夺、定居和最后征服使斯堪的纳维亚语对古英语产生了很大的影响。可以说，斯堪的纳维亚语在外来语中对古英语的词汇及语法影响最为显著和持久。这一方面是由于斯堪的纳维亚定居者与英国人的通婚，许多习俗被沿袭进入到社区的日常生活中，语言也会随之发生变化；另一方面，这两种语言本来就有很亲近的关系，都属于日耳曼语系，只是分支不同，英语属于西日耳曼语支，而斯堪的纳维亚语属北日耳曼语支。有一大批特殊词在盎格鲁方言（古英语一种）和斯堪的纳维亚语是相似的。在一定范围内，盎格鲁方言和斯堪的纳维亚语甚至是相通的。斯堪的纳维亚人的入侵客观上给这两种语言提供了相互接触的绝好机会。

但我们应该意识到这一点，在两个民族相互冲突与交融的过程中，尽管在一些地区当英语占据主导的时候，斯堪的纳维亚人很早就摒弃了他们的语言，[2] 也有相当一部分人或多或少是双语；但在丹麦区斯堪的纳维亚人仍旧使用着斯堪的纳维亚语。直至诺曼征服时期，丹麦区的斯堪的纳维亚语才在持续的贸易和征服中不断被弱化。在苏格兰某些地区，这种语言一直沿用到十七世纪。现在人们对这一现象的解释争辩不一，很难达成一致。但是不管怎样，毫无疑问，两种语言广泛互相作用的基础是存在的。这一结论是基于这样一些事实：即人们发现英语中存在大量的斯堪的纳维亚元素。下面我们将从地名、人名、借词、语法及句法等方面来探讨斯堪的纳维亚语与英语之间的相互影响。

先来看斯堪的纳维亚化的英语地名和人名。斯堪的纳维亚人在英格

1　王继辉：《再论〈贝奥武甫〉中的基督教精神》，载《外国文学》2002 年第 5 期，69-78 页。

2　E. Ekwall, "How Long Did the Scandinavian Language Survive in England?" *Jespersen Miscellany*, pp. 17-30, 以及 R. I. Page, "How Long Did the Scandinavian Language Survive in England? The Epigraphical Evidence," in *England Before the Conquest: Studies in Primary Sources Presented to Dorothy Whitelock*, ed. P. Clemoes & K. Hughes (Cambridge, UK, 1971), pp. 165-81.

兰定居后，他们往往使用斯堪的纳维亚语为这些新定居点命名。这些新地名既带有斯堪的纳维亚语特征，也蕴含斯堪的纳维亚人对新定居点地形、地貌或人文特征的印象。[1] 因此，斯堪的纳维亚语地名恐怕是证明斯堪的纳维亚人在英格兰广泛定居最好的例证了。据统计，在英格兰地区有超过 1400 个北欧地名，并且随着资料研究的深入，该数字还会持续增加。这些地名并不是平均分布，主要集中在约克郡和林肯郡（Yorkshire and Lincolnshire），一些郡中的地名甚至有超过四分之三来自北欧。诺福克（Norfolk）中大量的地名则反映出当时丹麦人至少广泛分布于东盎格鲁。[2] 在丹麦区，人们可以找到 600 多个丹麦语地名，如"Grimsby"（格里姆斯比）、"Whitby"（惠特比）、"Derby"（德比）、"Rugby"（拉格比）以及"Thoresby"（色罗斯比），这些词的结尾均为 -by，可见当时在英格兰定居的丹麦人数之多。因为结尾 -by 有"农庄、城镇"之意。有 300 多处地名如"Althorp"（阿尔索普）、"Bishopsthorpe"（比舍普索普）、"Gawthorpe"（高素普）及"Linthorpe"（林索普）等斯堪的纳维亚语中的 -thorp 取"村庄"之意。还有大致 300 多个地名含有 -thwaite（指一块儿孤立的地），如"Applethwaite"（安普维特）、"Braithwaite"（布雷思维特）、"Cowperthwaite"（卡波维特）、"Langthwaite"（兰斯维特）、"Satterthwaite"（三特维特）。此外还有将近 100 个地名以 -toft 结尾（意思是"一块儿地"），如"Brimtoft"（布里姆福特）、"Eastoft"（伊斯特福特）、"Langtoft"（兰特福特）、"Lowestoft"（洛维斯福特）、"Nortoft"（诺特福特）等。很显然，对于丹麦区的人来说这些地名再平常不过。此外我们可以肯定有很多斯堪的纳维亚风格的人名被记录在这些地区中世纪的资料中。例如以 -son 结尾的名字如"Stevenson"（史蒂文斯）、"Johnson"（约翰逊）、"Thompson"（汤普森）、"Jackson"（杰克逊）、"Williamson"（威廉姆森）等都是典型的斯堪的纳维亚风格，就像古英语中的 -ing（如 Browning）很常用一样。

我们再来看一下借用语。古英语和斯堪的纳维亚语有着很高的相似度，有时我们甚至很难分清某个现代英语中的给定词汇到底是母语中的词汇还是借用语。此外以上两种语言中的诸多常用词近乎相同，倘若丹麦

1　Judith, J. *The Viking Diaspora*, p.12.

2　Baugh, A. C. & Cable, T., *A History of the English Language*, Routledge & Kegan paul, 1978, pp. 87-88.

入侵之前古英语文学不曾存在，我们甚至可以说现代英语众多词汇是来自斯堪的纳维亚语。

早期的入侵者与英国人的关系十分紧张，斯堪的纳维亚语对英语的影响由此受到阻碍。一些斯堪的纳维亚语词汇发展成为英语文学词汇需要很长时间才会让盎格鲁－撒克逊人慢慢接受。在古英语中斯堪的纳维亚语词汇的数量不多，大多是关于航海和抢掠者，像"barda"（尖头船）、"cnearr"（小战舰）"scegþ"（船只）、"liþ"（舰队）、"scegþmann"（海盗）、"dreng"（武士）、"hā"（桨架）、"bātswegen"（船员）、"hofding"（首领）、"orrest"（战斗）、"rān"（抢劫）以及"fylcian"（招兵买马）。这些词都体现出北欧人在英国人眼中的形象。还有一些是与丹麦社会及行政体制相关的法律词汇，如"law"（法律）实际上就是来自斯堪的纳维亚语。又例如"outlaw"（违法者）、"māl"（法律诉讼）、"hold"（不动产的所有权）、"wapentake"（行政区域）、"hūsting"（集会）等词均来自丹麦语。除了这些词，古英语中很多词汇是斯堪的纳维亚语术语的翻译："bōtlēas"（不能被赔偿的东西）、"hāmsōcn"（在房子里袭击敌人）、"landcēap"（买地后付的税）。[1] 英国的法律术语在诺曼征服以后有了很大改变，现在大多数的法律术语来自法语。虽然之前法律术语只是短暂存在，但足以能证明英格兰丹麦人聚集区受北欧文化影响的程度之大。

那么，如何判定一个英语单词是斯堪的纳维亚借词呢？非常典型的一个方法是从单词的发音差异或含义差异来判定。体现发音差异最简单的一例是关于"sk"发音的发展。除了在组合"scr"中，它在古英语中均为 /ʃ/ 音，而在斯堪的纳维亚国家其发音保持不变，仍然发 /sk/ 音。于是在一些现代英语词汇中如"ship"（船）、"shall"（第一人称单数助动词）、"fish"（鱼）等词中便会有 /ʃ/ 音出现，而从斯堪的纳维亚语借来的词汇如"sky"（天空）、"skin"（皮肤）、"skill"（技能）、"scrape"（摩擦）、"scrub"（擦洗）、"bask"（晒太阳）、"whisk"（数学）等仍旧保持 /sk/ 音。同样，像"kid"（羊羔）、"dike"（堤岸）、"get"（得到）、"give"（给与）、"gild"（行会）"egg"（鸡蛋）等词汇，由于都保留了 /k/ 与 /g/ 音，所以他们都来自斯堪的纳维亚。某些情况下从一个词语的元音也能看出其来源。例如日耳曼语中双元音 /ai/ 在古英语中变为 /ā/（现代英语为 /ō/）

1　Baugh, A. C. & Cable, T., *A History of the English Language*, Routledge & Kegan paul, 1978, p. 88.

而在斯堪的纳维亚语言中则变为 /ei/ 或 / ē /。因此"aye"（是，赞成）、"nay"（否，反对）、"reindeer"（驯鹿）、"swain"（青年）都是外来词。

事实上，许多新单词在英语词汇中没有任何实际需求。它们进入英语的原因仅仅是因为两个民族的混合。当斯堪的纳维亚语和英语单词同时使用时会出现许多情况，这两种语言中的哪一个会被存留下来是非常有趣的现象。

第一种情况，当两种语言表达的词义相同但形式不同时多数情况下采用的是英语的形式，如"bench"（长凳）、"goat"（山羊）、"heathen"（异教徒）、"yarn"（毛线）、"few"（少数）、"grey"（灰色）、"loath"（不愿意的）、"leap"（跳跃）、"flay"（剥皮）等。这里需要提到的是这两种语言形式同时存在的区域多在英国北部和东半部的区域，如斯堪的纳维亚语的"attlen"和英语的"think"（思考）、"bolnen"和"swell"（膨胀）、"tinen"和"lose"（失去）、"site"和"sorrow"（悲伤）、"roke"和"mist"（薄雾）、"reike"和"path"（小路），很明显我们现在所能认识的词都是它的英语形式。有些英语单词是在借用部分斯堪的纳维亚语形式后才存留下来的，如带 /g/ 的"give"和"get"（得到）及"scatter"和"shatter"（分散），"Thursday"（星期四）代替了古英语的"Thunresdæg"。当然，在丹麦，一定还存在关于斯堪的纳维亚语和英语单词形式的许多困惑，例如"shriek"和"screech"（尖叫）的混杂形式就很明显。这些都表明我们在考虑斯堪的纳维亚语的影响时一定要研究这两种语言非常突出的混杂情况，这也正是两种十分相像的语言共存于长达两个世纪的结果。

第二种情况是斯堪的纳维亚语取代了英语词汇，这往往是两种语言共存很长时间以后。例如"awe"来自于斯堪的纳维亚语，其同源词 eye (aye) 来自于古英语，这两种用法在《欧姆录》（*Ormulum*）[1] 中同时出现。在中世纪英语时期英语单词十分普遍，但到了 1300 年，其斯堪的纳维亚形式开始频繁出现并最终取代了古英语单词。这两种形式在东北部日常交流通用长达几个世纪，最终在语音上"awe"更胜一筹，而其古英语形式在十四世纪后未再出现。再看"egg"（鸡蛋）一例。这个词的两种

1　《欧姆录》（*Ormulum*）是 12 世纪一个叫欧姆（Orm）的僧侣所写的一部长达 19 000 行的释经诗行。全诗拼写方式独特，记录了早期中世纪英语的许多发音细节，对研究当时诺曼征服后处于动荡中的英语语言发展具有重要的参考价值。

形式也出现了同样的情况：英语"ey"和斯堪的纳维亚语"egg"经过共存后最终后者保留至今。同样，斯堪的纳维亚语"syster"（sister，姐妹）取代了英语"sweostor"，"bōn"（boon，恩惠）取代了"bēn"，"veikr"（weak，虚弱）取代了"wāc"，"angr"（anger，愤怒）取代了"torn"、"grama"和"ire"，"bark"（树皮）取代了"rind"，"wing"（翅膀）代替了"feþra"，"sky"（天空）代替了"ūprodor"，"wind-eye"（window，窗户）代替了"eye-thirl"。

当然也有英语和斯堪的纳维亚语词汇同时被保留下来使用的情况，但意义或用法已发生改变。如下面所给出的五组词（先给出的是英语）"no"（否定）和"nay"（文学用语，否定），"whole"（整体）和"hale"（猛拉），"rear"（后部）和"raise"（抬起），"from"（介词，从）和"fro"（副词，来回），"craft"（手工技能）和"skill"（技能），"hide"（躲藏）和"skin"（皮肤）。很明显，它们的意义已经发生很大的不同，这很可能是两种语言力量在相互较量过程中难分胜负而采取暂时妥协的结果。

以上提到的词汇基本为名词、形容词或动词，其实进入英语的斯堪的纳维亚语不仅仅局限在这些实词上，它还扩展到代词、介词、副词及"be"动词中。如我们现在用的代词"they"、"their"和"them"就是斯堪的纳维亚语，而古英语中使用"hie"、"hiera"和"him"。凡这些词性的词语往往不会从一种语言转移到另一种语言，斯堪的纳维亚词语可能较少受到与单数形式混淆的束缚。还有，"both"和"same"尽管不是主要代词，但被用作代名词，也是斯堪的纳维亚语的起源。介词"till"除了有目前的意思外，竟然与"to"的意思相同，曾一度被广泛使用。副词"fro"和"from"的意思一样，以前也被广泛使用，并在词组"fro and to"（来来回回）中保存下来了，且这两个词都来自斯堪的纳维亚语。现代形式的连接词"though"（虽然）也是古斯堪的纳维亚语，相当于古英语的"þēah"。在斯堪的纳维亚语中，"at"是不定式的标志，可以在英语"ado"（at-do）中见到，并广泛使用于中世纪英语。副词"aloft"（在高处）、"seemly"（适合的）和较早的"hepen"（hence，然后）也都来自于斯堪的纳维亚语。最后要提到的恐怕也是最应该提到的是"be"动词的复数形式"are"来自于斯堪的纳维亚语，这是英语最重要的外来词之一。

斯堪的维亚语不仅影响到词汇而且扩展到语法和句法。英语简单语法的形成受堪的纳维亚语的影响很大。一般说来，一种语言屈折变化很少会转移到另一种语言。但诺森伯亚方言中存在一定数量的特有的屈折变化因素也归因于斯堪的维亚语的影响。[1] 其他如第三人称单数 -s、现在式、动词和分词的结尾 -and（如"bindand"）与中部和南部地区对应的 -end 及 -ind（现在由 -ing 代替）也都受其影响。单词"scant"（少量）、"want"（缺乏）在最后保留的"t"就是古诺斯语的中性形容词性结尾。更重要的是在许多单词中，英语和斯堪的维亚语词汇主要在屈折变化因素上有很多不同之处。两种语言的词干几乎一样，词尾会给相互理解带来困扰。在丹麦区的混合人口中，这些词尾可能引发了更多困惑，慢慢地这些不同变得模糊，最终消失。屈折变化是北方英语甚至是古英语的标志，而屈折变化消失是自然趋势，在当时丹麦区这一变化更快。丹麦人还将这种变化扩展传播得更远，在诺曼征服后就形成了简单的英语语法。同样，短语和句子中将单词放到一起的方式，即我们所谓的语法，与对词汇影响相比较而言，是语言间相互影响较小的。这种影响的可能性很自然随着两种语言说话者的亲密程度而变化。 在许多丹麦人的地区讲英语很可能已经融合了丹麦语的表达习惯。[2] 在关系句中，关系代词的省略（古英语中很少见）以及连词 that 的保留或省略正是丹麦语的用法；中世纪英语中使用"shall"和"will"的规则与斯堪的维亚语非常像；并且在莎士比亚时代，一些很明显的不合逻辑的助词用法（例如，《威尼斯商人》第三幕第二场中"besides it should appear"）对于一个丹麦人来说似乎也并不陌生，他们可能也是用一样的动词。这两种语言有时都着重强调介词，类似惯用语也出现在这两种语言中，如"he has someone to work for"（他有一些事需要做），这种搭配形式在其他日耳曼语中都没有。这虽不能充分说明是斯堪的纳维亚化的结果，也有可能是这两种语言之间的巧合，但两种语言的亲缘关系毋庸置疑。[3]

事实上一种语言对另一种语言的影响不仅体现在以上提到的标准用

1　Keller, W. "Skandinavischer Einfluss in der englischen Flexion", *Probleme der englischen Sprache und Kultur: Festschrift Johannes Hoops,* Heidelberg, 1925, pp. 80-87.

2　Kirch, M. S., "Scandinavian Influence on English Syntax", *PMLA*, 74 (1959), 503-10.

3　Baugh, A. C. & Cable, T., *A History of the English Language (fifth edition)*, Routledge & Kegan paul, 1978, pp. 94-95.

法中的词汇和语法及句法中，其生命力更体现在文学作品和方言中。古代文学作品和现代的方言中存在大量现如今日常不再使用的斯堪的纳维亚词。民谣中就有许多例子。《罗宾汉的英雄事迹》(*Geste of Robin Hood*)"lythe and listin, gentlemen"开头第一个词用的就是斯堪的纳维亚语，表示"听"。在《罗宾汉和盖古斯彭》中圣母玛利亚说："ah, deere lady! Sayd Robin Hoode, thou art both mother and may!"，这个句子中"may"也是斯堪的纳维亚词汇，意思是"maid，女仆"。《贝西·贝尔和玛丽·格雷》(*Bessie Bell and Mary Gray*) 在句子"bigget a bower on yon burnbrae"中运用了挪威起源的另一个词"biggen"，意思是"建造"。该词在彭斯（Burns）的作品《致小老鼠》也被使用："thy wee bit housie, too, in ruin! And naething now to big a new ane." 在彭斯和司各特（Scott）的作品中我们还发现以"waur"的形式表示比较级"worse"，如："A, the warld kens that they maun either marry or do waur."。[1] 这样的例子还有很多，可以充分证明斯堪的纳维亚语除了已发现的那些进入到英语标准语中的词汇外，还有很多存在于方言当中。

　　本节所谈到的借词、语法及句法还远不足以证明斯堪的纳维亚语对英语的影响到底有多大。据英语方言词典的编辑者怀特（Wright）[2] 说，成千上万的斯堪的纳维亚词依然是英格兰北部和东部地区的日常生活用语的一部分，且从某种程度来讲，它们就像英国其他地区的语言一样富有活力，进入了文学领域。他指出，如果我们将所有常见的英语标准语和方言中不同起源的 sc 开头的单词都挑出来，英语方言词典里就包含了1154 个以"sc"和"sk"开头的简单词，这是非常突出的。至少在当地，斯堪的纳维亚的影响巨大。毫无疑问，大批丹麦词进入英语是 10 或 11 世纪。这个阶段也是两种语言融合的时期。13 世纪有相当一批丹麦词首次出现在《欧姆录》中，但这可能是由于早些时期文学文本的匮乏尤其是丹麦区的文学的匮乏才得出这一结论。总之，由于斯堪的纳维亚语与英语合并的领域广大、密切程度深，斯堪的纳维亚语成为英语外来语最重要的来源之一。

1　Baugh, A. C. & Cable, T., *A History of the English Language (fifth edition)*, Routledge & Kegan paul, 1978, p. 93.

2　Joseph & Elizabeth M.Wright, *An Elementary Middle English Grammar*, p. 82.

第二章
诺曼征服后英语的变化

诺曼人的征服不仅增强了英格兰与西欧大陆的联系，也改变了英格兰的社会结构。诺曼贵族成为社会的上层，法语也因此被引入英格兰，但广大民众乃至中小贵族依然以古英语为公共语言，英格兰社会中出现了拉丁语、法语和英语三种语言共用现象。英语在这一历史时期自身也发生很大程度的演变，受拉丁语和法语的影响非常明显。

第一节　征服后的英格兰社会

1066 年，征服者威廉在黑斯廷斯（Hastings）战役中打败哈罗德，登上英格兰王位，改变了英格兰的历史，同时也改变了英国社会。诺曼征服是英国历史上最后一次遭受外族武力入侵。这次武力入侵给英格兰带来了重大影响，成为英格兰历史上的一个重要分水岭，"给英格兰社会结构增添了新的特色"，[1] 加强了英格兰与欧洲大陆的联系。

就诺曼征服对英语发展影响而言，它改变了英语发展的方向。假如威廉一世没有当上英格兰国王，那么英语的发展就会像其他日耳曼语系

1　[英]阿萨·勃里格斯：《英国社会史》，陈叔平、刘城等译，中国人民大学出版社 1991 年，第 60 页。

发展的历程一样，通过保留日耳曼语大部分的音调变化规则和词汇，依靠已经形成的语言规则和少量的外来词而形成英格兰社会的主要语言。然而诺曼征服后诺曼贵族带来了法语，英语在诺曼征服后至少 200 多年当中多被作为老百姓的口头用语，没能作为统治阶层的语言被使用。

一、诺曼人的征服

9 世纪中叶北欧人入侵法国，在攻占巴黎并抢劫了亚眠、马赛等城市之后，又在 10 世纪初（确切时间为 911 年）抢占了法国塞纳河下游沿海地区的大片领地，并给其定名为"诺曼底"，意思是"北方人的土地"，他们的丹麦首领罗洛与法国国王查理在诺曼底达成了一个类似于丹麦法[1]的协定，法国将这一区域割让给了罗洛。这就意味着这些北欧人确立了与法兰西国王的封君封臣关系，诺曼底公国建立。[2]罗洛承认法国国王为他们的最高统治者，而他则成了诺曼底的第一个公爵。北欧人有很强的适应性，这是他们这一民族的显著特征。在任何一个地方，他们都能很快接受那些与他们生活在一起的外族人的社会习俗。这次，他们又以极强的吸收能力来迎接法国文化，其中重要的一点是他们不再固守自己的语言习俗而改说法语，而他们所说的法语是诺曼法语，这是英格兰的"本土"法语，不同于被视为正宗的法语——巴黎法语。[3]这也是诺曼征服后诺曼贵族们为何要送自己的子女到大陆去学习正宗法语的原因。与此同时，古老的斯堪的纳维亚语很快在诺曼底消失了，诺曼底第二任公爵只好派遣他的儿子到巴约（Bayeux）[4]，希望他能学到一些祖先的语言。他们开始信奉基督教，开始建设诺曼教堂，现代建筑师仍然称之为奇迹。[5]因此，在 11 世纪诺曼征服英格兰之前，诺曼底承继的基本上是法国文明。诺曼人在与法军的对抗中善于学习法军战术，加上天生就有的冒险精神

---

1 "丹麦法"指阿尔弗雷德的后代与居住在英格兰的北欧人达成的协议，具体参见第一章第一节。

2 Brown, P. A., *The Norman and Norman Conquest*, the Boydell Press, 1985, pp. 15-17

3 在乔叟的《坎特伯雷故事》里女修道院院长以嘲讽的语气讲到英格兰这种"本土"法语的特征：它"主要以诺曼底法语为基础，混合了其他法语方言、英语和弗莱芒语的形式和词汇而形成的语言"。参见肖明翰：《旧传统的继续与新的开端——诺曼征服之后早期中古英语文学的发展》，载《英国文学》，2009 年第 2 期，第 107 页。

4 巴约（Bayeux）市现位于法国下诺曼底首府卡昂（Caen）和卡兰坦（Carentan）之间。巴约城建于公元 1 世纪，由罗马人征服高卢后所建。

5 Baugh, A. C. & Cable, T., *A History of the English Language*, Routledge & Kegan paul, 1978, p. 106.

和无比的勇气，很快拥有了在整个欧洲都有一定影响力的军队。他们还善于借鉴和运用法兰克律法（Frankish law），包括陪审团制度，在诺曼底（包括后来在英格兰）建立了世界杰出的法律体系之一。[1] 在接下来的一个半世纪中，一代代的公爵把他们的地位提升到了能够产生重要影响的高度，有时甚至超过了法国国王的权力。

与此同时，他们还和隔海相望的英格兰保持着密切的联系。在 1002 年，爱塞尔烈德二世（Æthelred II）娶诺曼底公爵罗伯特女儿埃玛为妻。他被丹麦人驱逐流放期间，儿子爱德华（Edward）在诺曼底宫廷也长期过着流亡生活直至被抚养长大，爱德华因此对基督教信仰极为虔诚，被后人称为"忏悔者"（Edward the Confessor）。

1066 年爱德华去世后英格兰面临推选新国王的局面，贤人会议推举实际控制英格兰的伯爵戈德温的长子哈罗德为王。然而由于哈罗德离王室血统较远，诺曼底威廉公爵以英王爱德华的表弟的身份为借口，挑战刚当选国王的哈罗德。在苏塞克斯南端黑斯廷斯的决战中威廉一世依靠装备精良的 5000 骑兵打败了未经多少训练但数量达 7000 多人的哈罗德，哈罗德及其亲兵全部阵亡。一名中世纪自然科学史学家评价说，诺曼人这场战斗的胜利相当于 11 世纪的军事技术对 7 世纪军事技术的胜利。[2] 诺曼人能取得胜利主要是得益于上文所提到的善于学习法军技术并拥有一支精良的骑兵队伍。

威廉公爵虽然赢得了黑斯廷斯之战并消灭了自己的敌人，但他还没有获得英国王位。黑斯廷斯战役后，他又扩大战果，向东征服丹佛尔港和坎特伯雷，沿泰晤士河南岸向西挺进，烧毁南沃克，穿越汉普顿，然后度过泰晤士河包抄伦敦西北各地，使伦敦处于孤立无缘的境地。威廉恩威并用，还同时发布公告允诺，自己作为爱德华的继承人将保留盎格鲁－撒克逊人已有的习惯和权利。伦敦不战而降。1066 年圣诞节，贤人会议只得在威斯敏斯特为他加冕，威廉成为英国国王威廉一世（1066–1087 年在位）。

威廉一世在黑斯廷斯一战的胜利与随后伦敦的加冕仪式所体现的不

1　Baugh, A.C. & Cable, T., *A History of the English Language*, Routledge & Kegan paul, 1978, p. 106.

2　［英］阿萨·勃里格斯：《英国社会史》，陈叔平、刘城等译，中国人民大学出版社，1991 年，第 60 页。

仅仅只是君王的更替，而是一个民族征服另一个民族后产生的重大影响。事实上，威廉的加冕礼并没有立即得到全英格兰的公认，而仅在东南部得到认可。然而由于有些英格兰人不但不积极反抗诺曼底人，还与他们合作，使得生活在一两百万敌对居民中、不足一万的诺曼底人成功接管英格兰。[1]1068-1070 年，威廉北上平息迈西亚与诺森伯利亚地区领主军队叛乱，连年的战斗几乎将英国旧贵族阶层彻底摧毁，取而代之的是诺曼底新贵族。在诺曼征服逐渐完成的四年（1066-1070）间，虽然很多出租领主保有小块土地，但《奥尔本斯编年史》（*The St. Albans Chronicle*）提到几乎没有一个英国人留在英国王朝，这虽有所夸大但基本符合事实。在 1072 年英国王室的 12 个伯爵中只有一位是英国人，而威廉本人在四年后被处决。在《末日审判书》中，1086 年尚存的比较重要的英国封建领主只有两位。因服兵役而领有封地的四千多位大乡绅失去土地，被人数不足二百且多数是诺曼底的新地主所替代（其中只有少数几位是布列塔尼人、弗兰德人和洛林人）[2]

同样，英国高级教士的职位被逐渐取代，甚至出现空缺。这种空缺逐渐被诺曼人所补充。1070 年，威廉免去了一些英国主教的职务，自此再也没有任命新的英国人去担任主教或教堂的职务；1075 年，在伦敦议会签署法令的 21 个主教里有 13 个英国人，而 12 年后，数量就缩减到了 3 个。外国的僧侣和教士到英国寻求提供给他们更多的晋升机会，大量房屋由来自诺曼的僧侣建造和居住。

诺曼人的征服是英国历史的分水岭。欧洲历史上其他任何一次征服都没有对败北者产生如此重要的后果。但这并不仅仅是说诺曼征服具有超乎寻常的掠夺性和破坏性，更重要的是要讨论处于 11 世纪的英格兰在这次具有划时代意义的重大事件发生后所产生的复杂的社会和文化影响。它把英格兰和诺曼底这两个各自独立的国家变成了"跨海峡的单一的政治集团"[3]，诺曼的新贵族既保留了在大陆的土地，又占有了英格兰的土地，成为英格兰新的统治阶级，新的统治阶级又带来新的文化和语言。英国历史学家麦克法兰对诺曼征服在英格兰产生的影响做了高度概括：

1　[英]肯尼斯·O. 摩根:《牛津英国通史》，王觉非译，商务印书馆 1993 年，第 117 页。

2　同上，第 118 页。

3　同上。

"它使英格兰与欧洲大陆更紧密地联系在一起；疏远了斯堪的纳维亚的影响；为英格兰带来了政治上的稳定；创立了欧洲最强大的君主国之一；发明了欧洲最圆熟的政府体系；改变了英格兰的语言和文化；铺就了未来英法长期冲突的舞台。"[1]然而，也有学者认为，11世纪的英格兰发生重大变化不能仅归结于诺曼征服，这一时期最为重要的不是变化而是延续。因为任何一个社会制度的转型都不是一朝一夕所能完成的，"一个战役就能解决英国的命运"[2]是不大可能的。[3]

二、采邑制的建立和庄园经济的发展

　　诺曼征服后英格兰采邑制的建立维护的是贵族和国王之间的关系；庄园制维护的是农民和贵族之间的关系。社会大众和统治阶层之间的接触很少，他们各自使用自己的语言，彼此之间的交流并不多，这是英格兰中世纪早期出现三语共用现象的重要原因。

　　随着诺曼人的征服和诺曼王朝的建立，在盎格鲁－撒克逊时期就已经开始的英国封建化进程加快。威廉登上英格兰王位后，首先面临的问题就是对土地的再分配。在1068-1069年间，通过战争没收了4000-5000个英格兰贵族的土地。他宣称所有土地和森林全归国王有。根据《末日审判书》统计结果，国王先占有全国约七分之一的耕地，其直接封臣共1400人，其中180人是真正的大封建主，他们占有的土地占全国总面积的50%，这些大封建主的封臣共7900人。[4]国王的直属封臣要对他宣誓效忠，而且每年要为他提供40天的骑士役。直属封臣先留下部分土地自己直接经营，再把剩下的土地分封出去，形成次一级的封君封臣关系，以此层层封授，就形成了以封建土地为基础的等级制人身依附关系。封君和封臣之间都有应尽的义务。威廉要求他的直属封臣再次分封时，受封人除了宣誓"因为领有您的土地，我将效忠于您"外，还必须加上"除了效忠国王之外"这句话，以此来保证各地封臣能够向他宣誓效忠。[5]这

1　［英］艾伦·麦克法兰：《英国个人主义的起源——家庭、财产权和社会转型》，商务印书馆，2008年，第15页。

2　Hastins. C. H. Normans in European History. Cambridge History, 5(1927).

3　王亚平：《英国封建制度形成的社会历史条件》，载《史学集刊》，2002年第3期，第35页。

4　王亚平：《西欧法律演变的社会根源》，人民出版社，2009年，第200页。

5　钱乘旦，许洁明：《英国通史》，上海社会科学院出版社，2002年，第41页。

种采邑制的推行是建立在强大的物质基础之上的，它使英格兰王权集权加强，等级制度分明。而这种等级分明的社会结构使得社会普通民众几乎没有可能去接触统治阶层，社会大众所使用的英语也就很难去影响说诺曼法语的统治阶层。

诺曼人征服英格兰后能在极短的时间内没有受多大阻力就在英国确立了封建制度是由于英格兰在诺曼征服前就具备了封建化的经济基础。王亚平教授认为英国和诺曼底这两个社会封建化程度差异虽大，但又有非常相似的因素，使诺曼人可以顺利地将其社会制度引入英国。[1] 英国和诺曼底公国的封建制度都是在氏族制度瓦解后出现的农村公社的基础上建立起来的。早期的盎格鲁 – 撒克逊社会的基层是农村公社，具有向封建社会或奴隶社会过渡的可能性，而向封建社会过渡的条件是大地产制，这一点英格兰早在 7 世纪就已经有这一倾向："农村公社开始转化为庄园，村镇小贵族开始转化为庄园的组织者。"[2] 这说明征服前的英国在社会经济形态方面已经封建化。当时英国所缺乏的只是在法律体制上没有明确表现，而诺曼征服作为政治统治形式加速了封建化的这一进程，客观上为英国封建制度的发展提供了有利条件。[3]

英国封建制度的确立改变了其以往的经济结构，进入了庄园经济的发展阶段。"在土地是社会唯一生产资料的中世纪社会中，庄园的形成与土地的占有、经营和耕种有着极为密切的关系"，[4] 从此种意义上说，庄园首先是一种地产。[5] 然而，随着采邑制的层层推行，尤其是世袭采邑的出现，封地逐渐演变为领地，庄园就不仅仅是土地，也不仅仅是一个居住单位，而是一个统治的单位。它成为一个权利的联合体，伴随或取代了国家的和家庭的权力。[6] 按照德国西欧庄园史研究专家巴德尔（Bader）所说，庄园是一个以首领为核心、众人聚居在一起的所在地，是赋税所在地，也是一个法庭所在地。[7] 马克垚先生也认为，庄园是西欧农业生产中一种特定的组织形式，庄园中存在着劳役地租，也就存在着控制农民的

1　王亚平："英国封建制度形成的社会历史条件"，载《史学集刊》，2002 年第 3 期，第 35-41 页。
2　Loyn, H. R., "The King and the Structure of Society in later Anglo-Saxon", *History* 42, 1957, pp. 163-167.
3　王亚平："英国封建制度形成的社会历史条件"，载《史学集刊》，2002 年第 3 期，第 35-41 页。
4　王亚平：《西欧法律演变的社会根源》，人民出版社，2009 年，第 60 页。
5　马克·布洛赫：《封建社会》，张绪山译，商务印书馆，2004 年，上卷，第 387 页。
6　王亚平：《西欧法律演变的社会根源》，人民出版社，2009 年，第 61 页。
7　Bader, K. S., Das mittelalterliche Dorf als Freedens-und Rechtsbereich, Weimar, 1957, pp. 22-23.

各种权力。[1]由此看来，庄园被赋予了各种社会功能，各种类型的庄园构成了西欧中世纪的经济体系。[2]中世纪早期，一个典型的庄园主要由领主自营地和依附农的份地组成，[3]这种庄园制经济形式使领主和农民紧密地联系在了一起。像封建等级制的上层结构一样，庄园领主和依附农之间的土地关系是一种土地占有权的有条件转让，依附农获得了土地用益权，领主获得各种劳役、实物产品和货币，进而凭借手中的"豁免权"建立起经济垄断和司法垄断。[4]因此，依附农的人身自由、转移农产品或土地的自由以及继承都受到限制。[5]不过，无论是庄园主，还是庄园里的农民，彼此均相互依赖。庄园的管理以及庄园生活的正常运转不是依靠王室的强权和行政命令，而是依靠庄园法。庄园法决定着庄园内的一切大小事务，规定人们能够做什么，不能够做什么。这种社会经济结构相对独立，广大民众与王室之间并不存在直接的统治与被统治关系，农民日常接触更多的是庄园里的其他成员，而非王室或政府人员。这种社会下层与统治阶层联系非常松散的社会关系直接影响英国王室向各地推行政策的执行力度，包括推行语言政策的执行力度。

　　庄园经济这种典型的自然经济形式在中世纪早期决定了普通民众的社会流动很少。有数据显示，在 11 世纪和 12 世纪的英格兰，1066 年和 1086 年一些大的王室庄园仍用实物缴纳地租，到 1129–1130 年折算地租才广泛采用，[6]只要地租还是简单形式的劳役地租或实物地租，农民作为直接劳动生产者的身份就仍被"束缚"在自己劳动的庄园，很少有机会与自己所在庄园以外的人进行经济活动的往来。造成这一结果的因素还有很多，其中很重要的一点就是中世纪早期农产品很少能进入流通，这也在一定程度上决定了农民很少有走出自己所依附的庄园的机会。马克思谈到，"在真正的自然经济中，农产品根本不进入或只有极小部分进入流通过程，甚至代表土地所有者收入的那部分产品也只有一个比较小

1　马克垚：《西欧封建经济形态研究》，人民出版社，2001 年第 2 版，第 151 页。

2　王亚平：《西欧法律演变的社会根源》，人民出版社，2009 年，第 64 页。

3　[法]马克·布洛赫：《法国农村史》，余中先、张朋浩、车耳译，商务印书馆，1997 年，第 173 页。

4　Adams, G. B., *Civilization during the Middle Ages*, New York, Chicago, Boston, 1914, p. 208.

5　Hilton, R. H., "A Crisis of Feudalism", *Past & Present*, No. 80 (Aug., 1978), p. 8; Rösener, W., *Peasants in the Middle Ages*, pp.18-20.

6　[英]肯尼斯·O. 摩根：《牛津英国通史》，王觉非译，商务印书馆 1993 年，第 158 页。

的部分进入流通过程。"[1]。在农业为主的中世纪社会，农民在整个社会结构中占绝大多数，而农民的社会流动很少也就使得他们使用的英语对外传播的机会很少，更不要说让说法语的统治阶层轻易地去接受了。总之，庄园制这种经济体系所造成的社会结构导致英语和法语在中世纪早期的英格兰互相接触和交融的机会并不多。从另一角度说，这也为英语和法语按照自己的方式去发展提供了相对宽松的语言环境。

三、诺曼人征服对语言的影响

就语言使用的总体状况来看，除亨利一世因其妻是英国人略懂英语外统治阶层中诺曼底的国王们对英语几乎一无所知。当时上层社会主要讲法语，他们看不起不讲法语的人。英国格洛斯特历史学家罗伯特·约翰曾这样概括当时的情形："人们鄙视不懂法语的人，出身卑微的人才坚持使用英文。我想在世界上所有的国家里，只有英国不坚持使用本国语。"[2]

诺曼征服后英语书面语的使用很少。但这并不表明英语书面语已经销声匿迹。能够代表英语还在延续的一个典型证明是威廉一世在 1067 年颁布给伦敦市民的英语公告（见图 2.1）。在当时及后来一个多世纪里官方文件语言都是拉丁语的时代这很明显属于一种特殊的语言使用。威廉一世使用英语发布公告表明对英语已是一种确立的语言的一种认可。公告中包含古英语的四个典型字母，近似于现代英语中的 "ash" 中的 /æ/、"thorn" 中的 /θ/ 及 /Þ/（wynn）和 /ȝ/（yogh）。[3] 在威廉一世做英格兰国王的二十多年里，当地英语语言没有受到官方重视已很容易理解，应该注意到的是诺曼法语在英格兰上层社会中被延续下来而且被发扬光大。要做到这一点事实上并不容易，因为威廉征服后带过来的贵族及亲兵并不多，估计只占当时英格兰总人口的 5% 到 10%。据统计，在英格兰的诺曼人不超过 10 000 或 15 000 名战士，也许只有 5000 人，加上一些随行的人和机会主义定居者。但是这些人跟庞大的英国本土居民相比太少了。

1　马克思、恩格斯：《马克思恩格斯全集》，第 3 卷，中共中央马克思恩格斯列宁斯大林著作编译局编译，人民出版社，1995 年，第 886 页。

2　转引自罗伯特·麦克拉姆等著：《英语的故事》，秦秀白、舒白梅、姬少军译，暨南大学出版社，1990 年，第 81 页。

3　Crystal, D., *The Stories of English*, Penguin Books, p. 122.

《末日审判书》记载，当时英国人有 150 万人，1300 年前后，人数至少达到了 300 万。如果没有威廉组织的一系列重要活动，想让法语延续是不可能的。如威廉在任期间第一次组织进行了国家性普查——《末日审判书》，就英格兰地产和居民做了详细的调查。这一调查书虽不完整却很珍贵，记载了仍处于演进过程中的社会多方面的的活动。[1] 审判书用拉丁文写，但在调查交流过程中用诺曼法语交流是必不可少的。例如就在地产调查前夕，就有人记录下威廉是如何"意味深长地与他的群臣谈论这些地产"，也记录下"地产上的居民及劳动者的身份地位"。[2] 这自然会丰富法语词汇。而这些词汇又会在与英语的交流中变成英语词汇。[3] 在接下来的七十年里，威廉二世和亨利一世的政权更加稳固。盎格鲁－诺曼王朝以及横在英国和诺曼底之间的海峡都被看作是一个延续语言的桥梁而不是阻碍，法语越过海峡在英格兰的上层广泛应用。

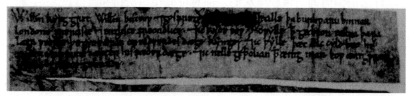

图 2.1　威廉一世征服伦敦发布的公告（William's Writ）[4]

法语在社会上层广泛使用的首要原因在于征服者对英国当地语言的陌生。威廉一世登上英国王位时，几乎都认不清他宣布就职时使用的英语单词。其次，诺曼征服后，英国的君主和贵族都没有舍弃诺曼底，他们停留在诺曼底的时间远长于在英国的时间，威廉一世甚至最长有 5 年的时间没有踏上他的王国。更何况无论是威廉家族还是跟随他出征的贵族在诺曼底都有大片的领地和城堡，他们更习惯于在西欧大陆生活。长期居住在诺曼底，自然他们的语言更习惯于法语而不是英语。

1153 年，阿斯坦亨利二世的第二次入侵平息了诺曼王朝最后一位国

1　[英]阿萨·勃里格斯:《英国社会史》，陈叔平、刘城等译，中国人民大学出版社，1991 年，第 63 页。

2　同上。

3　参见附录中 11 世纪和 12 世纪法语对英语的影响。

4　图转引自 Crystal, D., *The Stories of English*, Penguin Books, 2004, p. 122.

王斯蒂芬执政时留下的混乱局面，开始了金雀花王朝。但这次改朝换代并没有结束英国上层社会讲诺曼法语的现象，似乎更有增强之势。这是因为讲法语成为当时的一种时尚，就是那些贵族的随从也都以讲法语为荣，这一现象一直延续到亨利一世继任国王。另一方面，在英国的教会中也盛行法语，主教、大主教、修道院院长都由来自诺曼的教士担任，或者由会讲法语的本地教士担任。王室、贵族以及教会普遍使用法语，这就为法国的商人和工匠提供了有利的时机，减少了他们在英国进行贸易活动的语言障碍，从而加强了英格兰与西欧大陆之间的联系，诺曼法语在英国社会上层更为普及。

然而，诺曼征服并没有完全改变社会大众的语言习惯，他们中的绝大多数人甚至都没有说法语的可能，一直在使用古英语。但这也并不说明这两种语言没有相交的机会。例如来自诺曼底的商人和手工业者，以及以讲法语为时尚的贵族随从们，都有可能使用法语和英语。

第二节　三种语言的共用

1066 年诺曼征服之后，英国社会的语言并不仅限于英语和法语，诺曼人还把西欧大陆以拉丁语作为官方和教会书面语言的习惯带到了英格兰，使英格兰出现了三种语言共用的现象：教会主要使用拉丁语，王室及政府机构使用法语和拉丁语，社会民众使用英语。三种语言分别由不同的人群在不同场合使用，这种三语言和平共处现象在 1204 年诺曼贵族失去诺曼底之前比较明显，但是随着诺曼贵族被迫放弃其海外地产，三语使用的社会语境发生了显著变化，进而三语之间（尤其是英语法语之间）的关系也发生了显著变化。[1] 这种此消彼长的语言地位变化一直持续到 16 世纪。

为什么诺曼统治阶层没有在全社会层面推行法语、从而实现英国社会语言一统的局面呢？对一种语言的使用分析离不开对其使用语境和使用者的分析。英国社会早期的三语现象也是当时的社会语境和具体使用人群的特征所决定的。

第一，当时国王与大众之间关系松散是导致三语现象的主要原因之

1　15 世纪中期英语开始正式成为加盖国玺的令状的书写语言，结束了拉丁语、法语一统天下的局面。

一。本章第一节已经提到中世纪英国的经济结构属于典型的庄园经济，庄园是西欧封建社会的基本单位，庄园作为西欧封建社会的基本单位与王室的联系非常松散，因此，即便是王室想在语言政策上有所动作，语言政策的推行力度效果也会大打折扣。第二，当时英国社会民众的文化水平低，在大多数民众处于文盲状态（这一点在第一节也已提到）的情形下推行官方语言缺乏必需的群众基础。况且诺曼贵族在一个多世纪之间无暇过多顾及英国本土事务，诺曼出身的人口总规模处于人口总规模的少数约占 5%~10%，法语的推行也缺乏实际的动力和需求。鉴于以上各种条件的限制，英国的诺曼贵族采取了相对温和的语言态度，三语现象从一开始就有一个相对宽松的社会语境。下面我们将具体阐述拉丁语、法语及英语的各自功用。

一、拉丁语的使用状况

从中世纪至 20 世纪初叶，拉丁语不仅是天主教的礼仪语言和公用语，而且是许多学术著作、学术论文乃至文学作品的写作语言。许多世界著名学者都曾经用拉丁语著述，如：波兰的哥白尼、法国的笛卡尔、英国的培根和牛顿、德国的莱布尼茨和高斯、荷兰的斯宾诺莎、瑞士的欧拉、瑞典的林奈等。[1] 此外，拉丁语还是重要的外交语言，一直使用到 18 世纪，而现代医学、动物学、植物学、音乐、艺术等领域里一些学术词汇或惯例（如生物分类法的命名规则）至今仍然以拉丁语为主。很明显，拉丁语是正式文本用语。[2] 很多时候，拉丁语超越了法语、英语之间的地位纷争而被持续使用。对 1415 年至 1485 年加盖国玺的令状中各种语言的使用频率统计就可以看出这一点（见图 2.2）。

在 1415 年至 1485 年加盖国玺的令状（privy seal writs）中各种语言的使用频率统计中，灰色的图例为法语，条状的为拉丁语，黑色的为英语。纵坐标为令状的数量，横坐标为令状颁布的具体年月和编号。例如，第一组数据为 1415 年 2 月至 7 月之间所颁布的令状，编号为 662，其中用法语写成的令状 87 个左右，用拉丁语写成的令状 15 个左右，没有用英语写成的令状。从数据中可以看出，即便是在英语使用频率首次超过

---

1 信德麟：《拉丁语和希腊语》，外语教学与研究出版社，2007 年。

2 W. Rothwell, "Language and Government in Medieval England," in *Zeitschrift fur Franzosische Sprache und Literatur*, ed. Helmut Stimm and Alfred Noyer-Weidner (Wiesbaden, 1983), pp. 262-65.

法语使用频率的 1442 年、拉丁语的使用频率依然很高，甚至在 1447 年之后又超过英语，成为令状中使用频率最高的语言。

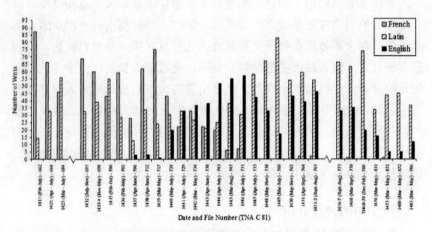

图 2.2　1415 年至 1485 年加盖国玺的令状中各种语言的使用频率统计 [1]

　　因此，在中世纪的英国政府运行过程中，拉丁语同样是正式法律文本的约定用语。拉丁语被赋予权威性和有效性，是可以传给子孙后代的语言。尤其是在起草特许状（letter patent: 国王向一些商人或工匠授予某种可以公开的文件）的时候，拉丁语往往是不二选择，对某种特权的保护措辞应该是明确且具有持久效力的，并不会随着时间流逝而发生意义模糊或产生歧义。鉴于拉丁语具有上述特征，英国王室或政府颁布的许多令状均采用拉丁语。

　　除了政府事务中的正式法律文本以外，在英语取得绝对优势之前，拉丁语还是中世纪英国教会的语言。597 年，罗马教皇格里高利派罗马圣安德鲁修道院的副院长圣奥古斯丁带着 40 人的传教团到达肯特传教。然后在坎特伯雷修建了英国历史上第一座大教堂。601 年，奥古斯丁被教皇任命为第一任坎特伯雷大主教和英吉利大主教（Archbishop of the English People）。[2] 由此，奥古斯丁成功说服了盎格鲁－撒克逊王国国王埃塞尔

1　本图表引自 "Gwilym Dodd. Trilingualism in the Medieval English Bureaucracy: The Use and Disuse of Languages in the Fifteenth Century Privy Seal Office". *The Journal of British Studies*, (2012)51, p. 263.

2　［英］比德：《英吉利教会史》，陈维振、周清民译，商务印书馆，1997 年，第 67 页。

伯特皈依基督教，并把基督教传播到整个英格兰。[1] 罗马的教士带到英国的除了基督教义，也带来了自身的语言——拉丁语。在当时大部分英国民众处于文盲状态的情形下，具有读写能力的教士自然也成为英国社会中的知识分子，在传播、解释教义过程中具有绝对的权威。拉丁语自然也就成了高高在上的宗教语言，成为罗马教士进行知识垄断的重要工具。诺曼征服后陆续到达的诺曼教士除了母语法语以外也一般接受过拉丁语专门训练，大部分也具备英语能力（不然对英国民众传教就会异常困难），但是拉丁语作为宗教正式用语的地位并没有发生改变。这就可以解释为什么教会曾一度极力反对《圣经》英语版本的翻译，并对译者和传播者进行人身迫害。直至黑死病之后由于大量通晓拉丁语或法语的教士死亡，教会不得不补充新的只会讲英语的教士的时候，拉丁语和法语的垄断才算告一段落。欧洲文艺复兴时期以后，各民族语言代替了拉丁语，拉丁语作为口语逐渐消亡。但是拉丁语作为欧洲社会的书面共同语又继续使用了 1000 年左右。

二、法语的使用状况

毋庸置疑，法语是随着 1066 年诺曼征服由诺曼贵族、士兵、移民和文人带到英国的，并最终取代盎格鲁－撒克逊方言成为新的官方语言。但中世纪英国社会所使用的法语称之为诺曼法语（Norman French），与欧洲大陆巴黎地区的法语还是有很大差别。

随着威廉在黑斯廷斯战役大获全胜，诺曼贵族蜂拥而至。英国原有的贵族阶层几乎被扫荡一空。他们或者是在黑斯廷斯战役中阵亡，或者逃跑。少数贵族试图抵抗，均被威廉残酷镇压。1072 年，英国 12 个伯爵之中只有一个人是英国贵族。就是这一个英国贵族也在 4 年后被杀。因此，几乎所有英国上层社会的重要职位和大型庄园均为诺曼贵族所占据。当时的两个大主教均为诺曼人，而各地的修道院院长一旦出现职位空缺，也往往被外国人所填补。1075 年，21 个修道院院长中有 13 个是英国人，但是 12 年之后，英国人只剩下了 3 个。[2] 其他基层教会机构的情况也基本

1　基督教开始在英格兰传播，详见本书第一章第一节。
2　Baugh, A. C. & Cable, T., *A History of the English Language*, Routledge & Kegan Paul, 1978, p. 102.

类似：很多法国僧侣来到英国谋取更好的机会，英国教会的诺曼化已经不可避免。至于在英国驻留的普通诺曼人，更多的是保护诺曼贵族庄园的士兵以及协助诺曼教士接管英国教会的士兵。[1] 另外，来自欧洲大陆的商人和手工业者也相应形成了法国人聚居区。[2]

　　总之，法语的官方使用已经具备了一定的政治经济条件。正如黑斯廷斯战役之后刻在著名的巴约挂毯（Bayeux Tapestry）[3] 上的一幅画所说："法语有强大的权威来统治这个国家。"[4]（图 2.3）。

图 2.3　巴约挂毯上关于法语权威地位的描述 [5]

　　值得注意的是，虽然都是诺曼人，但是诺曼贵族和诺曼底层民众对待英语和法语的态度却有所不同。诺曼贵族对待英语的态度可以用"无暇顾及"来描述。威廉一世 43 岁时曾经打算学习英语，但是由于国事繁忙而最终没有多少精力来取得实质上的进步。[6] 威廉之后 200 年间，诺曼贵族学习英语的动力不大，法语依然是上层社会主要的交流工具。这个现象的本质原因在于英国的诺曼统治阶层与欧洲大陆的联系一直非常紧

1　Freeman, E. A. *The History of the Norman Conquest of England: Its Causes,* Cambridge University Press, 2011, pp. 457-59.

2　英国南安普敦市的法国街（French Street）就是当时该市两条主要街道之一，至今仍保留此名。

3　巴约挂毯 (Bayeux Tapestry)，也被称作贝叶挂毯或玛蒂尔德女王 (la reine Mathilde) 挂毯，创作于 11 世纪。长 70 米，宽半米，现存 62 米。共出现 623 个人物，55 只狗，202 只战马，49 棵树，41 艘船，超过 500 只鸟和龙等生物，约 2000 个拉丁文字。挂毯描述了整个黑斯廷斯战役的前后过程。

4　虽然这句话强调法语的官方地位，但却是用拉丁语写成，也从一个侧面说明拉丁语是当时的正式语言。

5　本图片来自 http://www.medievalists.net/2012/11/15/new-research-on-how-the-bayeux-tapestry-was-made/

6　Shelly, P. V. D. *English and French in England, 1066-1100,* Philadelphia, 1921, p. 32.

密，对欧洲大陆的事务关注远远超过了对英国本国事务的关注。威廉本身就是个例子。他死后不仅葬在诺曼底，而且把他认为最重要的诺曼底分给了自己的长子，而把英国分给了自己的次子。到了亨利二世的时候，英国在法国的领地继续得以扩张。亨利二世由于同时还是安茹伯爵，他还从他的父亲那里继承了安茹地区和曼恩地区。另外，亨利二世又与阿基坦的埃莉诺（Eleanor of Aquitaine）结婚 [1]，进而获得了法国大片南部地区。从这个意义上说，亨利二世作为英国国王，同时又占有三分之二的法国领土。因此，英国国王往往把大量精力投在了法国事务上。

从英国国王驻留英国本土的时间与法国大陆的时间对比来看，威廉一世（1066–1087）和威廉二世（1087–1100）有一半任期均驻留在法国，亨利一世（1100–1135）35 年的任期内，只是在英国呆了 6 年，其余的大部分时间都消磨在了诺曼底。《盎格鲁 – 撒克逊编年史》1118 年的条目中也这样记载："亨利国王因为与法兰西国王、安茹伯爵和佛兰德伯爵打仗，整年呆在诺曼底……英格兰为战争支付昂贵的钱款，为此全年不断地征收名目繁多的税金。" [2] 其余国王中，亨利二世（1154–1189）在位 34 年有 21 年在大陆度过，查理一世（1189–1199）在位 10 年间在英国本土只呆了 6 个月，创下全世界君主在自己领土中驻留时间最短的记录。他之前的斯蒂芬（1135–1154）虽然把任职时间花在了英国，但基本上连年与自己从不讲英语的亲戚为王位之争连年征战。这一状况一直持续到失地王约翰失去在法国的领地、国王无处可去才得以改观。不光英国国王如此，英国诺曼贵族同样在法国拥有大量土地或产业，加之大量随之而来的跨海婚姻，英国贵族处理大陆各种事务的时间和精力也大大超过其在英国本土所花的时间和精力。

上述情况表明，英国上层社会一直忙于处理诺曼底乃至整个欧洲大陆的事务，法语在相当长的时期内仍然是其交流工具，虽然少数诺曼贵族也通晓英语或具备一定的英语能力，但诺曼贵族作为一个阶层在他们失去大量欧洲大陆地产之前对英语的学习和使用尚未提到议事日程。

除了诺曼贵族使用法语外，在英国还有一个特殊群体使用法语，那

1　阿基坦的埃莉诺（Eleanor of Aquitaine）与国王路易斯七世结婚之后阿基坦公国加入法国，但当她再嫁亨利二世后，其归属权便受到争议。

2　[英] 肯尼斯·O. 摩根：《牛津英国通史》，王觉非译，商务印书馆，1993 年，第 130–131 页。

就是跟随贵族来到英国的御用文人以及后来受过良好法语教育的英国本土御用文人。威廉一世的女儿阿德拉（Adela）就是众多诗人的庇护人，他的儿子亨利一世先后娶的王后马蒂尔德（Matilda）和阿德莱德（Adelaide of Louvain）均对许多诗人进行庇护。马蒂尔德还尤其喜欢资助欧洲大陆的诗人。这些御用文人在王室的资助下，写了大量的诗歌、编年史、传奇文学等来迎合诺曼贵族的口味和需要。[1]这也使得英国本土在12世纪就出现了许多法语语言文学作品，堪称奇观。

当然，中下层诺曼人肯定也讲的是法语。但是他们与诺曼贵族的语言使用状况有所不同：他们在讲法语的同时，为了交际需要也逐渐开始说英语，从而具备了双语能力或准双语能力。因为无论是庄园的管家、护院的兵丁，还是牟利的商人或手工业者，他们都需要与当地英国本族人打交道。这个语言使用环境正如诺曼贵族的语言使用环境一样都是刚性的，只不过诺曼贵族的语境是法语，而中下层诺曼人的语境是英语。与此同时，广大英国本族人（尤其是中产阶级，他们有着与诺曼人更多业务往来的机会）也不可避免地接触到法语，从而具备一定的法语能力。两个种族之间的通婚更是加快了彼此双语能力的形成与提高。再加上英吉利人和诺曼人混居在一起，互相通婚，因此，在亨利二世统治年代（1189–1199），人们已经很难辨别诺曼出身和英吉利出身的自由人了。这样看来，法语在中下层诺曼和英国民众（尤其是中产阶级）也有一定规模的使用。

以上所阐述的主要是法语在11世纪和12世纪的使用状况。看得出，法语的官方地位很稳固。但到13世纪，其地位不再那么稳固，英语也开始崭露头角。13世纪被视为是由法语向英语的过渡时期。[2]上层社会仍和12世纪一样继续讲法语，但是这样做的原因却和12世纪不同了。法语在英格兰经历了一个世纪后，变成了一种被社会习俗、商业和管理惯例所同化的文明语言，而不是一种只靠本能继承自诺曼祖先的母语。同时英语的地位在不断提升。在13世纪中叶，英国贵族失去法国利益之后不能再返回法国，英语在上层社会成为普遍使用的语言。也就是在这个时候，正如我们所看到的，英语词汇中有很大一部分都是从法语借用过来的（参见附录）。当一些人会说法语但是被同化到想要用英语表达英格兰

1　Holzknecht, K. J. *Literary Patronage in the Middle Ages,* Philadelphia, 1923, Chap. 12.

2　Baugh, A. C. & Cable, T. *A History of the English Language,* Routledge & Kegan Paul, 1978, p. 88.

的时候，词语的迁移即语码转换就发生了。同样也是在这个时候，意在向有教养的阶层发展的文学也在从法语转向英语。在 13 世纪末，一些贵族家庭的孩子的母语已成为英语，学习法语也必须借助于有英语词汇注释的法语手册来学。但这并不是说法语已经退出官方语言舞台。当时法语在议会上、法庭上、公共协商场合仍普遍使用。当时的畜牧契约或合同都是用法语写的。受过教育的人，包括那些不懂拉丁语的人，会阅读法语版的书籍。但是发生变化的是他们的法语阅读能力在下降。一位年代史编者在 13 世纪末提出这一点。他提到议会的一封请愿书是"用符合往常习惯的法语书写的"，但他把它翻译成拉丁语是为了让它能够"被子孙后代更容易理解，因为他们可能对法语不太精通了。"[1]

毋庸置疑，人们对法语的掌握有时也不娴熟，包括那些在此期间试图使用法语的人们。一位写法国诗的作者说他不知道怎么书写法语，因为他从来没去过巴黎或圣丹尼的修道院。但是，最有趣的例子出现在 13 世纪末 14 世纪初由想要通过法律寻求补偿的人呈递给巡回法院法官的议案或请愿书。按照习惯这些文件要求用法语写。很明显，它们不是由律师或是诉讼者本人写的，而是由抄写员或是教区牧师写的。一位编辑过一批此类请愿书的人说："这些请愿书的文本清楚地表明起草人总是费力地使用一种他们生活中根本不会用到的语言形式写文章。"他深信"他们既不说法语，也很少在自己的周围听到它。"此外，词尾变化和动词变位经常不正确或显得很古怪，并且作者们在阴阳性上犯了最明显的错误，比如：在一个男人的名字前面使用 la，在一个女人的名字前面使用"le"如"le avant dit Aliz"。然而，奇怪的是，一些手写很糟糕的人总体上看却非常优秀而且好像都是受过教育的人。[2]

那么，在 13 世纪末到底是什么原因使法语的地位下降了呢？我们已经很清楚地看到法语正在逐渐丧失它在英格兰继续被使用的状况。即使是在最保守的两大机构——教会和大学里，说英语的潮流也持续保持着强劲的势头。为了挽救法语的使用地位，在 13 世纪晚期，坎特伯雷和威斯敏斯特地区的本尼迪克修道院禁止学生在学校使用英语，一切谈话必须用法语进行。大学中也同样实行类似的规定。14 世纪牛津大学的一条

1　Baugh, A. C. & Cable, T. *A History of the English Language*, Routledge & Kegan Paul, 1978, p. 123-24.

2　Ibid., p. 126.

章程要求学生同时使用英语和法语进行研究和翻译以免法语被完全弃置。

在 1322 年和 1325 年由埃克斯特学院的斯坦普莱顿（Stapleton）主教起草的补充条例，以及奥丽尔学院（1326）和皇后学院（1340）的规定均要求学生的对话要使用拉丁语或法语。可是，早在 1284 年的牛津大学默顿学院，大主教派克汉姆（Peckham）发现拉丁语在口语中无人使用。一段时间之后，在这所历史悠久的学府中情况变得愈加糟糕：人们在用餐时都用英语交谈。在剑桥大学彼得学院也有这样的规定：要求学生们使用拉丁语，如有极其合理的理由就使用法语，极少数公情况下才使用英语。这些条例的主要目的当然是为了让学生更好地掌握拉丁语，但显而易见的是老师不在场时学生们使用的语言如果不是拉丁语，就是英语。

鉴于上述情况，诺曼贵族自然会努力保持法语不被废弃。1332 年议会颁布一项令状。令状规定：秩序良好的城市里的领主、贵族、骑士和诚实的人应该经常教他们的孩子法语，以便他们能得到更好的教育。这些努力表明在 14 世纪的英国使用法语是一种人为的结果。[1] 这一时期还出现了大量的法语学习手册。其实早在 1250 年，就有一篇用拉丁文写的关于法语动词的短小文章。在随后的几年里，经过几次改编，编排的内容更全面，也更注重发音。法语完全被人们当成一种外国语言来看，法语不被继续使用已成必然。

还有一个不利于法语在英格兰继续使用的原因是诺曼时代英格兰所用的"盎格鲁－法语"不是正宗的法语。中世纪的法国有四个主要的法语方言：诺曼法语，皮卡德法语（东北部），勃艮第法语（东部）以及中央法语。在诺曼征服之后一段时间，每种方言都在当地享有一定的威信，但是随着卡佩王朝在 13 世纪的迅速崛起，巴黎政治地位上升，巴黎方言获得霸主地位。而引入英格兰的法语可能是各种北部方言的混合体。再加上诺曼人占主体，还和英语已有很多混用，它变成一种与任何大陆方言都不同的新式法语：盎格鲁－法语。没过多久，这种在英格兰地区的法语被大陆人接受了，但也因此成为文学中被人取笑的题材，令英国作家觉得很没面子。一位诗人说：我知道英格兰的法语是错误的，因为我没有在其他地方学过它，但是如果你在其他地方学到这样的法语，请在必要时候修正

1　Baugh, A. C. & Cable, T. *A History of the English Language*, Routledge & Kegan Paul, 1978, p. 136.

它。"[1] 威廉·韦丁顿（William de Wadington）说："别人不应该责备我的英格兰法语，因为我就出生在英格兰，接受的是英格兰教育。"那些更有雄心的人甚至把他们的孩子送去法国以便能够让孩子们在法国接受语言训练，去掉他们法语中的"蛮化"成分。[2] 但是这种情况并没有得到改善。

14 世纪及 15 世纪，法语作为一种口语在英格兰已经过时，不仅其使用范围更加有限，就连其学习原因也变了。15 世纪初，有人专门写书帮助成年人学习法语。书中认为英国人学习法语的原因有三个：首先，学习法语可以使他们用法语同邻国人交流；其次，大部分法律是用法语写的；最后，女士和绅士都喜欢用法语给彼此写信。[3] 第一条原因对于今天仍然适用，而其他两个则是历史性的，随着时间推移而消失。但是，很长时间以来，法语就是贵族的标记，这种文雅感不仅在当时受到追捧，在以后的时光里也由于受"法语是流行文化"情感的影响而大幅提升，并在 18 世纪得到加强。

三、英语的使用状况

诺曼征服之后，英语只是从正式使用场合退出，主要表现在官方用语和文学用语转向拉丁语和法语。但是，广大民众仍然以英语为口语。作为口语的英语没有死亡，而是生气勃勃地继续发展着。[4] 另外，没有证据表明英语最终成为皮钦语[5]或克里奥尔语[6]。事实上，绝大多数的儿童没有在法语出现后放弃学习英语，英国人也没有故意效仿法语文法。[7] 英语的命运之所以区别于法语在海地的命运（法语在海地最终成为非洲黑奴所使用的皮钦语和他们后代所使用的克里奥尔语），也可能和说两种不同

1　这一段话出自用盎格鲁－法语描述 13 世纪晚期忏悔王爱德华（*Edward the Confessor*）生活一段。参见 A. T. Baker in the Mod. Lang. Rev. 3 (1907–1908), pp. 374-75.

2　Gervase of Tilbury, Otia Imperialia (1212), chap. 20, ed. *G. G. Leibnitz, Scriptores Rerum Brunsvicensium* (Hanover, 1707), I, p. 945.

3　Baugh, A. C. & Cable, T. *A History of the English Language*, Routledge & Kegan Paul, 1978, p. 136.

4　李赋宁：《英语民族标准语的形成与发展》，载《西方语文》1958 年第 1 期，第 37 页。

5　皮钦语指由不同种语言混合而成的混合语。从纯粹语言学的观点看，皮钦语只是语言发展的一个阶段，指在没有共同语言而又急于进行交流的人群中间产生的一种混合语言，属于不同语言人群的联系语言，往往没有文法，只是具备非常简单的沟通功能。

6　成为新一代混居人群母语、相对规范、有一定文法的皮钦语。

7　Görlach, M. "Middle English—A Creole?" In D.Kastovsky & A.Szwedek, ed. *Linguistics across Historical and Geographical Boundaries,* Berlin, 1986, pp. 337-38.

语言的人群之间的关系有很大不同。诺曼征服之后英吉利人和诺曼人首先都是英国臣民，虽然在征服初期双方不可避免地持有对立敌视情绪，但是当大局已定、双方的生存状态趋于稳定后，民族融合的趋势要远远大于对立趋势。因此，两种人群的地位关系是趋同的。这一现象在中下层诺曼人与英吉利人之间尤为明显，因为他们需要每天往来，商业、贸易、通婚等等均是重要沟通要素。而皮钦语显然不能胜任日趋复杂的交际沟通功能，这一点完全不同于在海地的法国殖民者与非洲黑奴之间命令与服从之间的简单关系。

鉴于以上分析，英语的使用在整个英国社会除了官方和文学领域外仍然是活跃和广泛的。在一些英国人努力学习法语以求更多机遇的同时[1]，一些诺曼人也在积极学习英语，以求交际沟通的便利。一些教士除了讲拉丁语、法语外，其英语水平也相当高。在约翰失去诺曼底之后，英语更是迎来了快速上升的社会语境。

13 世纪初，英语在上层社会中的传播稳步推进。遗憾的是这一阶层使用英语的情况现在很少能找到参考资料，尤其是在 13 世纪后期。其中的原因可能是因为英语已变得很普遍，以至不需要再保存资料以备后用了。我们不知道亨利三世是否理解英语。但我们知道他的弟弟康沃尔伯爵一定懂英语。理查德曾在 1257 年当选德国国王，而他当选的部分原因是"考虑到他说英语的时候跟说德语很相似。"亨利的儿子爱德华一世尽管受母亲是普罗旺斯人的影响说法语，但他能很轻松地使用英语，甚至会很娴熟地使用英语惯用语。类似情况的参考文献虽不多，但仍能说明一些问题：有主教用英语布道，有法官引用英语证据，和尚用英语开玩笑，修士用英语来解释伍斯特的人如何打官司获胜等等。[2]1258 年，英国大贵族在牛津开会，通过了进一步限制王权的决议，即《牛津条例》。1258 年 10 月 18 日，亨利三世被迫接受了条例。条例规定，由 15 名大贵族组成委员会，实际掌握国家政权。同时，由实际掌握政权的贵族和另外选出来的 12 名贵族组成国会，每年开会 3 次讨论重大国事。由此进一

1　1300 年的一本编年史叹息道："全世界没有一个国家不会坚守自己的语言，但是英格兰除外：人们在试图讲两种语言，因为他们知道自己讲的语言越多，自己就越有价值。"见 Baugh and Cable. *A History of the English Language*. p. 104.

2　Baugh, A. C. & Cable, T. *A History of the English Language*, Routledge & Kegan Paul, 1978, p. 125.

步限制了王权，初步提出了国会管理国家的思想。亨利三世颁布《牛津条例》用的是英语、法语和拉丁语。亨利宣称："致我所有的忠实臣民，无论受教育与否，英格兰的所有臣民都要知晓并接受此条例。"这是自诺曼征服以来王室第一次用英语发表的声明。这很可能是当时的大贵族西门·孟福德要把这一声明传到中产阶层中以及城市中的居民中去。《牛津条例》是英国王室在诺曼征服以来第一次在官方文件中使用英语。[1]虽不能就此说英语已成为官方用语，但至少说明英语已得到官方的重视。

13世纪中期英语在社会上更加被重视。我们可以从沃特·比伯斯沃特（Walter Bibbeswort）教孩子们法语所写的书理解得更清楚。该书讲述了作者教孩子们如何说话才算得体，认为这是每个绅士应该知道的。法语被视为一门外语，孩子们接受的是生活中非常实用的课程，学习身体部位的名称，学习衣服的材质，食品，日用器具及使用方法等，还有驯鹰术、狩猎和其他被视为有教养人所应掌握的技能。重要的法语词汇会出现在英文词汇表中。该书的重要读者是威廉（William de Munchensy）的女儿狄奥尼索斯（Dionysia）。威廉是在路易斯战中男爵中的领导者之一，通过他姐姐的婚姻，成为了亨利三世的兄弟。狄奥尼索斯后来嫁给了牛津伯爵的儿子。非常重要的是她懂英语，而且通过英语她掌握了法语。因为这本书是写于13世纪（1250年之前），大量的文稿向我们证明了它不仅仅在家族中传播，而是有更大的读者群，这样我们就可以推断出13世纪末14世纪初贵族子弟的母语多数是英语。

在这一阶段，种种迹象表明，在法语、拉丁语与英语的选择中，英国人逐渐意识到最适合他们使用的语言是英语，而且这种意识变得越来越强烈。我们可以从《世界的运行者》看出一种温和但却坚定地抵触法语的情绪和对英语的爱国情感。[2]

以下是更有说服力的例证。我们在前面提到牛津条例语言的选择：拉丁语，法语和英语都用到了。他们依然使用拉丁语来做记录；也有用法语写成的文本，但是否送给各郡无从查证；可以肯定的是用英语写的这一条

1　《牛津条例》送往各郡的真正副本后来被找到并由 W. W. Skeat 发表，名为 "The Oxford MS. Of the only English Proclamation of Henry III, ibid. (1880–1881), Appendix VI. 。这一文本的影印件在 Octavus Ogle 的书中可找到。书名为 *Royal Letters Addressed to Oxford* (Oxford, 1892).

2　Baugh, A.C. & Cable, T. *A History of the English Language*, Routledge & Kegan Paul, 1978, p. 126.

例被送到每个郡的郡长那里再公之于众。[1] 这说明，英语在此时已经得到官方较为广泛的理解和应用了。再举教会一例：1244 年伯顿史册（Annals of Burton）记录了林肯院长的一封信，要求利奇菲尔德的主教宣布那些违反大宪章规定而被教皇开除的人。宣读的语言必须用英语和法语两种。1295 年，在埃塞克斯（Essex）切姆斯福德（Chelmsford）法庭上宣读了一份文件，对文件的阐释语同样是英语和法语。这说明重要公告要使用法语和英语两种语言来宣读或阐释，而且已形成惯例。从以上例举来看在 13 世纪后期 14 世纪初期，英语在各阶层中已广泛使用。若再保守一点，英语在这一阶段已经受到官方及教会的重视并被逐渐应用。

第三节 本土英语的演变

诺曼征服后伴随英格兰的政治和经济根本性变化，本土英语也发生了很大变化。从英语当时所处的社会语境来看（参见第一二节相关内容），11 世纪至 12 世纪拉丁和法语占主体，英语很少，主要用在口语。到 13 世纪，拉丁语和法语依然占主体，但英语已经在社会各阶层使用，特别是官方及教会在多种场合使用英语的例证表明英语已经开始在各个领域发挥一定作用，尽管还没有具备相当实力来与通用的拉丁语及法语抗衡。从 13 世纪起，英语已逐渐在官方文件、商务记录、信函等出现。

一、英语语言自身的变化

从语言自身的变化来看，这个时期的英语和古英语相比，在词序、词汇的读音和拼写等方面发生了很大变化，正在从综合型语言向分析型语言过渡。除此外，英语受到拉丁语、法语、斯堪的纳维亚语等外来语更多的影响。这一时期的英语吸收外来语成分可能是最多的。为了印证这一猜测，我们将通过列表对比从更具体的方面来谈这些外来语对英语的重大影响（具体见附录图表）。下面我们就中古英语方言及外来语的影响特点做具体阐述。

1150 年到 1500 年间所使用的英语被称为中古英语。这个时期的英语和古英语相比，在词序、词汇的读音和拼写等方面发生了很大变化。中古英

---

1 《牛津条例》使用三种语言发布是说明三语共用现象在当时具有不同功用的典型例证。第四章第一节也用到这一例证。

语倒装或半倒装的词序越来越少，主要依靠标明句子各成分之间的语法关系来确定。而且"主语＋动词＋宾语"像现代英语一样正常的句序逐渐确立。古英语利用词尾变化来表示语法关系和功能，而中古英语则利用介词和助动词来配合词序。如"of"起了代替古英语名词生格作用；"for"和"to"表示与格的各种语法功能；用系列情态动词表示"必须"、"能够"、"愿望"等。在词汇拼写方面，其总体特征为：名词、动词、形容词的形式都简化了，只有人称代词仍有一些古英语人称代词的复杂性，如单数第三人称的代词仍用不同形式来区分主格和宾格，如"he/him"；"she/her"。名词词尾的简化以"name"为例。古英语"nama"的词尾 -a 所表示的语法功能是阴性名词、单数、主格；而中古英语的"name"词尾的 -e 则无上述语法功能。古英语的形容词共有五个不同词尾，而在中古英语时期这五个词尾都弱化成 -e了。以古英语"nacod"为例，-od 是古英语形容词标志，具有语法功能，而中古英语 naked 词尾弱化失去了指示词性的语法功能。

词汇方面，中古英语时期语法最重要的变化是词尾屈折变化的磨平现象（the leveling of inflectional endings），[1] 逐渐向词形无变化发展。英语词形的变化不是指所有词性都有变化，只有名词、代词和动词。大部分古英语词汇被淘汰，转而吸收了很多法语和拉丁语的词汇。[2]

二、英格兰各地方言的差异与兼容

13 世纪后半期开始，英语逐渐取代法语和拉丁语进入英国政治、经济和文化等各个社会领域。但是这并不是说各地之间的英语交流已没有障碍，相反各地的方言差异很大。一种方言不仅只覆盖一个地区，有的还延伸到邻近地区。一个地区可能包含不止一种方言。因此明确划分出到底有多少种方言很困难。[3]

大致说来，中古英语被分为三个主要方言：北部方言（Northern）、

---

1 李赋宁：《英语史》，商务印书馆，1991 年，第 8 页。
2 英语的词形变化在英语 1500 年的发展中非常突出，经历了从词形多变化到词形无变化的过程。语言学家亨利·斯威特（Henry Sweet，1845–1912）据此将古英语时期称为"词形变化完整时期"（period of full inflection），中古英语时期被称为"词性变化削减时期"，现代英语时期则被称为"词形变化消失时期"（period of lost inflection）。词形变化的过程是英语从综合性语言（指语言结构的不可分性）演变为分析性语言（指语言结构的可分性）的主要因素。参照李赋宁：《英语史》，商务印书馆，1991 年，第 2 页。
3 Burrow, J. & Turville-Petre, T., *A Book of Middle English (third edition)*, Blackwell, 2005, p. 5.

中部方言 (Midland) 和南部方言 (Southern)。其中，中部方言又被分为米德兰东部方言 (East Midlands) 和米德兰西部方言 (West Midlands)；南部方言又被分为西南部方言 (South Western) 和东南部方言 (South Eastern)（又称为肯特方言）；北部方言地区和中部方言地区地区以亨伯河（Humber）为界，东中部方言和西中部方言主要覆盖亨伯河和泰晤士河（Thames）之间的区域；南部方言和中部方言以泰晤士河亨伯河为界。南部方言覆盖泰晤士河以南地区，同时也包括格洛斯特郡（Gloucestershire）和伍斯特（Worcester）和赫里福德（Hereford）部分地区，吸收了古英语的西撒克逊语和肯特郡地区语言特征。肯特地区位于英格兰东南部，在中古英语时期乃至后来成为独特的南方英语。这些方言在发音、词汇及其屈折形式的变化方面很大不同。图 2.4 是中世纪英语方言分布区的概况：[1]

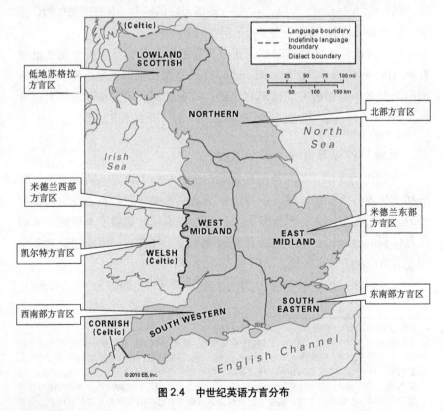

图 2.4 中世纪英语方言分布

---

1 图片来自大英百科网站 http://kids.britannica.com/comptons/art-143574/Middle-English-dialects-of-England

中古英语的单词在各地方言中差异很大，但逐渐趋于统一。以现代英语代词"she"为例，"she"的前身有很多种形式。"scæ"出现在 12 世纪东中部方言里，到 13 世纪，同一方言中又增加了至少三种："sse"、"sche"、"sȝe"，在北部方言中还有"sche"、"she"、"scho"、"ȝhe"、"cho"等形式。这些形式可能都来自古英语代词。[1]

最容易识别的特点是表示现在时态的动词结尾及名词的复数。先看动词在各个方言区的变化。在古英语中这种形式总以 -th 结尾，伴随前面的元音不同会有一些变化。在中古英语中这个词尾以 -eth 形式在南方方言中被保留下来了。[2] 然而在中部地区，它又被替换为 -en，很可能是接替了古英语的未完成过去时、虚拟语气、动词过去时态及将来时态的相应形式。[3] 在北方它又变为了 -es，这样的词尾在古英语时期也出现过。以单词"love"为例，中部方言的形式为"loven"，南部方言中则变化为"loveth"，而北部方言的形式则为"loves"。另一个相当独特的形式是后来变为词尾表达现在进行时的 -ing 的现在分词。还以"love"的 -ing 形式为例。北部方言为"lovande"，中部方言是"lovende"，而南部方言则为"lovinde"。[4] 在以后的中古英语中，-ing 形式出现在中部方言和南部方言，这也就逐渐使这两种方言之间的区别变得不那么明显了。然而南部方言和北部方言之间的差异却非常明显；中部方言往往处于中间位置，趋向于接近相邻方言的南方方言或北方方言。以代词"they"的形式变化为例：南部方言的形式是"hi"、"here"（hire，hure）、"hem"。而在北部方言中，其形式 th-（相当于现代英语中的"they"、"their"、"them"）早已开始使用而且相当突出。在发音方面，南北方的方言有时呈现出的差异很大。在古英语中，/ā/ 变成南方的 /əu/，而在北部方言中却被保留下来了，这样我们就能理解为何我们会发现有南部方言的"stone"和"home"及今天苏格兰方言的"stane"和"hame"。在南部方言的中古英语中，出现在单词开头的 /f/ 和 /s/ 则变为浊辅音的 /v/ 和 /z/。另外，我们在这一地区的方言中可以找到"vor"、"vrom"、"vox"、"vorzoþe"，却

1　李赋宁：《英语史》，商务印书馆，1991 年，第 146 页。

2　Baugh, A. C. & Cable, T. *A History of the English Language*, Routledge & Kegan Paul, 1978, p. 176.

3　Bryan, W. F. "The Midland Present Plural Indicative Ending -e(n)", *MP*, (18), 1921, pp. 457-73.

4　Baugh, A. C. & Cable, T. *A History of the English Language*, Routledge & Kegan Paul, 1978, p. 177.

找不到"for"、"from"、"frox"、"forsoþe"(forsooth)。这种方言差异在现代英语中有所保留,"fox"和"vixen"等都证明了这一点,其中前者代表了北部和中部方言特征,后者则表现了南部方言特征。与此类似,南部方言中的 /ch/ 通常对应于北部方言的 /k/:如"bench"与"benk"、"church"与"kirk"。幸运的是词汇这种多样性的变化到中古英语末期采用已趋于标准的书面英语后大大减少了,口语中这样的变化在后来也减少了。中世纪晚期的地方方言尽管差异很大,但总的趋势是逐渐统一。

就各地方言的发展进程来看,中古英语中词尾变化的削减在不同的方言区变化时间并不一致,有快有慢。一般来讲,北部方言比较快,在公元 1100 年前后已进入中古英语;南部方言则比较保守,1100 年前后仍然保留古英语形式。南北方言变化进度不同的原因很复杂,但主要有两点:一是由于古英语内部其词形变化在朝着由繁就简的方向发展,另一原因是来自北欧的斯堪的纳维亚人入侵给英格兰带来大量的古诺斯语(Old Norse)。[1]"由于丹麦人和挪威人的入侵,英国北部和苏格兰都有数千名说古诺斯语的移民在城市和乡村定居。他们和英国人开始和平相处,相互交往、通婚,逐渐被英国人同化。"[2] 邓尼斯·弗里伯恩(Dennis Freeborn)统计了 12-17 世纪英语中借用古诺斯语的词汇,发现 13 世纪进入英语的古诺斯语词汇明显高于其他世纪。[3] 而 13 世纪正是英语进入英格兰社会各个领域的开始及发展阶段,大量吸收古诺斯语的过程也加速了自身词汇发展的进程,而最先也是最直接受到影响的方言区自然就是北部方言区了。以动词 sing 的变化为例,古英语中保存了其第一三人称单数和各人称复数形式中不同的元音交替,"sang,I","he sang"(我,他歌唱),"sungen,we,ye","they sang"(我们、你们、他们歌唱),北部方言逐渐模糊了这种区别,"we sang"和"I sang"在形式上完全一样,而南部方言却保留了这种形式。[4]

中部方言由于其特殊位置兼有南北方言特征,词尾变化有时摇摆不

---

1 古诺斯语就是斯堪的纳维亚语,指 8-10 世纪时劫掠英国北部后在那里定居大丹麦人和挪威人所说的语言。

2 李赋宁:《英语史》,商务印书馆,1991 年,第 85 页。

3 http://www.palgrave.com/language/freeborn/site/pdfs/Loan_words_pdfs/04_ON.pdf

4 李赋宁:《英语史》,商务印书馆,1991 年,第 158 页。

定。以动词为例，在中古英语中部方言中，出现了北部方言动词现在时陈述语气第三人称单数 -es 的形式，同时也出现了南部方言的 -eþ 词尾形式。在现代词语中，北部方言的 -es 词尾完全代替了 -eþ 词尾，成为现代英语的唯一词尾，[1] 如 "bear" 一词的变化。再如 "drive" 一词，中古英语的北部方言 -en，南部方言为 y-driue。乔叟使用东中部方言写作，他的作品中出现了 "yfallen"，用了完整的 -en 词尾，而 "yronne" 却只用了 -en 词尾的一部分，去掉了最后的 -n。[2]

三、11 世纪至 13 世纪的英语文学特征

谈论 11 到 13 世纪英语本身的演变离不开谈这一时期英语文学的特征。中世纪英语时期，英格兰的文学发展状况是反映这一时期英语变化的一面镜子。那时，上层社会使用法语交流，他们所听到的是法语，所阅读的书也都是用法语写成的。由前面所讲可知，在英格兰创作的法语诗歌已是法语文学的重要组成部分。产生这一现象有多重原因。除我们上文已经提到的因素之外，很重要的一点就是当时用英语写作的人很少得到赞助。因此，我们必须寻找他们用英文写作的其他动机。这类动机通常会存在于宗教机构，他们旨在倡导有意义的生活，关心灵魂是否存在。因此，从 12 世纪中期到 13 世纪中期（1150–1250）这段时期流传下来的英语文学几乎都是关于宗教或者说教的作品。《修女戒律》（Ancrene Riwle）、《欧姆录》（Ormulum）是一系列关于《创世纪》篇章的释义和解释，还有一些有关圣人的生平及说教的短篇等都显示出这个阶层主要的作品都是继承西南部的古英语文学传统写出的作品。但这一时期有两部杰出的作品属于例外。莱亚门（Layamon）的《布鲁特》（*Brut*）是早期中古英语诗歌中一部鸿篇巨制。它以主题类似的法语版本为基础，通过韵文的形式讲述了有关不列颠民族的历史和传奇。《布鲁特》在词汇和音律方面是古英语头韵体诗歌的延续。此外，佚名作者的长诗《猫头鹰和夜莺》（*The Owl and the Nightingale*）则深受法语文学修辞的影响，通过当时拉丁语或法语文学中常见的"诗辩"的形式，借助猫头鹰和夜莺两

1　李赋宁：《英语史》，商务印书馆，1991 年，第 156 页。
2　同上，第 160 页。

只鸟互相指控对方的缺点来针砭当时的社会。该作品文笔生动，构思巧妙，被誉为"中世纪英语作品中最奇妙的一部作品"。但这并不是说当时没有一点儿大众文学，遗憾的是此类大众文学就像后来的英语民谣和苏格兰民谣一样，只在人们中间口口相传而没有留下多少痕迹。

大约在 1250 年前后，英国贵族不能再回到法国，英语在上层社会中的使用在英语文学的下一个百年中有了明显的表现。曾出现在法国的各类优雅文学在英国崭露头角。其中，最受欢迎的是浪漫文学，出现了英语骑士诗歌。暂不谈这一时期出现的骑士诗歌文学价值有多大，叙述过程中又夹杂了多少无法用英语表达的拉丁语词、法语单词等，骑士诗歌出现这一现象本身就表明英语开始得到认可，这就是变化。此外，在 1250 年之前虽只有一部英语的浪漫文学，但从这个时期开始出现的从法语翻译后改编过来的浪漫文学，在 14 世纪数量上已经有显著地增长。这些都表明，当时文学语言选择的趋势已经从法语向英语转化。

第三章
作为民族统一语言的英语

　　13 世纪之后，英国王室与法国王室之间争夺领地的矛盾和冲突日益尖锐，并引发了持续一百多年的战争。百年战争改变了英国大贵族的状况，他们失去了在法国的领地，与大陆的联系逐渐疏远。与此同时，以从事商贸活动为主的英国市民阶层通过其经济活动增强了英国各地方言的相互交流并以伦敦英语为主形成了民族统一语言。

第一节　英国与西欧大陆关系的变化

　　社会是滋养语言的土壤，社会的变迁是导致语言变化的主要原因。13 世纪初英格兰失去了它在海外的第一处重要领地，此后，英国的贵族们逐渐失去了他们在大陆上的领地。与此同时，英格兰排斥法国的情绪越来越浓，百年战争期间发展到高潮。在诺曼征服之后的一个半世纪里，法语不但是整个英国上层社会使用的语言，而且当时的时势在一定程度上决定使用法语非常必要。[1] 然而，到了 13 世纪和 14 世纪，法语在上层社会使用得越来越少，尽管在一段时期内，法语仍然维持了它在官方的

1　Baugh, A. C. & Cable, T. *A History of the English Language*, Routledge & Kegan Paul, 1978, p.124.

优势语言地位，但使用英语的贵族越来越多；不仅如此，英语的各地方言也逐步相交相融，逐渐统一起来。

一、诺曼底的丢失

1199 年，"狮心王"理查去世，其弟约翰继位。史学家对约翰的评论有很大的不同。有人认为他身上集中了安茹家族的很多毛病：虚伪、自私、残暴和偏执，无法获得贵族的支持，最终一事无成。也有历史学家认为他很有治国才干，但当时的历史环境使他无法施展抱负。不过有一点历史学家的认识是共同的：约翰在位期间所做的事情成少败多。他丢失了诺曼底，也不顾封建关系的规范，将贵族领地财产视为己有，导致了1214 年贵族用来限制国王权力的《大宪章》的产生。

约翰继位后内患很多。1200 年他出于政治目的取消第一次婚姻后迎娶昂古莱姆的女继承人伊莎贝拉（Isabel of Angoulême）为妻。但当时，伊莎贝拉已经与有权有势的卢西格南家族领袖——卢西格南的休（Hugh of Lusignan）订婚。如若约翰能给卢西格南的休以适当补偿，也许事情不会像后来发展的那么糟糕。不妥的是，约翰考虑到卢西格南家族会因此对他产生敌意，就先对他们发动了袭击。卢西格南家族不堪其辱于 1201 年发动叛乱。最后，卢西格南家族恳请双方共同的君主——法国国王菲利普主持公道。菲利普非常精明，而且最讨厌这个附庸国国王，认为这是羞辱约翰的绝佳机会。菲利普下诏令约翰来巴黎法庭回应指控并接受审判。约翰坚持认为作为英格兰的国王，他不能接受法国法庭的审判；而菲利普认为约翰作为诺曼底的伯爵应该接受审判。结果审判当天英王并未出现。1202 年，根据领地法，法庭宣布收回他的土地。菲利普立即执行法庭的决定进攻诺曼底。[1] 约翰的支持者纷纷背弃了他，他只得匆匆返回英格兰。到 1203 年底，菲利普很快控制了绝大部分的公爵领地，包括诺曼底、安茹、曼恩、都兰和除拉罗谢尔外的全部普瓦图，[2] 约翰只保住了阿奎丹一地。约翰越来越不受欢迎。1204 年，诺曼底不再属于英格兰所有。约翰丢失诺曼底意味着连接英国与欧洲大陆的重要链条断裂。

---

1 Baugh, A. C. & Cable, T. *A History of the English Language*, Routledge & Kegan Paul, 1978, p. 125.

2 ［英］肯尼思·O.摩根，主编《牛津英国通史》，王觉非译，商务印书馆 1993 年，第 142 页。

　　然而失去诺曼底对英语的发展是一个有利因素。现在国王和贵族被迫把英格兰看作他们的首要关注对象。尽管英格兰仍然保留大量在大陆的领地，但是这些领地在法兰西南部，从未像诺曼底一样在语言、血统和财产利益方面和法国有如此亲密的联系。渐渐地，这些领主越发明显地产生了自己的政治和经济的目标，而这些目标是不同于法国的。英格兰逐渐变得不只是一个地理名称，而更趋近于一个国家。

二、英格兰民族意识的萌芽

　　1204 年，随着诺曼底被法国国王菲利普攻占，英国的诺曼贵族被迫重新考虑自己在英国本土与法国之间产业的孰重孰轻问题了。在失去诺曼底之前，盎格鲁－诺曼底贵族在英国和法国均持有地产，其他贵族在英格兰和苏格兰也拥有产业，所以让英格兰的少数诺曼贵族统治者认为他们是英格兰人是不可能的。[1] 但是当诺曼底和安茹受到法国侵扰并在 1259 年正式落入法国人手里之后，形势急转而下。海峡两岸的贵族必须决定他们是要效忠英王还是效忠法国国王。其中最为明显的后果就是两国贵族阵营发生分裂和财产重组。1204 至 1205 年法国国王宣布没收在英国持有房产的大贵族的田产，包括沃伦（Warenne）伯爵、阿伦代尔（Arundel）伯爵、莱切斯特（Leicester）伯爵和克莱尔（Clare）伯爵以及所有骑士们。[2] 这个举动令所有在英国和法国均有产业的法国贵族被迫做出决定，到底是放弃在英国的产业，还是放弃在法国的产业。一些大贵族由于在英国的产业规模较大而宣布放弃其在法国的产业。[3] 英国国王约翰作为报复，也采取了类似的政策。一些贵族家庭在双方政府的压力下进行海峡两岸的产业互相置换以求自己的产业不受太大损失。但是这样的置换仅仅限于具有亲戚关系的家族内部，到 1250 年双方惩罚性的田产没收政策结束后，双方的贵族基本站队完毕，英国贵族基本上已经把自己看作英国本土居民，法语作为联系欧洲大陆的工具所依赖的最大的社会使用语境已经消失。[4]

1　[英]肯尼思·O.摩根，主编《牛津英国通史》，王觉非译，商务印书馆 1993 年，第 236 页。

2　Powicke, F. M. *The Loss of Normandy* (Manchester, 1913), p. 403-405.

3　Stubbs, W., *Constitutional History of England*, Taylor & Francis, 1967, p. 652.

4　Baugh, A. C. & Cable, T. *A History of the English Language*, Routledge & Kegan Paul, 1978, p.119.

除了13世纪初英国诺曼贵族重新站队、自身民族意识开始觉醒以外，对大量由法国南部进入英国的法国人的排斥和反感也是推动英语地位上升的重要诱因。实际上，这里所说的法国人被英国本地人称为外国人（foreigner），他们没有英国国籍，在英国本地人（包括诺曼出身的英国人）看来纯粹就是为了个人投机和攫取财富，这个称呼本身就反映出英国人对他们的负面评价。从约翰时期，法国人就开始涌入英国。这主要是约翰的王后来自法国的普图瓦地区。因此一个来自普图瓦地区的教士彼得（Peter des Roches）凭借王后的提携当上了英国温彻斯特的主教，后来竟升任大法官（Chancellor）和英格兰最高司法官（Justiciar of England）。一个外国人的发迹也同时带来他的一大群亲信随从（通常也是外国人）在英国的发迹，英国人与外国人的对立情绪开始产生。这是"从中世纪起，英国就不断接受外来移民"的一个直接后果。[1]

例如，1233年，一份当时的文献描述了彼得大主教当政时的乱象：

"亨利三世治下的第十七年，国王在圣诞节的时候把自己的巡回法庭设在了伍斯特。在温彻斯特主教彼得的建议下，国王把所有英国本土出身的顾问官都打发走了，然后法国的普图瓦人纷纷成了国王的外国顾问。国王还突然剥夺了他先前的大臣、主教、伯爵、男爵和其他贵族的爵位，而把所有宠爱集中于温彻斯特主教和他的儿子身上。国王还驱离了英国所有的城堡主，然后把城堡置于温彻斯特主教之下。国王还招募了两千个法国骑士，给他们配备马匹兵器，让他们驻守在王国各个城堡之内，这些人想尽一切办法欺压英国民众，国王还相信这些人的谎言……国王走到哪里，这一大群外国人就跟到哪里。英国人对此无能为力，而主教和他们的党羽却为

1　有关外来移民对英国经济等方面的影响，这里不做详细论述。具体请参见刘景华："外来移民和外来商人：英国崛起的外来因素"，载《历史研究》，2010年第1期，第138页。

所欲为。"[1]

　　亨利三世时期，这种情况有过之而无不及。受母亲的法国背景影响，亨利的个人品味、爱好及社会关系也高度法国化。表 3.1 是亨利的法国社会关系表。

表 3.1　亨利的法国社会关系表

	普罗旺斯伯爵（Count of Provence）			
女儿	玛格丽特（Margaret）	阿缇丝（Beatrice）	埃莉诺（Eleanor）	萨希尔（Sanchia）
女婿	路易九世	查理一世	**亨利三世**	康沃尔伯爵一世
身份	法国国王	那不勒斯国王	英国国王	德国国王
备注		路易九世的弟弟		亨利三世的弟弟

　　从这个社会关系表可以看出，1236 年，亨利三世通过与普罗旺斯伯爵家族的婚姻关系，使得自己与法国国王路易九世成了连襟。不仅如此，两个人还分别促成了各自的弟弟与自己的妻妹成亲，从而把英法两国的关系从剑拔弩张的态势急转成为密切联系的态势。这种密切联系又带来了新的大规模的法国人"入侵"英国。其中女王有八个法国舅舅和一大批远方亲戚。他们中的大部分人都来到英国享受随之而来的荣华富贵。一份年鉴写道："我们的英国国王用大量的土地、财产和金钱养肥了王后的亲戚们。这桩婚姻与其说是给他带来财富，还不如说是把他消耗一

1　原文为：The seventeenth year of King Henry's reign he held his court at Christmas at Worcester, where, by the advice of Peter bishop of Winchester, as was said, he dismissed all the native officers of his court from their offices, and appointed foreigners from Poitou in their places.... All his former counsellors, bishops and earls, barons and other nobles, he dismissed abruptly, and put confidence in no one except the aforesaid bishop of Winchester and his son Peter de Rivaulx; after which he ejected all the castellans throughout all England, and placed thecastles under the charge of the said Peter.... The king also invited men from Poitou and Brittany, who were poor and covetous after wealth, and about two thousand knights and soldiers came to him equipped with horses and arms, whom he engaged in his service, placing them in charge of the castles in the various parts of the kingdom; these men used their utmost endeavors to oppress the natural English subjects and nobles, calling them traitors, and accusing them of treachery to the king; and he, simple man that he was, believed their lies, and gave them the charge of all the counties and baronies. 参见 Coxe, H.O. *Roger of Wendover*, trans. J. A. Giles, II, 565-66.

空。"[1] 例如，王后的舅舅萨瓦（Savoy）被赐予里士满领地，并获得招募宫廷中的外国人特权；另外一个王后的舅舅博尼法斯（Boniface）成为了坎特伯雷大主教。亨利三世还对他母亲在嫁给父王约翰前与前夫所生的五个异父兄弟大发慈悲。他把赫特福德城堡赐给其中一个异父兄弟，并给他娶了一个有钱的妻子；另外一个异父兄弟虽然才疏学浅，但还是凭仗亨利的权势成了温彻斯特的主教。亨利还把这些异父兄弟的女儿们嫁给英国贵族，可谓关怀备至。[2] 总之，在亨利三世统治期间（1216-1272），英国被外来人消耗殆尽，正如马修斯帕里斯所说的那样，即使在伦敦，"已经人满为患，不仅仅是普瓦图人，罗马人，普罗旺斯人，还有西班牙人等，他们给英格兰造成很大伤害……。"[3]

13 世纪的法国人的蜂拥而至肯定会影响英国上层社会使用英语的进程。但是，对于那些已经在英国经营了一代或几代的诺曼出身的英国人来说，这些法国人的到来却使得诺曼出身的英国人更加认识到自己与他们不同，这个不同之处就是自己是真正的英国人，而这些法国人却只是从亨利三世那里攫取财富的。尤为重要的一点是，这一不同之处的标志就是这些法国人并不会讲英语。[4] 这也从另外一个侧面印证了诺曼出身的英国人已经初步具备了英吉利民族意识的萌芽，使用英语的语境在逐渐拓宽。

13 世纪市民阶层的发展以及在三级议会中政治地位的提升使英语使用的本土社会语境进一步得以拓宽。市民阶层是这一时期全新的政治力量。其形成原因可以从这一时期的经济发展状况和政治背景来考察。

根据麦克法兰的观点，至少从 13 世纪起，多数英格兰平民百姓已成为不受约束的个体，他们在地理上和人际交往中有着高度的流动性。他们有经济头脑，随市场导向追逐利润，在亲族关系与社会生活中以自我为中心。[5] 这一时期随着经济结构的变化，原本附着于土地上的农业人口

1　Paris, M. *Chronica Majora,* trans. J.A. Giles, I, 122.

2　Richardson, O. H. *The National Movement in the Reign of Henry III,* New York, 1897, p. 75.

3　Baugh, A. C. & Cable. *A History of the English Language,* Routledge & Kegan Paul, 1978, p. 190.

4　Ibid., p. 129.

5　［英］艾伦·麦克法兰：《英国个人主义的起源——家庭、财产权和社会转型》，商务印书馆 2008 年。这里麦克法兰所提到的平民百姓 "以自我为中心" 英文词汇为 "individual" 不同于现代意义上的个体，13 世纪的 "individual" 意为 "不可分割的"，在 17 世纪以后才具有现代意义的 "个体" 含义。

已开始发生转变。他们开始买卖土地。在 12 世纪末 13 世纪普遍存在土地买卖市场，出现了许多农民土地契约。[1]据估计，在 13 世纪，仅小农和农民就可能签订 800 万份契约。[2]"文献档案的增多说明人们已由习惯性的记忆事件转向把他们写下来，在某种意义上说，这意味着这一时期全体居民都参加了"识字运动"。即使他们本人听不懂，他们也已经习惯了通过书写媒介来进行日常交易。"[3]从 13 世纪中叶起，英格兰就已开始有很多明细簿记和账目审计，据罗杰斯的观察，"记载得最为仔细、最为详尽的当推地主管家们的账目……英格兰的地主管家们一般是小农业经营者，经常是隶农，但是想必他们至少懂得两门语言。"[4]很明显，罗杰斯所说的这两门语言应指的是英语和法语。这也反映出英语书面语在 13 世纪的应用已成必然。农民的农事活动已普遍流行以利润为宗旨。货币已在经济活动中得到广泛使用。13 世纪强制性的劳役已经让位于雇佣劳动。当时巴特尔庄园发生的买卖、抵押、以 14% 利率的借贷证明当地存在活跃的现金经济。[5]不仅巴特尔庄园的货币经济活动频繁，13 世纪整个英格兰的经济活动已非常活跃。以英格兰的出口贸易为例，其中"小麦从伊普斯维奇装船运往海外；羊毛在出口贸易中占有压倒一切的地位"[6]"每年有 3 万包羊毛运往海外，几乎都是运往法兰德斯，那里高度发达的毛纺织业依赖英格兰羊毛作原料。赫尔、林恩、波士顿在这一时期发展成为最重要的羊毛出口基地。"[7]可以看出，13 世纪的英格兰出口贸易已经兴旺起来了。

　　农村土地市场的活跃、城市贸易的兴起使社会流动性大大增加。乡村越来越多的人涌向城市。他们依"城市的空气使人自由"的传统观念逃向城市获得保护和自由，而城市的分工使这些外来移民成为从事不同生意的商人。英格兰的城镇记录清楚地表明大批"外来者"不断涌入城

1　[英] 阿萨·勃里格斯：《英国社会史》，陈叔平、刘城等译，中国人民大学出版社 1991 年，第 82 页。

2　[英] 肯尼思·O. 摩根主编：《牛津英国通史》，王觉非译，商务印书馆 1993 年，第 121 页。

3　同上。

4　[英] 艾伦·麦克法兰：《英国个人主义的起源——家庭、财产权和社会转型》，商务印书馆 2008 年，第 200 页。

5　Searle, E., *Lordship and Community: Battle Abbey and its Bandieu 1066-1538*, Toronto, 1974, p. 127.

6　[英] 阿萨·勃里格斯：《英国社会史》，陈叔平、刘城等译，中国人民大学出版社 1991 年，第 83 页。

7　同上。

镇。在诺里奇,13 世纪末的市民名单显示,这些市民来自诺福克和萨福克不下 450 个地区。庄园法庭的案卷也显示,领主无法阻止农奴向城市逃亡。[1] 城市的兴起使商人逐渐成为市民阶层的主要组成部分。在城市自治运动中,城市逐渐有了自己的市政机构和自己的法庭,"自由的"市民阶层得以形成,成为中世纪社会中一股新的政治力量。[2]

亨利三世 1227 年亲政后,不愿认真遵守"王在法下"的原则,为增加国库收入,反复征税,引起当地贵族的严重不满。1258 年,为让其子埃德蒙接任西西里国王,亨利三世又开始为远征意大利大量征税,使贵族更加不满。6 月 12 日,贵族迫使亨利接受《牛津条例》,规定国王要没收和分封土地必须由贵族、教士和骑士组成的大会同意,而且国王要定期召开会议。1295 年,爱德华一世在位期间,为征服苏格兰和威尔士筹集军费召开了一次正式会议,史称"模范国会",英国议会制度正式形成。市民阶层也派代表出席了这次会议。1343 年,议会正式分为由贵族与教士组成的上议院(House of Lords)和由骑士与市民组成的平民院(House of Commons)。由此看来,"新兴市民阶级作为补充僧侣和贵族等级的第三等级跻身于封建"等级代表会议中。"[3] 尽管当时平民院还受国王和贵族的牵制,但随着骑士和市民财力的增加,市民阶级已经成长为国家政治生活中不可忽视的政治团体。他们使用的英语随之逐渐成为行政事务中所需要使用的语言。1258 年,亨利三世发表的公告除用拉丁语和法语外,继威廉一世之后第一次用英语发表公告,答应每年定期召开三次议会。为了让老百姓能听懂这一公告的内容,亨利三世也采用英语来发布,并送往英国的每一个郡。[4] 这一公告是最早的伦敦英语文件之一,表明英语已得到官方的重视并开始发挥重要的作用。而这一重大转变是与当时英语作为经济用途的广泛使用及统治阶层语言政策的引导分不开的。

13 世纪存在大量系统档案,包括财物署档案(记录各地征税的账目)、法庭记录、大法院档案(记录各种诏书、遗嘱、契约等)以及该时

---

1 [英] 亨利·斯坦利·贝内特:《英国庄园生活:1150–1400 年农民生活状况研究》,龙秀清、孙立田、赵文君译,上海人民出版社 2005 年,第 264–266 页。

2 王亚平:《西欧法律演变的社会根源》,人民出版社 2009 年,第 172 页。

3 [美] 汤普逊:《中世纪晚期经济社会史》,徐家玲等译,商务印书馆 1996 年,第 10 页。

4 有关亨利三世公告的原文参见 O. F. Emerson, *A Middle English Reader*, pp. 226-27.

期存留下来的各种账目[1]，由于资料所限，无法得知其中使用英语语言的比例，但这些档案可以表明 13 世纪英国的社会生活越来越丰富，英语使用的范围也越来越广泛。这一时期外来语对英语的影响比 13 世纪前与 13 世纪后都突出[2] 也从一个侧面表明英国在这一时期与欧洲大陆的紧密联系程度以及英语的频繁使用。另外，统治阶层有意使用英语的现象不可忽视。国王亨利三世向法庭起诉控告一些臣民有罪。起诉书按照当时的惯例用拉丁文写成，但在其中出现了迄今所知的拉丁文件中的第一个英语单词"nameless"[3]。出现这一现象的背景是当时专事记录的文书在描述国王的起诉情形时一时找不到合适的拉丁语单词，就采用了能表达与之意义接近的英语单词"nameless"。虽然仅仅选用了一个英文单词，但它表明诺曼征服后到 13 世纪初英语书面语形式一度不再被使用的局面被打破了。之后，人们先是在简短的信函中使用英语，后来则开始用英语书写文件。而且，上层社会中越来越多的人只是碍于面子才讲法语。官方英语开始出现。1362 年，爱德华三世在召开议会时首次用英语致辞以便让平民院的议员听懂。同年，应平民院的请求，爱德华颁布了关于法庭审讯必须用英语的法令。1386 年，给议会的请愿书首次用英语写成。统治阶层英语语言的使用起到自上而下的引导作用，加上新兴市民需要统一的语言（各地方言多种多样，至少需局部统一）在各地从事商业贸易，两大作用相结合有力推动了英语社会地位的上升。

三、百年战争中英格兰民族意识的形成

英法百年战争是人类历史上历时最长的战争，从 1337 年开始到 1453 年结束，耗时 117 年，是英国从从属西欧大陆走向自我发展的重要历史阶段。英格兰和法国自诺曼征服后一直有着复杂的关系：既是封郡封臣关系并互相联姻，又有利益冲突战争不断。法国安茹家族接手英国王位后，英国国王在法国占有大量领地，最多时候曾比法国国王多四五倍。法国

1　[英]阿萨·勃里格斯：《英国社会史》，陈叔平、刘城等译，中国人民大学出版社 1991 年，第 87 页。

2　外来语对英语语言的影响很大，13 世纪是一个承上启下的时期，外来语在这一时期的影响明显比其他世纪多，具体例证见附录。

3　"nameless"相当于现在的"pointless"（无意义的）。参见 McCrum, R., Macnail, R. & Cran, W., *The Story of English*，第 84 页。

贵族对此一直心怀不满。到菲力二世时期，法国基本收复英王在法国的领地，而英王不愿意退出欧洲大陆，竭力收复失地，阿奎丹地区和法国北部边境的弗兰德尔地区成为两国争执焦点。阿奎丹盛产葡萄酒和食盐，为法国非常富庶的地区，但属英国人的领地，法国自然意欲收回；弗兰德尔是法国北部边境的地区，是欧洲传统的毛纺织业中心，但其原料主要来自于英国，弗兰德尔居民愿意归属英国，而其统治者却是弗兰德尔伯爵。两国都想控制这一地区，于是弗兰德尔成为英法王室之间的焦点。弗兰德尔的商人与职工矛盾也逐渐突出：商人受法国的支持，而职工则希望得到英国的支持。腓力六世乘机将弗兰德尔伯爵驱除出境。作为报复，英国停止羊毛供应。1337 年 11 月，腓力六世派舰队进攻基恩，英王爱德华三世则自立为法国国王，派军登陆弗兰德尔，进犯法国北部，英法百年战争正式爆发。

战争初期，法国兵力虽远强于英军，但英军装备强于法军，再加上顽强反攻，法军一败再败。1346 年在法国北部克莱西（Crecy）战役中英军大胜法军，爱德华三世乘胜追击，围攻加莱港达 11 个月之久。加莱贵族被迫投降。法国内部政局陷入混乱。而后，英法两国财政困难再加上黑死病流行，都不再主动进攻对方，战争进入暂歇期。1355 年，战事又起。英王黑太子爱德华率军登陆波尔多，一直向西北进军。法王约翰二世率领军队在普瓦提埃（Poitiers）高地迎战，力图全歼敌军。然而，由于法军固守重装备，骑士又各自为战，英王黑太子机智反攻，结果反将法军几乎全部歼灭，约翰二世被俘。1360 年，英法两国签订《布勒丁尼》条约。英王获得加莱港和西南阿奎丹等大片领土，同时放弃对法国王位的要求；法王约翰二世获释回国的条件是必须给英国交纳 50 万镑巨额赎金。这笔赎金相当于英王 5 年的收入。

查理五世继位后汲取法国前一时段的教训，积极进行军事及财政改革。财政方面，征得三级会议同意，经常征收关税和盐税，财力大增。军事方面，他招募大批雇佣军替代各自为战的封建骑士，还建立了有1200 艘战船的海军。从 1369 年战事重新开始到 1380 年法军大胜英军，除加莱几个港口外几乎收复了全部失地。1396 年，双方签订条约，战争又暂告一个段落。

到 1415 年，英王亨利五世为巩固日益衰微的王权，在塞纳河口登陆开始进攻法军，战事又起。10 月，英法两军在阿金库尔（Agincourt）进行决战。英军以 1.5 万兵力机智顽强地抗击近 5 万兵力的法军，且最终获胜。这次决定性战役使亨利五世声望大增。1417 年，亨利五世再次进攻法国，重点围攻鲁昂。鲁昂居民虽顽强抵抗但最终陷落英军之手。1420 年法王被迫与英王签订《特鲁瓦条约》，答应英王亨利五世为法王查理六世的摄政王；查理五世死后亨利五世及继承人可永远兼任法国国王；基恩和波尔多划归英国。

百年战争后期法国一次次的失败使得法国政府在军队和人民中的领导威信大大下降。就在这一时期，法国出现了群众性抗英高潮。在国难当头，而政府又全然无计可施的情况下，奥尔良农村女孩贞德奇迹般地率领法军打败了英军，迫使英军撤出法国，危亡关头的法国得以拯救。到 1453 年，英国在法国的领地只剩下北方加莱港。百年战争最终以英国势力全部被赶出法国而结束。

百年战争后，英国不再无谓地征服法国，以前在法国有大片领地的英国贵族不能再重回大陆，英国成了他们真正的家。因此说，百年战争大大提高了英格兰人民族认同感，逐渐形成了强烈的民族意识。越来越多的人排斥法国文化，不愿讲法语，英语被逐渐用于社会各个领域。1356 年，伦敦市长宣布法庭诉讼用英语进行；1362 年，英国大法官兼上议院议长用英语宣布议会开幕。第二节中也已提到 1362 年，爱德华三世在召开议会时首次用英语致辞以便让平民院的议员听懂。应平民院的请求，爱德华颁布了关于法庭审讯必须用英语的法令。[1]1381 年，瓦特泰勒（Watt Tyler）领导农民起义，国王理查二世不得不用英语与农民对话。当时"肯特和埃塞克斯的农民的冤情（就我们所知）是口头陈述给理查德二世的，叛乱期间与国王的通讯联络似乎也都是用口传方式，理查德在伦敦塔中只得要求外面造反者把迄今对他大声嚷嚷的冤情写下来交他考虑。"[2]1450 年同样来自肯特和东南部的凯德领导的农民起义一开始便把他们的要求以英语书面形式呈交上去，而且还出了副本供人们传阅。这一文件很长，但议论全面而连贯。[3]两次不同时期的农民起义都使用英语与国王交流，后者更可

1　1362 年议会颁布的法令详见第二节。

2　[英] 肯尼思·O. 摩根主编《牛津英国通史》，王觉非译，商务印书馆 1993 年，第 229 页。

3　同上，第 230 页。

有力说明底层民众英语读写水平已大大提高。1399 年，理查二世被废黜的诉讼用英语进行；理查二世被迫让位于亨利四世的文件也是用英语起草的。国王亨利四世首开兰开斯特王朝，先用英语发表演说要求继承王位，后在登基时使用的语言也是英语。[1] 更为彻底的语言转向是 1385 年英格兰所有文法学校都把英语列为教学正式用语；伦敦、牛津、剑桥等文化中心也在百年战争之后逐渐使用英语……英语语言的广泛使用是英国逐渐发展自己民族文化的重要体现，英国正在从法国文化海岛分支的从属地位走向自我，到 15 世纪末，英国作为统一的民族国家基本形成。

四、世俗文化的提升

百年战争大大促进了英语的使用。百年战争期间，"黑死病"（1348–1352，其后百年内又反复发作）在欧洲的蔓延客观上也促进了中世纪的人口流动，利于经济的长远发展和技术改进，为文化复苏奠定了物质基础。[2] 黑死病夺去了欧洲大约三分之一的人口。在欧洲学术界，许多学者失去生命。在传统大学里，对拉丁语的学习研究十分严格，然而，在欧洲大陆，30 所大学关闭了 5 所。剑桥大学的 40 位教授死了 16 位，牛津大学的学生人数从 3 万人降到 6 千人。许多大学只得放弃教拉丁语。主要原因是懂拉丁语的教师数量大为减少，来不及培训新人来顶替他们的位置，[3] 许多修道院和教堂的工作人员自然也无法逃脱黑死病。很多修道院长只得让未受过正规教育只会英语不懂拉丁语及法语的人来接任。[4] 这种情况虽然导致拉丁语教育严重衰落，却在客观上有利于整个欧洲教育体制的变化。它促使教育变得更实用、更世俗化，向方言转化更快。这些变化既包括欧洲普遍从拉丁语转向方言，也包括英国官方语言从法语向英语的转化。[5] 纳森敦（Nassyngton）年代史编者威廉（William）描绘了 14 世纪法语和拉丁语在社会中不再被作为优势语言使用的情形：

1　[英] 罗伯特·麦克拉姆等著：《英语的故事》，秦秀白等译，暨南大学出版社 1990 年，第 85 页。

2　李荷："灾难中的转变：黑死病对欧洲文化的影响"，载《中国人民大学学报》，2004 年第 1 期，第 150 页。

3　同上，第 154 页。

4　[英] 罗伯特·麦克拉姆等著：《英语的故事》，秦秀白、舒白梅、姬少军译，暨南大学出版社，1990 年，第 86 页。

5　李荷，"灾难中的转变：黑死病对欧洲文化的影响"，第 154 页。具体参见第三章第四节的内容。

"我想，没有人说拉丁语了，但受过教育的人仍懂拉丁文；有些人会法语，但不说拉丁语，他们多在宫廷供职并在那里生活。有些人偶尔使用拉丁文，却不懂其写作技巧。不懂拉丁文和法文的人，却都通晓英语。不论是平民还是受过教育的人，也不论是年轻人还是老人，大家都通晓英文。"[1]

总体来说，在中世纪后期的英格兰"识字的普及和英语的频繁使用是十四五世纪的两大发展。它们表明英国人对公共事务的认识在增长，也反映了他们的爱国主义和民族主义感情。"[2,3]关于识字的情况可通过比较1351年"教士特惠法"（当时教士都识字）的法律特权和1499年的法令来了解识字人数增长的大致情况。1351年"特惠法"规定，凡阅读的俗人都可享受"教士特惠法"。而150年后规定，只有任圣职的教士才能享有"教士特惠法"，世俗学者不可享受。这一变化多少可以说明有文化的人可能已增长许多，"能书写"已不能说明问题了。[4]

事实上到了中世纪后期能读写的人不仅仅是贵族、教士或宫廷官员，有些手艺人、工匠商人、农民、裁缝、水手等也能读写了。[5]不仅如此，还有一些以前只能由教士从事的社会地位高的职业如财务主管俗人也可担任了；有文化的人还被雇佣到政府部门去作秘书，诗人托马斯·霍克利夫（Hoccleve）就曾任秘书35年以上……再加上大量的民谣、颂歌、道德剧、民间书信等的出现，这一切都表明这一时期大众文化发展朝气蓬勃，为下一个世纪的文艺复兴并出现像莎士比亚这样的世界文化名人奠定了坚实的基础。

第二节 英国统一市场形成时期的英语

十四五世纪的英格兰尽管还处于中世纪，但庄园制已逐渐解体，英国国内及与西欧大陆的贸易往来增加，伦敦成为重要的经济中心。当时

---

1 ［英］罗伯特·麦克拉姆等著：《英语的故事》，王觉非译，商务印书馆1993年，第86页。

2 ［英］肯尼思·O. 摩根 主编《牛津英国通史》，王觉非译，商务印书馆1993年，第229-230页。

3 Turville-Petre, T., *England the Nation*, Oxford: Clarendon Press, 1996, Preface v.

4 ［英］肯尼思·O. 摩根 主编《牛津英国通史》，王觉非译，商务印书馆1993年，第229-230页。

5 同上。

尽管各地方言差异仍然很大，但随着各地交流增多，已呈现出方言之间的兼容，一个地区的方言中越来越多地出现另一地区的方言表达。由于伦敦经济中心的地位使伦敦方言渐渐有了特殊的社会地位，加上来自全国各地的商人带来了自己的方言，在伦敦慢慢形成了不属于任何一种方言的伦敦英语。从某种程度上说，伦敦英语就是标准英语；标准英语就是伦敦英语[1]。这是因为伦敦从罗马统治不列颠时期就已建立，很早就成为英国的商业中心；英国所有的商业活动也以伦敦商人为主体。在这时，伦敦商人的书面语言就成为商贸活动交际中的必要语言。伦敦作为统一市场形成的地位使英语统一成为必然。

一、统一市场形成时期各地方言的差异和兼容

英格兰在中世纪的方言到十四五世纪各地方言发展的差异仍然很明显，但彼此融合趋势已经出现。发生这些变化的时间并不是一致的，如东中部方言兼容性明显强于其他地区；同是在向简化和规范发展，北部方言演变会快一些，南部方言则保守一些等等。那么，造成这些现象的原因何在？方言之间的差异与兼容到底有哪些具体特征？下面我们将根据中世纪四大方言区相互之间趋同或趋异比较突出的特点进行分组分析或单独阐释。

1. 英国北部方言和南部方言对比分析

为什么北部方言的演变速度快一些，而南部方言更显得保守一些？这需要从丹麦入侵不列颠说起。我们在第二章已谈到丹麦人在 8 至 10 世纪劫掠英国北部地区并随后在那里（后来被称作丹麦区）定居。丹麦人和挪威人讲古诺斯语（即斯堪的纳维亚语）。而当时与这些邻近或混居的英国北方及中部地区的盎格鲁 - 撒克逊人讲的是古英语。随着两个种族的不断融合以及丹麦和挪威长期的内乱和战争直至 12 世纪初期无力控制英格兰岛，古诺斯语逐渐被古英语所同化。其实在同化现象发生之前两种语言基本上处于互通状态，两种语言的主要区别只是在于词尾的屈折变化不同而已。

---

1 Baugh, A. C. & Cable, T. *A History of the English Language*, Routledge & Kegan Paul, 1978, p. 190.

在中古英语早期，各种方言的词尾屈折变化开始脱落或变得规范，语言学上称之为磨平现象（levelling）。从各地方言的磨平现象看，接近于丹麦区的英国北部和中部方言要比英国南部和西部方言明显得多。因此，北欧人的入侵不仅给英语带来大量斯堪的纳维亚词汇，也加速了古英语的简化和规范过程。下面通过古英语北部方言和南部方言两个不同版本的中古世纪宗教诗《世界的运行者》（Cursor Mundi）来考察英国北部方言和南部方言规范进程中的差异。

《世界的运行者》创作于 13 世纪末期的英国北部地区。一共有 24 000 行，记述了从创世纪到世界末日的基督教故事。根据《牛津英语词典》（*Oxford English Dictionary*）编辑部的说法，《世界的运行者》是该词典引用最多的单一英语文学作品。[1] 在 14 世纪晚期，《世界的运行者》的南部方言版本问世。作者根据自己的发音和习惯对北部方言版本进行了系统的修改，在句法、押韵、词汇和拼写方面都充分体现出来英语北部方言和南部方言的差异。以动词词尾屈折变化为例，我们来看现在时态第三人称单数词尾的屈折变化（见表 3.2）。

从这个表可以看出，北部方言的动词现在时第三人称单数词尾屈折变化已经简化为现代英语的 /s/，但是南部方言的动词现在时第三人称单数词尾屈折变化仍然保留了古英语的特征 /əθ/。这也反映出北部方言的演变速度快一些，而南部方言显得更保守一些。

表 3.2　北部方言与南部方言在现在时第三人称单数词尾屈折变化差异[2]

现代英语	北部方言	南部方言	出现诗行	汉译
like	likes	likeÞ	26	喜欢
draw	drawes	draweÞ	45	接近
save	saues	saueÞ	71	拯救
help	helps	jelpeÞ	72	帮助
love	loues	loueÞ	81	喜爱
fail	failes	faileÞ	83	失败
last	lastes	lasteÞ	84	持续

1　参见维基百科（http://zh.wikipedia.org）有关词条。

2　本表改制基于 Dennis Freeborn, *From Old English to Standard English*, Shanghai Foreign Language Education Press, 2009, p.164.

除了动词现在时第三人称单数词尾屈折变化差异很大以外，北部方言版本的古诺斯语来源词汇占到全诗单词总数的 9%，而南部方言版本只占 4.5%；而另外一组对比数据也能说明问题：北部方言版本的古英语来源词汇占到全诗单词总数的 76%，而南部方言版本则为 78.5%。[1] 这两组数据说明北部方言已经吸收了更多非盎格鲁 – 撒克逊词汇，开放流动性也更加突出。

但是，北部方言版本和南部方言版本的英语与古英语相比，词尾屈折变化的共同趋势都是磨平脱落或规则化。以第三人称复数的所有格为例，古英语的形式为 "hira/heora"，但是在北部方言版本中为 "Þer"，在南部方言版本中为 "her"，无论从数量还是拼写都得到进一步简化和规范。

2. 英国北部方言与英国西中部方言对比分析

1352 年约翰（John de Thoresby）成为约克大主教后，发现许多教士对自己的职责一知半解，于是用拉丁语写成了《教义问答》一书（A Catechism）。这本书于 1357 年由圣玛丽修道院的一位僧侣翻译成具有北部方言特点的英语，书名是《普通人的教义问答》（The Lay Folk's Catechism）。这本书稍后又被约翰·威克里夫加以扩充。由于威克里夫长期住在牛津和莱斯特郡，他的英语带有中西部方言特点。对两种版本的对比说明了英国北部和中西部方言的特点，见表 3.3。

表 3.3 《普通人的教义问答》南北版本对照

北部方言版本	中西部方言版本
This er the sex things that a I have spoken of,	These be þe sexe thyngys þat y haue sþokyn of
That the lawe of halikirk lies mast in	þat þe law of holy chirche lys most yn.
That ye al halden to knawe and to kun	Þat þey be holde to know and to kunne;
If ye sal knawe god almighten and cum un to his blisse:	yf þey schal knowe god alm3ty and come to þe blysse of heuyn.
And for to gif yhou better will for to kun tham,	And for to 3eue 3ow þe better wyl for to cunne ham.
Our dadir the ercebisshop grauntes of his grace	Our Fadyr þe archieþischoþ grauntys of hys grace.

---

1 Dennis Freeborn, *From Old English to Standard English*, Shanghai Foreign Language Education Press, 2009, p. 168.

续表

北部方言版本	中西部方言版本
Fourti daies of pardon til al that kunnes tham,	forty days of Þardon. To alle þat cunne hem
Or dos their gode diligence for to kun tham...	and rehercys hem...
For if ye kunnandly knaw this ilk sex things	For yf ȝe schull knowe þese sese thyngys;
Thurgh thaim sal ye kun knawe god almighten,	Þorwȝ hem ye schull knowe god almȝty.
Wham, als saint John saies in his godspel,	And as seynt Ion seyþ in hys gospel.
Conandly for to knawe als he is,	Kunnyingly to know god almȝty
It is endless life and lastand bliss,	ys endless lyf and lastynge blysse.
To whilk blisse he bring us that bought us. amen	He bryngge vs þerto þat bowȝt vs With hys herte blod on þe cros Crist Iesu. Amen.

从表 3.3 可以看出，"kirk"（church，教堂）来自北部古诺斯语，而"chirche"（church，教堂）却来自古英语"cirice"。元音的 /a/、/o/ 在"holy chirche"、"mast / most"、"halden to knawe / holde to know"中差异对比表明，分布在亨伯河以南方言的长元音由北（约克郡圣玛丽修道院）到南（牛津）/ɑː/ 逐渐向 /ɔː/ 转移，而 /ɔː/ 在这些单词中的发音更接近现代英语发音，说明中西部方言的元音发音向标准发音的演化速度在一定程度上快于北部方言的元音发音。

同样，"kunnandly /cunnyngly"、"conandly / kunnyngly"、"lastand / lastynge"之间的差异表明，北部地区方言版本中的"kunnandly"、"conandly"以及"lastand"等词的后缀 -and 都是从古英语现在分词后缀 -ende 演变而来，之后逐渐消失，而中西部地区方言版本中相应词的后缀 -inge 则是英国 14 世纪中西部地区（包括南部地区）方言的现在分词后缀，之后发展成为现代英语现在分词标准后缀 -ing。

3. 英国东南部方言分析

分析东南部方言或者肯特地区方言最好的版本是米歇尔（Michael of Northgate）翻译的《良心的刺痛》（*Ayenbite of Inwyt*）。这本书的作者（肯特郡坎特伯雷地区圣奥古斯丁修道院的僧侣）和翻译时间（1340 年 10 月 27 日）均准确无误地写在了书的封面和封底上。这部手稿的重要性还在于其拼写与发音非常一致，更加接近当时纯粹的方言特征，因此是不可多得的研究中古英语肯特地区方言的材料，见表 3.4。

在表 3.4 中，许多南部地区方言的特征在肯特地区方言中也可以找到。因此古英语中的元音 /æ/ 在中古英语南部地区方言演变为 /e/，这一现象在肯特地区方言中也非常明显，如 "þet"（that）一词在文中多次出现。古英语音节开始部位的清辅音 /f/、/s/ 在中古英语南部地区发生浊化现象，这一点在肯特地区方言中尤为突出："vor"（for）、"vader"（father）、"vram"（from）、"voul"（foul）、"zen"（sin）、"zaule"（soul）等。

表 3.4　《良心的刺痛》肯特方言版本

肯特方言版本 (Dan Michel, *Ayenbite of Inwyt*, 1340.)

Þis boc is dan Michelis of Northgate, y-write an englis of his hand. þe hatte: Ayenbyte of inwyt. And is of þe bockouse of saynt Austines of Canterberi...

Nou ich wille þet ye ywyte hou hit is y-went:

þet þis boc is y-write mid engliss of kent.

Þis boc is y-mad vor lewede men,

Vor vader, and vor moder, and vor oþer ken,

ham vor to berȝe vram alle manyere zen,

þet ine hare inwytte ne bleve no voul wen.

'Huo ase god' in his name yzed,

þet þis boc made god him yeve þet bread,

of angles of hevene and þerto his red,

and ondervonge his zaule huanne þet he is dyad. Amen.

Ymende þet þis boc if volveld ine þe eve of þe holy aþostles Symon an Iudas, of ane broþer of þe cloystre of saynt austin of Canterberi, Ine þe yeare of oure Ihordes beringe, 1340.

Vader oure þet art ine hevenes, y-halȝed by þi name, cominde þi riche, y-worþe þi wil ase ine hevene: an ine erþe. bread oure echedayes: yef ous to day, and vorlet ous oure yeldinges: ase and we vorleteþ oure yelderes. and ne ous led naȝt: in-to vondinge. ac vri ous vram queade. zuo by hit.

其他南部地区方言特征在肯特地区方言中的保留还有：动词现在时陈述语气复数形式词尾发音由古英语的 /æð/ 演变为中古英语南部地区的 /eð/，如 "vorleteþ"（forgive）；现在分词形式后缀由古英语的 -ende 演变为中古英语南部地区的 -inde，如 "cominde"（coming）；过去分词形式前缀由古英语的 ge- 演变为中古英语南部地区的 y- 或 i-，如 "y-write"、

"y-worþe"等。当然，肯特地区方言也有自己的特点，例如古英语的 /y(:)/
就演变为肯特地区特有的 /e(:)/，如"ken"（kin），"ymende"（mind）。这
表明中古英语西南地区方言的圆唇音在肯特地区彻底消失。

4. 英国东中部方言分析

从以上三组方言的分析对比来看，14世纪末期15世纪初期英格兰北
部、西中部和东南方言差异很大，其差异远远大于其统一形式。相比较
而言，东中部地区的英语，尤其是伦敦英语避免了南北方英语的巨大分
歧，既不像南方英语那么保守，也不像北方英语那样激进。在发音词型
屈折变化上，东中部英语还融合了南北方英语的一些共性，具有"中立"
特征，也就是趋于标准的特征，用现代的话来说东中部英语具有引领性，
无论从口语还是书写上都被视为标准英语的基础。在此基础上，东中部
英语历经15世纪后得到进一步拓展与丰富，逐渐赢得了人们广泛的认
可。14世纪翻译过许多拉丁文著作的特烈维萨（Trevisa）对东中部英语
的中立地位持认可态度。我们可以从他翻译希格登（Ranulph Higden）的
著作《史综》中的一段感觉到他的这种认可：

> "东西部地区的人好像是来自一个地方。因此东西方言的相似
> 程度要比南北方言之间的语音相似程度大得多。正是迈西亚人（中
> 部地区的人）由于其地理位置均接触到了差异很大的南北方言，
> 他们理解南北方言要比东西部地区理解南北方言更加容易一些。"[1]

我们还可以抽取乔叟作品中的一段，从语言学角度来看东中部英语
对其他地区的兼容。乔叟的语言可以看作是14世纪末英国伦敦方言的代
表。而伦敦方言基本上可以代表英国东中部地区方言，间或也有一些南
部和肯特地区方言特征（见表3.5）。

在东中部地区方言的发展变化中，古英语中的 /ā/ 演变为 /ō/，如
"so"（第11行）、"goon"（第12行）、"holy"（第17行）；古英语中的 /æ/

1　英文原文为 ... for men of þe est wiþ men of þe west, as it were vnder þe same partie ofheuene, acordeþ
　　more in sownynge of speche þan men of þe norþ wiþmen of þe souþ; þerfore it is þat Mercii, þat
　　beeþ men of myddel Engelond, as it were parteners of þe endes, vnderstondeþ bettre þe sidelangages,
　　Norþerne and Souþerne, þan Norþerne and Souþerne vnderstondeþ eiþer oþer... 转引自 Baugh, A. C. &
　　Cable, T. *A History of the English Language*, Routledge & Kegan Paul, 1978, p. 179.

演变为 /a:/，如"that"（第 1 行）、"spak"（第 25 行）、"small"（第 54 行）、"war"（第 58 行）、"bar"（第 59）；古英语的 /y(:)/ 也逐渐不再发圆唇音而演变成为 /i/，如"swich"（第 3 行）、"which"（第 4 行）、"first"（第 62 行）；古英语的 /eo/ 演变成为 /e/，如"seke"（第 18 行）、"cleped"（第 22 行）、"depe"（第 30 行）、"brest"（第 32 行）、"farthing"（第 35 行）、"weep"（第 49 行）、"herte"（第 51 行）。由于双元音 /ie/ 在其他地区方言中均被 /e/ 所代替，乔叟的用法也不例外，如"yerde"（第 50 行）。乔叟词汇的屈折变化绝大多数是东中部方言特征：动词陈述语气现在时的第三人称单数形式为 -eð，如"hath"（第 2、6、8 行）、"priketh"（第 11 行），动词陈述语气现在时的第三人称复数形式为 -en 或 -e，如"maken"（第 9 行）、"slepen"（第 10 行）、"longen"（第 12 行）、"wende"（第 16 行）、"were"（第 18 行）人称代词阴性主格单数形式是"she"，人称代词复数形式是"they"（第 16、18 行）、"hir"（第 11 行）、"hem"（第 11 行）。

表 3.5　《坎特伯雷故事》东中部方言版本

东中部方言版本 (Geoffrey Chaucer, *Canterbury Tales, c.* 1387)

Whan that Aprille with his shoures sote	In curteisye was set ful muche hir lest.
The droghte of Marche hath perced to the rote,	Hir over lippe wyped she so clene,
And bathed every veyne in swich licour,	That in hir coppe was no ferthing sene 35
Of which vertu engendred is the flour;	Of grece, whan she dronken hadde hir draughte.
Whan Zephirus eek with his swete breeth 5	Ful semely after hir mete she raughte,
Inspired hath in every holt and heeth	And sikerly she was of greet disport,
The tendre croppes, and the yonge sonne	And ful plesaunt, and amiable of port,
Hath in the Ram his halfe cours y-ronne,	And peyned hir to countrefete chere 40
And smale fowles maken me lodye,	Of court, and been estatlich of manere,
That slepen al the night with open yë, 10	And to ben holden digne of reverence.
(So priketh hem nature in hir corages):	But, for to speken of hir conscience,
Than longen folk to goon on pilgrimages	She was so charitable and so pitous,
(And palmers for to seken straunge strondes)	She wolde wepe, if that she sawe a mous 45
To feme halwes, couthe in sondry londes;	Caught in a trappe, if it were deed or bledde.
And specially, from every shires ende 15	Of smale houndes had she, that she fedde
Of Engelond, to Caunterbury they wende,	With rosted flesh, or milk and wastel-breed
The holy blisful martir for to seke,	But sore weep she if oon of hem were deed,
That hem hath holpen, whan that they were seke…	Or if men smoot it with a yerde smerte: 50
Ther was also a Nonne, a Prioresse,	And al was conscience and tendre herte.

　　在过去分词使用中，乔叟的语言兼有中部地区和南部地区的特征：过去分词前缀 y- 的脱落和后缀 -n 的保留本来是东中部地区方言特征，如"holpen"（第 18 行）、"drunken"（第 36 行）、"holden"（第 42 行），但是在乔叟这篇作品中既有南部方言中过去分词前缀 y-，如"y-ronne"（第 8 行）、"y-taught"（第 28 行），又有 -n 作为过去分词后缀的脱落现象，如"unknowe"（第 27 行）、"write"（第 62 行）等。

　　在不定时的使用中，我们也可以发现乔叟的语言兼有中部地区和南部地区的特征：既有中部地区的通常后缀 -n，如"goon"（第 12 行）、"seken"（第 13 行）、"been"（第 41 行）、"ben"（第 42 行）、"speken"（第 43 行），也有南部方言不定时 -n 后缀的缺省，如"falle"（第 29 行）、"carie"（第 31 行）、"kepe"（第 31 行）、"countrefete"（第 40 行）以及"wepe"（第 45 行）等。

　　那么为什么东中部地区的方言比北部、西部、南部和西南部地区方言影响更深刻呢？首先，在主要的方言区中，东中部地区面积最大且人口最多。较北部和西部的山区来说，中部地区更有优势。这种优势在当时农耕时代主要体现在人口的数量和富裕程度上。正如梅德兰（Maitland）所说：

> "如果我们不考虑林肯郡、诺福克、萨福克（这些城市位于中东部），很显然我们也就忽略了这个国家将近四分之一的人口。我们从中世纪资料里得出的推论尽管有诸多不确定因素，以上三地自诺曼征服及随后的三个世纪内飞速发展，无论在人口还是经济上都超越了西部地区。"[1]

　　南部诸郡虽然也有得天独厚的优势可以和中东部地区相比，但是面积上不尽人意。米德尔塞克斯、牛津、诺福克以及整个中东部地区在中世纪后期所拥有的经济及政治上的优势，更加印证了该地区的重要性和影响力。

　　第二个原因也是至关重要的原因——伦敦首府的吸引力。这并不是因为伦敦是政治中心而是因为其经济重要性。在普通大众推动语言变化的因素中，经济比政治重要。14 世纪末和 15 世纪早期，东中部地区英格

1　Maitland, F. W. *Domesday Book and Beyond*, Cambridge University Press, 1988, pp. 20-22.

兰人口最多，经济最发达，在中世纪早期就成为农业和纺织中心。随着东中部城镇的发展壮大，这个地区的城市市场相应有所增加。佛兰德斯的羊毛贸易发展使得东部沿海港口扩大，如赫尔（Hull）、林恩（Lynn）和波士顿（Boston）。羊毛贸易的繁荣持续到 14 世纪。当与东部城镇尤其是东英格兰地区进行贸易的主要出口商品——羊毛被布所取代，羊毛再次成为大陆制造商和供应商的主要物品。该地区的诺福克和诺威奇都具有极其重要的商业地位。诺威奇还是 14 世纪晚期英格兰第二大城市。根据鲍顿（Bolton）对 14 世纪中叶平信徒（lay）和牧师的财富分配，南部偏东地区很明显最富，时间越久越是突出。[1] 伦敦成为其他地区的人们生活变好的希望之地，尤其是那些极度贫困的人。由于中部地区的农业衰落，人们移向东南部，有证据表明在 14 世纪有一次明显的人口迁移，从诺福克，艾塞克斯和赫特福格郡迁向伦敦地区的人最多，后来更靠北和靠西地区的人们开始移民。大北路（The Great North Road）和沃特林街（Watling Street）是他们到伦敦的两条重要交通路线。总之，全国各地的人都向伦敦聚集。在黑死病发生之后，移民活动又有所增加。据估计黑死病减少了三分之一到二分之一的英国人口。其结果就是伦敦就业人口缺乏。这些空缺岗位很快被来自人口相对密集的东中部地区的人们所填补。

值得注意的是东中部地区的方言由于受学术中心或东部各郡影响并不像如今的郊区方言那样偏狭。它的书写方式受位于伦敦剑桥大学师生所使用的书写方式影响很大（参见第三章第三节官方英语的内容）。诺福克地区商业上的重要地位使诺福克方言在很早之前就成为了商业交流的工具。作为一个人口相对密集的地方，该地区对商业的实际需求可能在很大程度上促进了英语取代拉丁语和法语，并在时间上远远早于其他地区。例如，1388–1389 年诺福克是除伦敦以外唯一有英语行会证明的地方，标准的趋势很可能产生于此。在更富有和更精通文学的商人阶层中，很多人开始与贵族联姻（就像后来发生在帕斯顿家族〈Pastons〉一样，参见第三章第四节内容）。随着与伦敦的交往越来越密切，一些北方方言的特点也可能是先经由东部诸郡后才传到了标准英语中，可见东部诸郡

---

1 Crystal, D., *The Stories of English*, Penguin, 2004, p. 244.

对于英语标准化的影响之大。东盎格鲁地区为方言的融合作出了更进一步的贡献，由此标准英语书面语出现的客观条件已基本成熟。

二、伦敦英语主导地位的形成与发展

也有人说其实即使没有以上讨论的诸多因素伦敦英语也可以成为官方语言，就像法语出自于巴黎方言、西班牙语出自于卡斯提尔方言一样。伦敦一直是全国的政治与经济中心，王室与最高司法机构的所在地，还是全国学术活动的中心。当然，这种观点并不是没有道理。但我们认为伦敦的经济地位在英语标准化进程中起了最关键的作用。"伦敦的经济是全国经济交流的引擎，其信息在全国范围内得以传播，商贸活动在日益复杂与多样的国内环境中得以进行。"[1] 当时各地移民都以伦敦为核心（前面已提到），伦敦吸引着来自西面八方的人，他们打破了地区的限制，因不同的原因相聚于此，随之而来的是他们各自的方言。不同的方言与伦敦方言互相交融，相互改变。等到他们离开伦敦，实际上他们带走的是经伦敦当地语言改造后的形式与用法。这种潜移默化的影响是互惠的，伦敦英语在改变其他方言的同时自身也受到了影响。其最初有南方方言的特点后来演化为中部地区方言。因此伦敦英语是一个南方方言、东南部方言和东中部方言的"语言混合体"（*dialectal franca*）。1362 年，议会开始接纳英语，乔叟和高厄开始用英语写作，并在皇家法院和法学院当众吟诵。可见英语已经成为大多数人的第一语言。H.C. 怀德在《现代英语口语的历史》一书中的解释：

> "如果我们审视过去关于我们的语言的记录，从 13 世纪起大量在伦敦产生的作品显然是用首都的方言写成。这些文档多种多样，包括公告、章程、遗嘱、议会记录、诗歌和论著。在后者中我们大多推崇乔叟的作品。这些伦敦作品所使用的语言形式比用于中世纪英语文件的其他英语表达方式是更为适合的一种独特的英语文字表达形式，因为它存在于 14 世纪，伦敦英语，或其中一类，是我们

---

1 Keene, D. "Metropolitan Values: Migration, Mobility and Cultural Norms, London 1100–1700", in *The Development of Standard English1300–1800: Theories, Descriptions, Conflicts*, ed. Laura Wright (Cambridge, 2000), p. 111.

现在所使用的标准英语的先祖。"[1]

由此看来，伦敦英语在这一时期已经应用很广泛了。我们甚至可以做出这样一个推断：伦敦英语的发展史就是标准英语或统一英语的发展史。反过来说，英语标准化的历史几乎就是伦敦英语的发展史。[2]

如果说这样来概括伦敦英语的作用还显笼统，我们还可通过分析行会使用英语的情况来验证这一观点。14世纪后期的英格兰，行会数量在各地激增。尽管当时国王不建议解散全国所有的行会，下院的提议还是产生了巨大影响，从此政府的目光开始转向此类团体。1388年议会闭会后不久，各地的治安官统一发布了公告：各行会的所有者以及负责人需向大法庭核实相关信息，包括：建会信息、组织管理形式、集会情况以及会内宗旨、土地不动产（是否由教会管理）、动产。如若其持有特许经营执照或专利证，需携带相关证件前往大法庭予以核实。相关人员需在3个月内（1389年2月初之前）携带相关证件前往到指定地点。以上法令的内容主要是针对国内非正式的宗教性行会。

国内各地区对该项公告的反响差别很大，总共有来自23个郡的500份行会资料汇聚到大法院（现保存在英国公共档案馆），其中有86%来自诺福克（165份）、林肯郡（124份）、剑桥郡（58份）、伦敦（42份）、萨福克（39份）五地。根据现存的参考资料可以看出，即使在这些递交行会资料较多的地方依旧有很多指定对象未提交相关资料或其文本不幸遗失。500份的行会资料总共包括三种语言：拉丁语（75%）、法语（9%）、英语（12%）以及以上三种的混合（4%）。法语版本来自14个郡以上（尽管半数来自伦敦），然而英语版本却单单来自诺福克（46份），伦敦

1　英文原文为 "If we examine the records of our language in the past, it appears that from the thirteenth century onwards a large number of writings exist which were produced in London,and apparently in the dialect of the capital. These documents are of various kinds, and include proclamations, charters, wills, parliamentary records, poems, and treatises. Among the latter we may reckon the works of Chaucer. The language of these London writings agrees more closely with the form of English which was later recognized as the exclusive form for literary purposes than does the language of any other mediaeval English documents... London speech, then, or one type of it, as it existed in the fourteenth century, is the ancestor of our present-day Received Standard." 参见 Wyld, H. C. *History of Modern Colloquial English*, (London, 1920), pp. 4-5.

2　Baugh, A. C. & Cable, T. *A History of the English Language*, Routledge & Kegan Paul, 1978, p.181.

（10 份），而在两地上交的所有行会证明材料中，都有将近四分之一的是英语版本，诺福克是 28%，伦敦是 24%。[1] 因此我们不禁要问为什么这些英文版本偏偏来自以上两地。

一般来说，在 14 世纪凡是严谨精细的证明材料应该采用拉丁文，而事实上我们在国内最发达的两地上交的材料中发现了英文的材料。梵·格利周（Jan Grechow）的研究向我们解释了这种看似矛盾的现象。在 1388 年国内很多的非正式行会等都没有自己的书面行规，因此他们不得不辗转到伦敦大法庭，通过口头叙述的方式向工作人员提供信息，之后工作人员又通过当时的拉丁文模板对其记录进行整理（或许采取问答式的书写方式），用当时工作通用的拉丁文书写下来。不过这样一来很多行会自身的特点就被抹杀掉了。这就是为什么很多证明材料的书写模式极其类似。对于那些成熟、资金雄厚、经营妥当的行会，他们有自己内部英文版行规并通过这些规定维持机构的运转，此外这些机构的负责人有能力把这些材料送到大法庭去。因此我们可以理解为什么一些发达城市的行会材料用的是英文，而相对偏远一些的农村行会则是拉丁文。[2]

从 6 份 1389 年伦敦的行会资料来看，其书写时间远远早于公告的日期。最早的英文行规用于木匠（1333），随后是制袋商 (1356)，接着是制革匠（1367–1368）等。这些现存的资料已表明当时伦敦诸多行会都已经开始有自己的行规或誓词，并且大多数人可以看懂。[3] 由此可见，到 14 世纪 30 年代伦敦一些行会已能够用英语书写自己的行规与誓词了。

伦敦英语在 15 世纪初变得越来越中部化，[4] 容易为大多数人所理解。15 世纪后半叶伦敦标准语至少在书面语中为全国大部分人所接受，其普遍性在文学作品里可见一斑。例如，在《汤尼里剧本》（*Towneley Plays*）[5] 一书中，偷羊贼迈德（Mad）伪装成上层人士企图欺骗约克郡的牧羊

1 Wright, L. "The London Middle English Guild Certificates of 1388-9", *Nottingham Medieval Studies* (39), 1995, pp. 108-45.

2 Grechow, J. "Gilds and Fourteenth Century Bureaucracy: The case of 1388/89", *Nottingham Medieval Studies* (40), 1996. pp. 109-48.

3 Wright, L. "The London Middle English Guild Certificates of 1388-9", *Nottingham Medieval Studies* (39), 1995, p. 108-45.

4 根据希格登观点，中部方言是北部方言与南部方言交流的媒介，中部地区方言更容易为大多数人所理解。

5 写于中世纪晚期的一个剧本集。这些剧本都取材于东北部的约克郡。

人，但他的南方口音很快就暴露了身份，这说明当时国内仍有诸多地方方言并不统一。但在 1450 年之后，除了一些来自北方的独特的文学作品，要想根据文章语用风格推断出作品的来源地已经不大可能。在地方的文献记录以及人们日常通信当中，人们使用的语言越来越和伦敦标准语趋于一致。这种源于伦敦语言的影响在英国大法院文书写的各种官方文件中也得到了印证（参见第三节）。到 15 世纪中期书面英语无论在单词拼写还是语法规则上都具有了相对统一的模式，同时伦敦英语作为官方用语被使用势必影响其他有类似情况的地区。[1]1476 年印刷术的引进对于伦敦英语的传播具有重大意义。从一开始伦敦便成为了英国的出版中心，英国第一位印刷师卡克斯顿以及其诸多后继者都在他们出版的诸多译作与书籍中使用了伦敦英语，这对于伦敦英语在各地被迅速接纳起到了重大推动作用。到了 16 世纪，伦敦英语不再只是英格兰语言统一的一种概念，而成为了真正的实践用语。英国文艺批评家普腾汉姆 (George Puttenham) 曾建议当代诗人："写作使用的语言要以宫廷用语、伦敦英语及伦敦周围地区的用语为参照。"[2]

第三节　官方确立的英语

官方语言一直是统治阶级的特权。古英语时期的 10 到 11 世纪在英格兰所使用的"标准"西撒克逊语是阿尔弗雷德国王皇家文书处的产物。这种语言不同于古英语口语。当诺曼征服后，官方语言便转向拉丁语和法语，这种"标准"的西撒克逊语消失的速度很快。[3] 而到了十四五世纪，英格兰与欧洲大陆之间贸易往来的加强是商人使用英语交流并促使英语向标准化发展的客观要求。顺应历史的需要，这一时期官方使用哪种语言来颁布公告、宪章及做议会记录等则起到了重要的导向作用。14 世

1　Fisher, J. "Chancery and the Emergence of Standard Written English in the Fifteenth Century", *Speculum*, (52), 1977, pp. 870-99.

2　英文原文为 "ye shall therefore take the usuall speach of the Court, and that of London and the shires lying about London within 1x. myles, and not much above." 参见 Puttenham, G. *The Arte of English Poesie*,1589, Edward Arber (ed.), Oxford University Library, 1869.

3　Fisher, J. "Chancery and the Emergence of Standard Written English in the Fifteenth Century", *Speculum*, (52), 1977, p. 870.

纪和 15 世纪，法语和拉丁语虽仍是主要的官方语言，但王室法庭和议会开始使用英语发布议会和王室的敕令。王室法庭和议会开始用英语颁布公告标志着官方使用英语的开始。在 15 世纪早期及中期，王室也开始重视使用英语。1399 年亨利四世登上王位用英语发表演讲（见图 3.1），特别是亨利五世和亨利六世时期更有使用英语的突出表现。1415 年亨利五世在阿金库尔（Agincourt）用英语写急件（dispatches），打破了 350 年以来用拉丁语或法语写急件的皇家传统，见图 3.1。

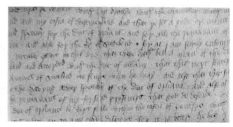

1399 年亨利四世登基用英语演讲[1]   1415 年亨利五世的英语急件[2]

图 3.1　亨利四世和五世开始重视使用英语

此后，无论是与王室法庭、与议会还是与平民交流亨利五世都坚持使用英语；亨利六世时期更重视官方英语的使用。可以说，这一阶段是中世纪英格兰官方语言由法语、拉丁语转向英语的关键时期。本节将以中世纪英格兰的两大核心王室机构——玉玺保管处（*Privy Seal Office*）及大法院（*Chancery*）的英语使用情况为例说明这一时期官方语言由拉丁语及法语过渡到英语的客观需要及英语渐趋统一的必然。

一、英语首次得到官方认可

在第二章我们已介绍过，诺曼征服后很长时期，法语一直是所有法律文件的语言。但到了 14 世纪中叶，仅仅使用法语的这种状况被打破。1356 年，伦敦市长命令伦敦和米德尔赛克斯郡（Middlesex）治安官的法庭必须使用英语。[3]1362 年 10 月，为了恢复英语作为英格兰语言的统治

1　本图片引自 http://www.luminarium.org/encyclopedia/henry4.htm

2　本图片引自 http://www.culturevoyage.co.uk/568/

3　Sharpe, R. R. *Calendar of the Letter Books of the City of London*, (London,1905) p. 73.

地位，议会采取了一项重要的措施，颁布了《辩护法令》，并在 1363 年 1 月底生效。其中文含义大致如下：

> "……因为高级神职者，公爵，伯爵，男爵，和所有的平民经常向国王陈述发生在国内的种种事端，法律，习俗，王国的法案在同一个王国内并不是被普遍熟知；他们用法语辩护、诉讼、裁决，这在该王国并不为普通民众所熟知；以至于人们不起诉，也不反击控告，无论是在国王的还是别人的法庭上，他们不理解也听不懂律师及其他控告者是赞成还是反对他们；所以有必要让大众了解这些法律和习俗，更好地理解该王国的语言。这样一来，每个公民就能够在不触犯法律的基础上自我管理，更好地保管和捍卫他们继承的遗产和财产；在好几个国家和地区，国王，贵族和国内的其他人都很好地管理自己的事务，每个人都知晓自己拥有的权利。因为他们的法律和习俗是以该国语言拟定的。国王，希望国民安顺，服从管理，因此要打击和避免危害当时政局的行为。无论什么法庭，什么场合，都必须用英语诉讼、辩护、裁决，然后才能用拉丁语记录入册。"[1]

以上规定可以概括为一句话：从此，所有的法律诉讼案都要用英语。很明显法令中提到的让法语转化为英语的理由是："法语在该王国不被熟知"——指的是英格兰中下层人听不懂法语。然而消除二百多年使用法语的习俗很难，该法令并没有立即被完全执行，但它确实在英语被官方认可的进程中起到了重要作用。

1　英文原文为 ... Because it is often shewed to the king by the prelates, dukes, earls, barons, and all the commonalty, of the great mischiefs which have happened to divers of the realm, because the laws, customs, and statutes of this realm be not commonly known in the same realm; for that they be pleaded, shewed, and judged in the French tongue, which is much unknown in the said realm; so that the people which do implead, or be impleaded, in the king's court, and in the courts of others, have no knowledge nor understanding of that which is said for them or against them by their serjeants and other pleaders; and that reasonably the said laws and customs shall be most quickly learned and known, and better understood tongue, and that they be entered and enrolled in Latin. (Statutes of the Realm, I, 375-76.) 原件是用法语写成的，英文源自 Baugh, A. C. & Cable, T. *A History of the English Language*, Routledge & Kegan Paul, 1978, p. 123.

二、英语在御玺保管处的使用状况

中世纪的英国御玺保管处（Privy Seal Office）作为皇家文书处，处于英国行政事务运行的核心地位，需要处理大量事务，因而所产生的公文数量巨大，各位文书（clerk）所草拟并签署的公文各种各样，来自不同领域，属于不同性质，因此对语言的选择的弹性和敏感度要高于同时期的大法院（Chancery）和税务法庭（Exchequer）的公文语言，后两者由于所涉及的事务程式化高、惯例多，在 14–15 世纪以拉丁语为主要书写语言。这样看来，我们可以通过考察御玺保管处文书即各种非入册请愿书、备忘录、许可证、令状方面的语言选择态度[1]来了解拉丁语、法语和英语地位的变迁和使用状况。

首先，政府公文的流通语言直到亨利五世统治末期一直采用拉丁语和法语，直到 14 世纪中后期英语文学作品开始出现后，政府的文书才开始随之出现了拉丁语、法语和英语并存的现象。[2]下面是御玺保管处公文中多语共用的例证：

第一个例证是 1417 年 12 月 17 日亨利五世写给贝德福德公爵（Duke of Bedford）的加印信函。这封信正文由英语写成，而国王最后对公爵的致辞又转向法语，之后这封信又被转往御玺保管处，御玺保管处所附的意见也用法语写成（见图 3.2 和表 3.6）。

第二个例证是一个 15 世纪中期令状草案和其相应的正式令状。草案用英语起草，但是其背面的签署批复用语却是拉丁语。正式令状最后又用法语书写，见（图 3.3 和表 3.7）。

1　正式入册的文书（consolidated records）仍然以拉丁语为主要书写语言。见 Gwilym Dodd (2012). pp. 256.

2　Catto J., "Written English: The Making of the Language, 1370-1400", *Past and Present* 179, (1), 2003, pp. 8-45, pp. 54-56。

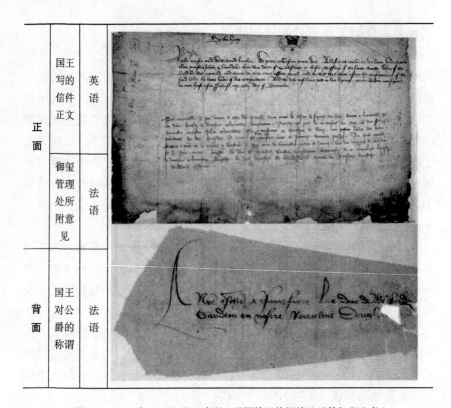

正面	国王写的信件正文	英语	
	御玺管理处所附意见	法语	
背面	国王对公爵的称谓	法语	

图 3.2　1417 年 12 月 17 日亨利五世写给贝德福德公爵的加印文书[1]

1　根据 Gwilym Dodd 文章附录 (TNA, C 81/1542/9; no. 816 in Kirby, Signet Letters) 扫描件改制，见 Gwilym Dodd (2012), p. 280。

表 3.6　1417 年 12 月 17 日亨利五世写给贝德福德公爵的加印文书

正面	国王写的信件正文	英语	By the kyng Right trusty and welbeloved brother. We grete yow often tymes wel. And for as moche as we have understande that maistre Johan Chaundeler that was deen of Salesbury is chosen Bisshop of the same chirche. Wher of we hald us wel agreed and therto we yeve oure assent Roial and we wol wel that after the consecracion of the said *Elit* he have liveree of his temporaltees. And the holy gost have yow in his kepyng. Yeven under our signet in oure hoost afor Faloise the xvij day of Decembre.
	御玺保管处所附意见	法语	Fait aremembre qe par vertue de ceste lettre et aussi d'une autre lettre desouz le signet du Roy directe a l'onurable pere en dieu l'evesque de duresme chanceller d'engleterre. Accordez est par le consail du Roy nostre dit seignur que lavantdit maistre Johan Chaundeller eslit et consecrit en Evesque de Sar' ait restu liveree des temporaltes du dit Evesche. A avoir del ditz del oytisme iour de Janver darrein passez. Au quel accord feurent presens en Consail a Westminster le xxj iour de lavantdit moys de Janver lan du regne de nostre dit seignur le Roy quint, Messires le duc de Bedeford Gardein d'engleterre, L'ercevesque de Cantirbire, L'evesque de Duresme chanceller d'engleterre, le duc d'excestre, W[illiam] Kynwolmerssh, depute du Tresorer d'engleterre, J[ohn] Doreward esquier.
背面	国王对公爵的称谓	法语	A nostre treschier et tresame frere le duc de Bedford, Gardein en nostre Roiaulme d'Engleterre.

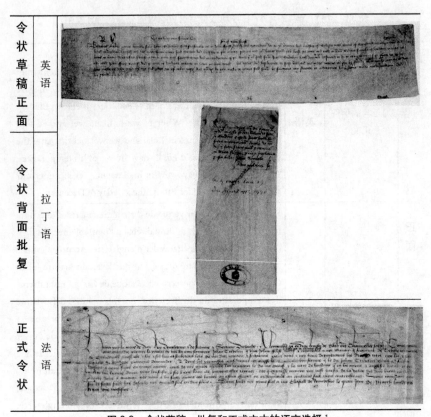

令状草稿正面	英语	
令状背面批复	拉丁语	
正式令状	法语	

图 3.3　令状草稿、批复和正式文本的语言选择 [1]

1　根据 Gwilym Dodd 文章附录（TNA, C 81/1542/9; no. 816 in Kirby, Signet Letters）扫描件改制，
见 Gwilym Dodd (2012), p. 282。

表 3.7　令状草稿、批复和正式文本的语言选择

令状草稿正面	英语	To the kyng oure soverayn lord Besecheth mekely youre humble servaunt John Trevelyn chavalier forasmoche as on John Frost son of Thomas Frost natiff and regardant un to your manoyr and lordship of Teveste in the counte of Cornnwall whiche John is gon and hath withdrawen hymself and his godes from youre seid manore and lordship to at entent at ye and your heires shuld peacably leese þe right and title in hym and his sequele of bondage whiche ye have yn hym. Wherefore please it un to youre most speciall grace and inconsideracon of þe service þat your seid servaunt John Trevelyn hath don to you! and desireth to do in tyme to come forto graunte un to hym the seid John Frost natiff and þe title of bondage whiche ye have in hym with his godes and also licence to seise hym and his godes where ever þey be founde that expresse mencon is not here made of the valu of the said godes ne of other yefts and graunts by you made to youre said servaunt be forntyme eny statute or ordinaunce here ayns made notwithstondyng and he shall pray God for you.
令状背面批复	拉丁语	Rex apud Wyndesore iiij die marcii anno xix concessit presentem billam ut petitur et mandavit custodi privati sigilli sui facere garantum Cancellario Anglie ut ipse desuper fieri faciat literas patentes in debita forma presenta et supplicante pro ista billa. Johanne Seyntlo. Adam Moleyns
正式令状	法语	Henri par la grace de Dieu Roy d'Engleterre et de Fraunce et Seignur d'Irlande. A l'onurable pere en Dieu l'evesque de Bath nostre Chaunceller saluz. Come nous eons entenduz parmye la peticon de nostre bien ame serviteur Johan Trevelyn que unque Johan Frost lle filtz du Thomas Frost! natyf et regardant a noz manoir et seignurie de Teveste en countee de Cornewaill senest ale et soy et ses biens ad soubztrait hors de noz manoir et seignurie paront nous et noz heirs depardrerons les droitz et titre q'en lui et son sequel de bondage purviens demander. Nous les premises considerant et aussi le bon service que le dit Johan Trevelyn nous ad fuit et desira a nous faire en temps avenir eons de nostre grace especiale [etc.]

　　在英语成为主要官方语言之前，御玺保管处公文中的三语共存现象有什么特征？三种语言之间的关系如何？什么因素决定着御玺保管处文书对三种语言的不同选择？

　　首先，三种语言大致遵循各自的使用场合。拉丁语作为最正式、最发达的公文语言，具有权威性和长期效力，所表达的意义往往不会引起争议，因此往往使用在正式公文批复、正式颁布的公文如特许状中等，可以称之为程式化语言；法语实用高效，使用范围较广，是王室和政府各部门各项事务运行的表达工具和联系纽带，可以称之为工作语言；英语则具有真实性和便利性特征，使用在国王与大臣之间通信、令状草稿内容的草拟（许多文书的母语还是英语，不需要专门习得）等场合，在其没有成规模使用之前可以称之为协助性语言。这样，对语言的选择往往不是根据语言的社会地位如何，而是根据公文写作的实用性考虑。因此，国王可以使用当时地位尚待提升的英语写成很多加印信函，文书也可以用英语草拟令状草稿。并且这些公文都写在了普通纸上，而不是写在昂贵、保存时间恒久的羊皮纸上。事实上，加印信函是最早使用英语的政府公文。[1] 而正式入册的令状却往往写在羊皮纸上，以示庄重、权威和不可更改。

第二，在 15 世纪中后期英语得以成规模在官方公文使用之前，拉丁语、法语和英语的使用（至少法语和英语的使用）也并不完全遵循以上的语言规则。在 1420 至 1440 年之间，许多由政府文书起草写给国王的请愿书既有用法语写成的，也有用英语写成的。[2] 鉴于写作场合和目的相同，法语和英语之间的切换好像有一定的互换性和随意性。加印令状语言方面的语言选择也是如此。

由此看来，除了一般规则以外，起草这些公文的政府职员——文书们自身情况也值得关注。因为文书自身三语驾驭能力和对待三语的态度也会影响语言的选择。尤其是当社会大环境逐渐发生变革时，文书的三语驾驭能力和语言态度不可能一成不变。这一特点可以从图 3.4 的语言分布情况看出。

---

1 Lyall, R. J. "Materials: The Paper Revolution", in *Book Production and Publishing in Britain, 1375–1475*, ed. Jeremy Griffiths & Derek Pearsall (Cambridge, 1989), pp. 11-29, esp. pp. 11-12.

2 Dodd, G. "Writing Wrongs: The Drafting of Supplications to the Crown in Later Fourteenth-Century England", *Medium Ævum* 80 (2011): pp. 217-46.

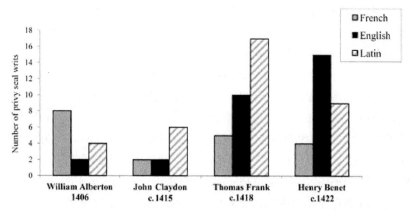

图 3.4　1441 四月至七月御玺保管处四个文书起草的令状所用语言统计分析 [1]

　　图中的横坐标是当时四位有较高地位的文书（master clerks）的姓名和他们的入职时间，纵坐标是他们完成的令状数量，灰色柱代表法语，黑色柱代表英语，斜条柱代表拉丁语。其中，威廉·阿尔伯顿（William Alberton）入职时间最早，截至 1441 年，已经在御玺保管处工作 35 年，英语在其所有公文用语中的比例要小于 1422 年入职的亨利·贝内特（Henry Benet）。这一差异考察的支点就是文书的年龄和资历：年长的、资历深的文书可能对拉丁语和法语的驾驭能力更好，态度也更加保守、使用拉丁语或法语会多一些，而年轻、资历浅的文书的多语能力不如资深文书，面对逐渐变革的社会环境而持有的语言态度可能更开放一些，从而使用英语的比重会大一些。一个叫托马斯·霍克里夫（Thomas Hoccleve）的资深文书还可以进一步说明这一点。他 1425 年退休前一直供职于御玺保管处，可谓是一位元老。他认为拉丁语和法语在公文写作中是一项需要专门严格训练才可以掌握的特殊技能，更加专业和权威。拉丁语和法语在他们眼里更是高级职业的象征和政府文书作为社会精英阶层的身份象征。[2] 因此他告诫后来者要坚持拉丁语和法语在公文的使用，认为只有这样才会确保自己的专业地位，保全这份俸禄优厚的差事。[3] 显

1　Dodd, G. "Trilingualism in the Medieval English Bureaucracy: The Use and Disuse of Languages in the Fifteenth Century Privy Seal Office". p. 264.

2　Dodd, J. "Rise of English, Decline of French", *Speculum* 86 (2011), pp. 126-27.

3　Hoccleve, T. *The Regiment of Princes*, ed. Charles R. Blyth, Kalamazoo, MI, 1999, 第 1854 行.

然，在元老级的文书眼里，人人都会、地位不高的英语尚不能代替拉丁语和法语在官方正式公文中的地位。另外，一些三语能力高超的文书也经常在几种语言之间随意切换，以展示自己的本事。但当时的人对于到底使用哪种语言这个问题，却没有现代人看得那么重要。

但是另外一方面，政府职员的世俗化趋势是逐渐明显的。14 世纪的英国政府职员的主体是接受圣俸的有教职人员 (beneficed clergy)，但是到了 15 世纪晚期没有教职、不受圣俸的平信徒 (laymen) 成为职员主体。这些职员宁愿保持他们的现有身份，就连最低级的教职也不打算争取。[1] 随着御玺保管处雇佣的平信徒越来越多，这些新成员对待拉丁语和法语很可能有疏远的迹象，而对作为世俗语言的英语应用于公文写作则可能逐渐采取认可的态度。

三、大法院的英语使用状况分析

1．英国大法院的历史背景

Chancery（大法院）一词，按照我们现在的理解只有法庭的含义。而在 15 世纪末以前，英国大法院几乎包含英国所有的国家事务机构 (national bureaucracy)（只有联合税务署〈allied Exchequer〉不包括其内），是产生大多数官方公告和议会记录的机构。自 15 世纪以后大法院才被限制在其司法职能上，国家官僚机构的活动被分配到了政府的各个部门。所以，大法院是中世纪晚期政府各部门的文书处。所有的中世纪行政机构都脱胎于英王室。[2] 大法院衍生于一个小的机构，这个机构最初的职能是王室的牧师们在王室教堂为国王书写信件，处理礼拜等各种宗教仪式。随着皇家政府变得更加复杂，负责处理国王书信的机密人员成了最值得信赖的王公大臣，并逐渐成为实际意义的大法官。为了履行他的职责，大法官不得不募集一些熟练的助手。相应地，这些助手将大法官而不是国王看作其主人。随着大法官文书们的工作日益技术化，文书

1　Gordon-Kelter, J. "The Lay Presence: Chancery and Privy Seal Personnel in the Bureaucracy of Henry VI," *Medieval Prosopography* 10, 1989, pp. 53-74.

2　关于大法院的详细来源可参阅 Tout, T. F. "The English Civil Service in the Fourteenth Century", *Bulletin of the John Rylands Library* 3 (1916–1917), pp. 185-214。

变得不可或缺。只有通过一个持续运作的机构才能维持政府事务的有序进行。这个机构的运行与国王的更迭关系不大。因此，到 13 世纪中叶大法官室发展成为大法院。作为国王重要的行文办公室，大法院的工作越来越繁忙。仅从亨利三世统治时期大法院使用封蜡总量的变化一例就可窥见一斑。13 世纪 20 年代后期，大法院每周使用封蜡的总量为 3.63 磅，而约 40 年后每周封蜡使用量为 31.9 磅，[1] 由此可以想象得出，大法院文书们的日常书写、整理与保存文件等日常文案工作有忙碌。然而，14 世纪前，大法院没有固定办公地点，而是跟随国王巡游各地，现存的信件显示他们曾到过约克，温彻斯特，海福特和法庭短暂停留的地方。

14 世纪到 15 世纪，大法院作为一个独立且能够维持自身发展的行政机构得以发展。大法院是司法和国家事务的中央行政管理机构。任何涉及遗产和财产转让的案件没有大法院的令状都不能裁决。大法院的命令被当作匡正行为使其公正的武器。[2] 每年许多请愿书通过大法院传递给国王及其委员会，这些请愿书是关于土地与资金的补助和津贴，对请愿书的回复又以加封的令状和特许状形式下达。原始的请愿书以及回复都是由大法院的文书编写而成。大法院负责编写和接收议会的请愿书，将其分类、呈递给上级；也负责保管记录议会会议的卷册并且负责起草和登记从议会会议记录中总结出的章程；另外还负责关税、税收和补助金的管理（这些都衍生于议会）。所有极重要的行政官员都向大法官寻求其委员会的任命和为他们最重要的行动取得授权。无论上面发生怎样的政治变动，同一批的文书在议会年复一年地任职，同样的名字在令状和授权书上年复一年地出现。直到 1388 年，上议院上诉人（the Lord Appellant）下令对大法院的职权进行改革。这才使得大法院重新编排其人员以及组织。

大法官在任命下属时只听取高级文书的意见。没有第一档次的在职文书的选举和裁决，文书不可能被接受进第一档次或是第二档次。第一档次包括 12 个主要文书，他们被称为是大法院的主人，他们每个人有 3 个下属文书，重要的卷册主事可有 6 个下属文书。第二档次有 12 个文

1　[英]肯尼思·O.摩根 主编《牛津英国通史》，王觉非译，商务印书馆 1993 年，第 121 页。

2　Pollock, F. & Maitland, F. W. *The History of English Law Before the Time of Edward I*, Cambridge, England, 1898, p. 194.

书，除两个特殊文书（负责受理对官员诉讼的文书和加盖印章的文书）
各有两个下属人员外，其余每人有一个下属人员。剩下的人员就是 24
个档案保管员了。只有因疾病或年老而丧失行动能力的时候，他们才被
允许由一个能够胜任且未婚的人员代签他们的名字或者代印。总之，在
1400 年，大法院共有 120 个文书。由此可见，大法院的人员都是经过周
密安排、训练有素、等级分明的政府公务人员。

2. 大法院英语的特点

这一团体在书面英语标准化过程中扮演了重要角色。1362 年，大
法院文书第一次用英语颁布法令，要求整个法庭审理程序必须用英语
进行，因为诉讼当事人听不懂法语。不过，这个法令没有得到执行，
普通法法庭继续用法语辩护，直到 1731 年才改用英语，而大法院从
1394 年就使用英语进行大部分的法庭审理程序。议会档案（*The Rotuli
Parliamentorum*）报告称 1363 年、1364 年、1381 年议会的开幕词都使用
英语。在中间和以后有多少次使用英语我们不得而知，因为文书们不愿
费力把"使用英语演讲"（dit en Engleis）字样列入其中。

写在议会档案中的第一个英语条目是绸布商人工会在 1388 年的请
愿书（PRO SC8/20/997）（被钱伯斯和当特（Chambers & Daunt）当作
伦敦英语的例子使用）。[1]1397 年，力克黑尔（Rikhill）法官对格洛斯
特（Gloucester）的控告是用英语记录的（RP III. 378）。首席法官迪宁
（Thirnyng）在关于罢黜理查德二世以及亨利四世 1399 年对王位的挑战所
进行的两次发言都使用英语。1421 年亨利五世（1387–1422）最后一次议
会中有两次发言也使用了英语。

除上述条目外，亨利五世还口授由文书以大法院英语文体写的书信。
1418 年 11 月 29 日，亨利五世率军在法国鲁昂与法军打仗期间口授一封
英文书信，该信件是亨利五世对布瑞坦尼公爵（Duke of Brittany）破坏休
战的回应，亨利五世提出谁违反休战谁就赔偿损失（见图 3.5）。

---

1 Chambers, R. W. & Daunt, M. *A Book of London English, 1384-1425,* Oxford, 1967, pp. 33-37.

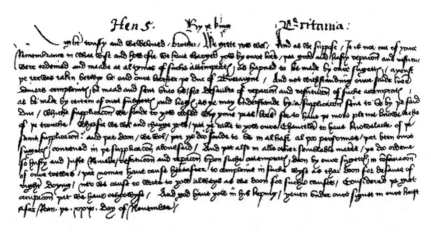

图 3.5 1418 年亨利五世口授由文书写的书信 [1]

使用英语的真正转折期是在亨利六世时期。从 1422 年开始，在未成年的亨利六世国王统治下的第一年，英语条目就变得越来越多，到 1450 年成为主导。[2]

议会档案中的英语可以作为衡量大法院标准化过程的参照。议会档案全部由大法院文书们负责，具有重要的官方地位。1388 年绸布商人们向议会的请愿书在词法上比同时代的乔叟和高厄的英语更具地区性。其副词通常以南方的 -lich 结尾（如 "frelich"、"openlich"），其过去分词时常使用完成时的前缀 -y(如 "ybe"、"yhidde"）。乔叟使用的第三人称代词通常是 "they"、"hem"、"her"；用在人称代词后的动词时通常以 -n 结尾（如 "they compleynen, they wolden, but we biseche, we knowe"）。许多过去分词也以 -n 结尾（如 "holden"、"founden"）。[3]

1421 年一份医生请愿书的一些大法院英语特点也很明显，尤其是过去分词加前缀 -y（如 "y-suffred、"y-lerned"）。在这个条目中，"high"是以其读音 "hey" 来拼写。本土英语上腭音用语音拼写（如 "high-hey"、"though-thow"、"right-rit(e)"）是 15 世纪前半段非大法院书面语的

---

1 Freeborn, D. *From Old English to Standard English*. London: Macmillan, 1992, p. 260.

2 以上条目请参照：Pollock, F. & Maitland, F. W. *History of English Law Before the Time of Edward I*, Cambridge, 1898, p. 86。

3 lich 和 y 这两种形式在乔叟的作品中均出现过，但是只是局限于一些特殊场合。

特点。[1] 不用大法院书写形式而用语音拼写是从大法院标准书写体向现代英语拼字过渡的突出贡献之一。 另外 1421 年请愿书还显示了大法院英语的其他诸多特点。"they"、"them"、"their" 的形式（拼写多种多样）的使用贯穿始终。"shuld(e)" 的使用要比 "shold(e)" 更频繁。大法院的典型拼写 "eny" 代替了 "any"。

1430 年大法院英语呈现出成熟形式。费希尔（Fisher）曾仔细研究一个提交给议会前原始请愿书的的开头与结尾，他认为这一文本很典型，代表了当时大法院英语的形式。[2] 这一请愿书采用大法院文体形式，大概请愿者是从口授笔录或者依据草案初稿做了准备。但请愿书需要由一个宣誓过的文书作为代理人来抄写和呈递，因为大法院文书在给议会和大法官呈递资料方面具有垄断地位。[3] 当请愿书由议会投票并且由国王（或者以其名义成立的委员会成员）采纳后，这一请愿将会被认真题写在特别议会的卷册中。原始版本与载入卷册的版本之间的不同使我们了解到一些标准化的过渡。在登记入册时工整的字迹也是大法院英语规范化的一个标志。

根据费希尔的统计，登记条目 (C65/90/2 1) 的文书在 6 个类别（21 个独立文案）中进行了规范：(a) 在现代英语不使用 -e 的地方去掉 "e"（4、37、74、133、162 号）；(b) 将每个实例中的 "seid" 变成 "saide"（11 次）；(c) 把 "had" 变成 "had"（142 号）；(d) 复数的变化从 -ez 变成 -es（199 号）；(e) 把 -p 变成 -th（41、116 号）；(f) 把 "monoie" 变成 "monay"（75 号）。[4] 规范化词语数目越多，说明登记文书在工作不太紧张时（如受到较少的来自委托人口述和其公证人指定的法案的影响时）在语言书写过程中越认真。几乎所有的请愿书在登记版本与其原始版本对比时都出现了同样的情况。

古老的请愿书与议会卷册显示了官方英语在印刷术出现之前所达到的规范化的程度。这样的规范化不是将语言"教授"成标准化，而是从

1　Wyld, H.C. *A History of Modern Colloquial English*, Oxford, 1956, p. 70.

2　Fisher, J. "Chancery and the Emergence of Standard Written English in the Fifteenth Century", pp. 870-79.

3　大法院文员的垄断地位最终以"六大秘书"出现，并成为众矢之，直到 1842 年其地位问题才被终结。参见 Braithwaite, T. W. *The "Six Clerks of Chancery", Their Successors in Office, and the Houses They Lived in - A Reminiscence*, London, 1879。

4　Fisher, J. "Chancery and the Emergence of Standard Written English in the Fifteenth Century", p. 882.

这些脚本中标准化文件产生。这种书写趋于标准化并非有意策划而成，但随着 15 世纪上半叶国家的贸易变得越来越集中化、专业化，一种无意识的"趋势"自然发展形成。[1]

然而，并不是大法院英语中所有的形式都被现代英语采用了。最显著的是，虽然我们在 14 世纪的北方文件中和 15 世纪 50 年代伦敦和南方地区非大法院文件中看到了 -s 的使用，但在印刷术出现后，第三人称单数还是以 -th 结尾，"be/ben"还在持续使用，而与此同时北方方言和现代标准语已在使用"are"，等等。

大法院书面英语不再是任何一种方言的代表，通常的解释是这种混合物呈现了一种伦敦的口头语言。这种方言以原始的南方方言为基础，由北方移民改进。伯蒂·威尔金森（Bertie Wilkinson）指出，爱德华三世统治时期多数大法院文书来自北部郡县，这种状态在整个兰开斯特统治时期一直如此。[2] 但更重要的影响是，新的官方语言，塞缪尔教授（M. L. Samuels）在其关于中世纪英语方言的研究[3] 中区分出两种早期书面语标准，现在新的官方语言是这两种标准的结合体。第一种是在威克里夫活动的中心产生像拉特沃思和莱斯特这样位于中部郡县中心的地方。这种语言大多数来自威克里夫手稿，并由罗拉德派传播至整个英格兰。最终它被用于萨默塞、多塞特和威尔士等地的世俗散文作品中，到 15 世纪后期这种语言基本没有改变。第二种官方书面语的标准依据的是 14 世纪末在伦敦产生的作品。随着乔叟、高厄和霍克利夫（他们自身是政府公务人员或者与大法院有紧密联系）的使用，这种语言形式变成了大法院英语的近似体（proto-Chancery），这种形式已经区别于绸布商行会使用的 -ly 代替 -lich 以及分词省去 -y 的语言。[4]

---

1 Fisher, J. "Chancery and the Emergence of Standard Written English in the Fifteenth Century", pp. 870-79.

2 艾克沃通过对中世纪伦敦的人口进行研究（参见 Ekwall, E. *Studies in the Population of Medieval London*, Stockholm, 1956）认为，14 世纪从北部米德兰地区前往伦敦的移民影响了伦敦地区的方言。

3 塞缪尔第一次提出了"大法院标准英语"这个概念。他认为这个标准代表了大法院各类人群所讲的方言的综合产物。参见 Samuels, M. L. "Some Applications of Middle English Dialectology", *English Studies* (44), 1963, pp. 81-94.

4 陶特很早就提出 14 世纪的英语文学大多是由那些政府雇员（civil servants of the state）写的。参见 Tout, T. F. "Literature and Learning in the English Civil Service in the Fourteenth Century", *Speculum* (4), 1929, pp. 365-89.

3. 官方英语的影响

直到 16 世纪，几乎所有人的阅读和书写都持续使用拉丁语。由于本国语在书写上缺少一种国家范例，大法院书面语又具有强大的威望且无处不在，因此大法院创立贸易和个人通信的先例不足为奇。

大法院英语的影响深入到了牛津。虽然正规教育仍使用拉丁语，1432 年的一个法令表明在大学中设有辅导教师可供想进入法学院的学生选择。这些教师教授法语写作以及英语辩护。[1] 由于这些科目恰好是法律预备学校教授的科目，我们可以推断出大法院对于大学课外课程的影响。

这种官方语言对私人写作的影响也很多。除少量文学和学术研究，实际上 17 世纪之前的写作大都与商务有关。帕斯顿、斯托纳、西利和普兰顿的所有信札几乎就是现今我们所说的"业务函件"，他们中的很多人是行政官员或者与中央行政有关。其实，斯托纳和西利的文件因诉讼范围的扩大而进入法庭。这些契约和协议贯穿于 15 世纪 50 年代到 60 年代，持续表现出区域化方言特征。时隔不久，大法院和其他政府机关中语言规范的形式开始出现。诺曼·戴维斯观察到的帕斯顿信札中语言中最有趣的是老约翰和小约翰到伦敦法庭工作后，他们在 13 世纪 60 年代开始使用大法院英语。他们使用 -ght 这种拼法，将"rith"、"thowte"拼为"right"和"thought"（有时还矫枉过正，将"write"错误地拼为"wright"，将"doubt"拼为"dowght"），而那些不在法庭工作的家庭成员并未表现出这种变化，凡是去伊顿或剑桥大学的家人则继续使用他们的诺福克郡英语。

从制度上来讲，我们似乎可以看出现代书面标准衍生于 1420 年到 1440 年大法院文书们建立的惯例，并且在 1460 年由专业的抄写员传播至整个英格兰。毫无疑问，这个过程是在 1420 年之前的某段时间进行的。陶特指出乔叟、高厄、霍克里夫、阿斯克（Usk）、贝里的理查德（Richard of Bury）和其他 14 世纪使用英语写作的作者，他们的写作大多遵循大法院标准，他们要么是行政部门的人员，要么与行政部门密切相关。[2] 虽然在那个时代他们的专业书写还是用拉丁语和法语为了确保他们

---

1 Rashdall, H. *The Universities of Europe in the Middle Ages*, ed. F. M. Powwicke & A. B. Emden, 3 vols. Oxford, 1936, 3:162.

2 Tout, T. F. "Literature and Learning in the English Civil Service in the Fourteenth Century", pp. 370-89.

的职位，他们中的大多数也不得不进行英语文书训练。

最后应提到的是，这个时候的官方英语并非现代英语，它的风格，形式，尤其是大小写和标点符号等始终都在演变之中。但15世纪早期的官方英语是这一演变的开端，并对现代英语的拼写、语法和习语的固化产生了重要影响。

第四节　大众语言与官方语言的统一

中世纪晚期，英语（包括口语及书面语）已经在英格兰普通大众中广泛使用，大众语言与官方语言的统一表明英语社会地位得到真正提升。这主要表现在这一时期英格兰学校普遍使用英语；商业合同、个人信件等都出现了英语文本；英语受拉丁语的影响进一步丰富了自身的表达力。英语文学作品在大众中的传播表明英语在这一时期的发展生机勃勃。

一、英语在学校的使用

诺曼征服前，学校的教学语言为英语，教师用英语教授拉丁文法。例如10世纪末期（990年左右）一位重要的文法教师阿尔弗雷克（Alfric of Eynsham）在瑟恩（Serne）学校担任校长。他所编写的文法教材均为英语和拉丁语双语形式，教材讲解以英语为主，拉丁语主要作为文法术语附在英语之后。[1] 但在诺曼征服后，法语代替英语成为学校教学语言。14世纪，《多国编年史》（Polychronicon，写于1327年）作者雷纳夫·希格登（Ranulph Higden）讲到在他生活的年代，法语在学校使用还很普遍。他在第一本书的末尾把英语不受欢迎的部分原因归结如下：

> "他们的母语（英语）日趋没落主要有两个原因。一个原因是学校里来自不同民族的学生被迫放弃自己的母语，转而用法语来学习功课。这种现象从诺曼人来到英国就已经开始了。另外一个原因是乡绅家的孩子从小就开始学习法语，无论是在摇篮里还是玩耍中。

---

1 Orme, N., *Medieval Schools: From Roman Britain to Renaissance England*, New Haven &London: Yale University Press, 2006, p. 42.

乡下人为了让乡绅看得起自己,也竭尽全力教自己的孩子讲法语。"[1]

然而,在黑死病之后,两位牛津大学的男教师在英语教育上率先进行了重大变革。《多国编年史》的译者特烈维萨在上段文字后加了一段简短却有趣的见解:

"这种现象一直持续到第一次大瘟疫时期,然后开始有些变化。这是因为约翰·康维尔,一位文法教员,将文法学校的法语教学改为英语教学。之后,理查德·朋克里奇传承了康威尔的做法,其他教员又传承了朋克里奇的做法。到了 1385 年,也就是理查二世即位的第九年,在所有的英格兰文法学校里,学生们已经放弃了法语学习而改学英语。这有利有弊。好处是学生可以比以前用更短的时间来学习文法,坏处是这些孩子现在的法语知识少得可怜,今后他们渡过海峡达到欧洲大陆后就会遇到很多困难。现在就是乡绅们也对教自己孩子法语不怎么上心。"[2]

我们得知那时约翰·康维尔在牛津大学教拉丁文法,他的名字在 1347 年出现在牛津大学默顿学院(Merton College)的档案记载中,晚些

---

1 这段文字的英语原文为:This apayrynge of þe burþe tunge is bycause of tweie þinges; oon is for children in scole þe vsage and manere of alle oþera naciouns beeþ compelled for to leue hire owne language, and for to construe hir lessouns and here þynges in frensche, and so þey haueþ seþ þe Normans come first in to Engelond, Also gentil men children beeþ to speke Frensche from þe tyme þet þey beeþ i-rokked in here cradle , and kunneþ apeke and playe wiþ a childes broche; and vplondisshe men wil likne hym self to gentil men, and fondeþ wiþ greet besynesse for to speke Frensce, for to be i-tolde of. 引自李赋宁《英语史》附录中有关特烈维萨 1387 年翻译希格登《多国编年史》(*Polychronicon*)的英译本片段。参见李赋宁:《英语史》,商务印书馆,1991 年,第 438-439 页。

2 这段文字的英语原文为:Dismanere was moche i-vsed to 2fore þe firste moreyn and is sippe sumdel i-chaunged; for Iohn Cornwaile, a maister of grammer, chaunged þe lorein gramer scole and construccioun of Frensche in to Englische; and Richard Pencriche lerned þat manere techynge of hym and oþera men of Pencrich; so þat now, þe of oure Lorde a þowsand þre hundred and foure score and fyue, and of þe secounde kyng Richard after þe conquest nyne, in alle þe gramere scoles of Engelond, children leueþ Frensche and construeþ and lerneþ an Englische, and haueþ þerby auauntage in oon side and disauauntage in anoþer side; here auauntage is, þat þey lerneþ her gramer in lasse tyme þan children were i-woned to doo; disauauntage is þat now children of gramer scole conneþ na more Frensche þan can hir lift hecle, and þat is harme for hem and þey schulle passé þe see and trauaille in straunge lands and in many oþer places. Also gentil men haucþ now oche i-left for to teche here children Frensche. 引自李赋宁《英语史》附录中有关特烈维萨 1387 年翻译希格登《多国编年史》(*Polychronicon*)的英译本片段。参见李赋宁:《英语史》,商务印书馆,1991 年,第 439-441 页。

时候，理查德·朋克里奇也出现在该档案中。[1] 这种变革可能是由于当时的文法学校缺乏有实力的拉丁语老师而被迫使用英语教学。不管怎样，英语在 1349 年开始在学校使用，1385 年后变得更为普遍。

二、英语在书面语中的应用及新的读写群体的出现

14 世纪末 15 世纪初，英语书面语在遗嘱、个人信件、行会行规（参见第三章第二节）、商务合同等大众用的书面语中出现。英语地位逐渐得到提升的最重要一步就是其在书面语中的使用。在 1400 年之前英语遗嘱很罕见，1383 年出现了最早的英语遗嘱。肯特伯爵在 1397 年、斯塔福伯爵夫人 1438 年均用英语写了遗嘱。亨利四世、亨利五世、亨利六世的遗嘱都是用英语写成。[2] 最早的英语信件出现在 14 世纪后期，在 1400 年之前也和遗嘱一样很少见到。英语信件首先出现在 1420 年到 1430 年间的帕斯顿信札（具体参见下文）和斯托纳信函中。1450 年后英语信件已经比较普遍。

15 世纪也出现了用英语编写的城镇、行会和许多中央政府分支机构的档案。大约 1430 年许多城镇将其法令和海关条令翻译成英语，写合同普遍使用英语是在 1450 年之后。这一点与行会十分相似。早在 1345 年英语与法语就被用于伦敦胡椒香料商的商务文本中。在约克关于手工业的决议开始用英语编写大约是在 1400 年以后。在 1422 年，一个伦敦酿酒商用英语书写道：

> "既然我们的母语在当代已经羽翼丰满、备受推崇，我们最伟大的国王亨利五世在他的信件中以及其他涉及个人事务中非常愿意使用英语，包括用英语宣布自己的遗嘱。为了更好地提高自己臣民的语言能力，国王陛下孜孜不倦地通过书面形式力争使日常习语（以及英语的其他用法）为广大人民所接受。现在很多具有英语读写能力的酿酒商用英语写相关商务文本，但是还有一些用拉丁语和法语写成的文本对于他们来说则比较困难。这一现象使得贵族院和平民院都开始用英语颁布法案。我们酿酒商也效仿议会，开始用英语书

---

1 Baugh, A. C. & Cable , T., *A History of the English Language*, Routledge & Kegan Paul, 1978, p. 147.

2 上述遗嘱都可以在 J. Nichols 的 "A Collection of All the Wills... of the Kings..." (London, 1780) 一书中找到。

写相关文本。"[1]

这一决议表明伦敦商人不但已经意识到用英语作为书面语的必要性而且为使用英语感到很自豪。

15 世纪，随着民众读写能力的提高，新的读写群体已经出现。我们可以从著名的帕斯顿信札进行考察。帕斯顿信札是英国诺福克地区一个大家族的三代人信件总称。这个家族处于从农民阶层向底层贵族发展的过程之中，时间持续达 400 多年，信件规模达到 20 多万字。另外，由于帕斯顿信札之间均为亲友之间的往来，信中包含很多双方不言而喻的背景内容，所以现在局外人阅读这些书信有一定的难度。信件内容涉及诸多私人事宜，如子女、交易、当地治安以及本家族与当地贵族之间的土地纠纷等等，是研究中世纪英国新兴乡绅阶层读写能力状况的珍贵资料。

由于缺乏统一的标准作为语言使用规范，帕斯顿信札的普遍特征是在拼写和标点符号上都有很大的随意性。以 1459 年 12 月 24 日玛格丽特·帕斯顿写给丈夫的信为例。（见图 3.6）这封信的语句很长（第一段只有两个句子），结构松散，基本上就是心中想说的就同步写出，没有经过严格书面化，有时候句子中的宾语会放在谓语动词的前面（例如第三段的"shall not at hom be for Crystemes"，规范语序应该为"shall not be at home for Christmas"）。这种文体基本上属于一种非正式的文体，存在于处于形成过程中的新兴乡绅中产阶级以及那些不再依赖抄写员、已经具备基本读写能力的社会群体。[2] 从这个意义上说，帕斯顿信札中的非正式的文体特征与现代英语口语特征非常类似。还需要说明的是，帕斯顿信

---

1 这段文字的英语原文为：Whereas our mother tongue, to wit, the English tongue,hath in modern days begun to be honorably enlarged and adorned; for that our most excellent lord king Henry the Fifth hath, in his letters missive, and divers affairs touching his own person, more willingly chosen to declare the secrets of his will [in it]; and for the better understanding of his people, hath, with a diligent mind, procured the common idiom (setting aside others) to be commended by the exercise of writing; and there are many of our craft of brewers who have the knowledge of writing and reading in the said English idiom, but in others, to wit, the Latin and French, before these times used, they do not in any wise understand; for which causes,with many others, it being considered how that the greater part of the Lords and trusty Commons have begun to make their matters to be noted down in our mother tongue, so we also in our, following in some manner their steps, have decreed in future to commit to memory the needful things which concern us. 参 见 Herbert, W. *The History of the Twelve Great Livery Companies of London* (2 vols., London,1834–1836), I, p. 106。

2 Crystal, D. *The Stories of English*, Penguin, 2004, p.179.

件中许多作者都是女性。这一现象在当时读写特权属于上层男性或男性抄写员的英国是一个非常重要的突破，女性作者的出现也标志着英国读写民众群体的进一步扩大、英语语言的影响力也不断在增强。

原件扫描件	原文
	Ryght worschipful husbond, I recomaund me on-to you. Please it you to wete that I sent your eldest sonne to my Lady Morlee to haue knowlage wat sportys were husyd in here hous in Kyrstemesse next following aftyr the deceysse of my lord here husbond. And sche seyd that þere were non disguisingys nere harping nere luting nere singin, nere non loude disportys, but pleyng at the tabyllys and schesse and cardys, sweche disportys sche gave here folkys leave to play, and non odyr. I pray you that ye woll asay to gett sume man at Castere to kepe your botry, for the mane that ye lefte wyth me woll not take up-on hym to breve dayly as ye commandyt. He seyth he hath not vsyd to geve a rekenyng nothyre of bred nor ale till at the wekys end, and he seyth he wot well that he shuld not con don yth; and therfore I suposse he shall not abyd. And I trowe ye shall be fayne to porveye another man for Symond, for ye hare nevere the nerer a wysse man for hym. I am sory that ye shall not at hom be for Crystemes. I pray you that ye woll come as sone as ye may. I shall thynke my-selfe halfe a widowe because ye shal not be at home, &c. God haue you in hys kepyng. Wretyn on Crystemes Evyn. By your M. P.

图 3.6　1459 年 12 月 24 日玛格丽特·帕斯顿给她经常外出办事的丈夫所写的信 [1]

三、官方语言在大众语言中的普及

　　与帕斯顿信札相比，当时的官方书信措辞较为程式化，使用了不少复杂而又正式的称呼语和结束语。总体用词考究，包含了同义复合词组，

1　图片源自大英图书馆（http://www.imagesonline.bl.uk/britishlibrary/）

信的结构也非常严谨完整。虽然官方语言与大众语言在文体上有着明显差异，约定俗成的语言使用习惯还在自然发展，我们还是要看到随着英国社会经济的发展，官方语言在大众语言之中的普及或两者之间的融合已不可避免。我们从以下几个方面来分析。

1. 社会经济文化活动的繁荣

在正式文体特征和非正式文体特征存在的同时，英语的使用也随着民众社会交往的网络化程度加强也达成更多的共识。社会语言学的相关研究认为，社会网络向心力越紧密，语言共识也就越强。[1] 而民众社会交往的前提是英国社会经济的进一步发展繁荣，从当时伦敦的文化产业来考察，在 15 世纪初期，伦敦的圣保罗教堂附近的潘特诺斯特街（Paternoster Row）就成为图书出版、印刷和销售的发源地，到 15 世纪末就已经非常繁荣，成为相关行业的中心。附近从事法律文书写作的抄写员纷纷在此开设店铺招揽生意，而当时的政治中心威斯敏斯特就与潘特诺斯特街相距不远。另外，这一点还可以从律师、医生、商人、政府雇员、法官以及其他社会职业群体所书写的文献增长情况看出。例如，现存用英语书写的医学文献中，在 13 世纪只有 20 份，在 14 世纪就已经有了 140 份，到了 15 世纪则达到 872 份。[2] 在众多的文献中，很多都是涉及重要内容的，例如国家或当地历史事件、文学翻译、游记、政治宗教手册、法庭判决以及资产报告等等，这也表明英语的适用范围正在扩大。

随着读写能力在社会上得到越来越多的重视，许多人开始从事抄写工作。1373 年，法律文书抄写员的行会成立，1442 年，宗教文书抄写员行会成立。在 1370 年至 1500 年之间，伦敦地区从事文具和图书的商人或工匠有 260 多家。[3] 这些人的业务活动互相交织在一起，互相竞争又互相学习，为官方英语的推广普及奠定了重要的社会基础。

1　Milroy, L. & J. Milroy. "Socialnetwork and Social Class: Towards an Integrated Sociolinguistic Model", *Language in Society* (21), 1992, pp. 1-26.

2　Claire, J. "Elaboration in Practice: The Use of English in Medieval East Anglian Medicine". In Jack Fisiak and Peter Trugill. (eds.) East Anglian English. Cambridge: Brewer, 2001. pp. 163-77.

3　Crystal, D. *The Stories of English*, Penguin, 2004, p. 231.

2. 政府机构的运作模式强化了英语标准化进程

12 世纪中期，亨利二世（1154–1189）的法律及经济改革对政府机构的运行产生了重要的影响。亨利二世即位前是阿奎那公爵，即位后他仍然需要大量精力、财力和物力管理欧洲大陆的安茹帝国（Angevin Empire）。因此，国王离开英国期间政府机构的正常运行就至关重要。为了做到这一点，整套行政体系不断被改进：司法大臣（justiciar）、大法官（chancellor）、郡长（sheriff）等各级官员需要记录他们各自的公务活动，并形成档案记录备查。税吏们对各种税收、罚金、租金的缴纳和管理也需要大量的文书，而日趋成熟的法律体系和法庭制度更产生了大量的法律文书，包括各种令状的草拟与颁布、请愿书的撰写、各种特许状的颁布等等。英国王室的行政机构在运行过程中产生的文书档案在 13 世纪就已经大量出现，各种政府文书的草拟、撰写和抄写已经司空见惯。

这些行政机构、宗教团体、商业行会的文书有着很多特定的文体，并随着行政机构运行网络从伦敦辐射到全国各地。这些文书由于与当地的方言用法不尽一致，有时候当事者还得请当地一些专业人员进行解释。但是，只要这些行政机构持续运行，这种文体所产生的影响就会继续。

还以大法院文书为例。15 世纪的大法院发出的文书不仅仅涉及法律裁决，而是包括很多其他行政事务，这些文书的特征是语言表达简洁、准确，因此大法院文书所使用英语影响的人群也非常广泛。另外，当时的几所专门文法学校已经在专门培养抄写员，如圣保罗教堂的圣马丁学校、圣玛丽学校，伦敦的修道院学校，如方济会学校、多明各会学校以及加尔默罗会学校等。这些学校所培养的抄写员进一步把学到的写作规范应用到正式文书之中，英语标准化的进程随之不断推进。

实际上，在盎格鲁 – 撒克逊时期，法律文书的标准化传统就开始显现。当时的政府机构已经有一些专门从事文书写作的人员。通过对古英语时期的法律令状所具有的语言特征进行分析[1]可以看出，一条涉及罪名及相应处罚的裁决往往使用条件句加主句的句式，并且这个特征并不随着人员和地点的改变而改变。例如：*Gif man Þone man ofslæhð, XX*

---

[1] Richards, M. P. "Elements of a Written Standard in the Old English Laws". In Trahern, Joseph B. (ed.) *Standardizing English*. University of Tennessee Press, 1989, pp.1-22.

scillingum gebete. (If a man kills another man, he must pay twenty shillings. 如果一个人杀了另外一个人，他必须被罚 20 先令)。下面是一份 1436 年的请愿书，其中包含了多处大法院英语文体特征：

> Please hit to the Wisedomes and hye discrecions of the Worshipfull Comunes in this present parlement assembled to consider two grete meschiefs nowe in late days bygonnen by vntrywe lyvers and people with owte consciens and yet dwelling in the Burgh of Suthwerk in the Shire of Surrey/ Oon is that howe nowe late by Auctorite of parlement was ordeyned and stable that no person that had dwelled at the commune Stywes shulde hald any coune hostryes ne commune Tavernes with yn the saide Burgh ne thay shulde not passé in no maner enquestes with yn the saide Shire safe only at the saide coume Stywes the whiche ordenaunce hath been to grete weel of alle the honest people of the saide burgh and Shire and put awey mony and grete periuries robbereys and other inconueniences...

这些特征有：动词的过去式以 -ed 为典型后缀（如 "assembled"、"dwelled"、"ordeyed"），动词的现在分词以 -ing 为典型后缀（如 "dwelling"），第三人称单数以 -th 为典型后缀（如 "hath"），副词形式以 -ly 取代了 -li、-lich 而成为典型后缀（如 "only"）；拼写方面，"any"取代了 "ony"，"whiche" 取代了 "wiche"，"shulde" 取代了 "schulde"，"saide" 取代了 "seide"，等等。[1] 可以看出，大法院文书英语所表现的特征已经很接近现代英语形式，标准化的趋势非常明显。

四、英语表达进一步丰富及英语文学的大众化

14、15 世纪，英语语言的表达能力进一步增强。除了我们在第二节提到的因素外，这一时期大量拉丁语被借用到英语中，对英语语言的丰富起到重要作用。中世纪英语中大量词汇直接或间接来自于拉丁语（参见附录）。拉丁语是神职人员和学者的口语，所以有些拉丁词汇可能通过他们的交谈进入英语口语。中世纪英语词汇有来自于法语的，但法语词的最终来源还是拉丁语。诺曼征服后拉丁语对英语的影响通常被认作

1　Crystal, D. *The Stories of English*, Penguin, 2009, p. 236.

第三时期的拉丁语影响，主要通过书面语来获得认可。在特烈维萨的译作中，我们可以看到有几百个从拉丁语中借用的词汇，它们之前未在英语中出现过，而是初次使用。14、15 世纪有大量的拉丁语被借用到英语中。这些拉丁语词主要是关于法律、医学、神学、科学和文学方面的词汇。多数词在起初是用作专业术语但后来其应用变得越来越广泛。许多以诸如 -able、-ible、-ent、-al、-ous、-ive 等结尾的词再经过法语的强化，现在已在英语中成为普通词。15 世纪前半叶，一位作家抱怨从拉丁语译到英语不是一件简单的事，因为"拉丁语中有很多词，很难从英语中找到对应的（there ys many words in Latyn that we have no proper Englysh accordynge therto）"[1] 威克里夫和他的助手引入了 1000 多个先前在英语中未出现过的拉丁词汇。因为有许多词都是出现在威克里夫翻译的《圣经》中，在后来翻译作品中又得以沿用，使得这些词成为普通用词（参见第四章第一节）。总起来看，这一时期进入英语的拉丁语词要比人们一般意识到的多。

再来看一下大众语言与官方语言统一在文学发展中的体现。最能体现英语书面表达力的是英语文学。14 世纪后半叶，各个阶层普遍使用英语，英语文学发展很快，可以说达到了中世纪英语文学成就的顶峰。1350 年到 1400 年是"伟大的独立作家时期"（The Period Of Great Individual Writers），这些作家以杰弗里·乔叟为主要代表。[2] 乔叟是莎士比亚之前英国最伟大的诗人，他著名的作品《坎特伯雷故事》以及其他诗歌刻画了当时形形色色的人物和事件，成为英国民族文学的奠基作品（参见第四章第二节）。英国诗人威廉·朗格兰（William Langland）、社会寓言家农夫皮尔斯（Piers Plowman）、圣经的英译者约翰·威克里夫（John Wyclif）等，写出了一大批富有影响力的作品；另外，有些诗人虽不知姓名，但写过中世纪最好的英语浪漫文学《高文爵士和绿衣骑士》，还写过三首关于美的寓言和宗教诗歌，其中包括《珍珠》。这些成就使得14 世纪后半叶成为中世纪英语文学的重要时期，有力地证明了英语在社会上已拥有自己的重要地位。

1　Abbey, S., Blunt, J. & Gascoigne, T. *The Myroure of Oure Ladye, EETSES*, 1873, 19, p. 7.

2　Fennel, B. A. *A History of English*, Blackwell, 2001, p. 167.

15 世纪被称作"模仿的时期"（Imitative Period），因为那时好多诗歌都是在模仿乔叟的风格；这个世纪也被称作"过渡时期"，因为它涵盖了乔叟和莎士比亚之间的时期。其实，这个时期利德盖特（Lydgate）、霍克里夫（Hoccleve）、斯科尔特（Skelton）和豪斯（Hawes）都取得了不容忽视的成就。在 15 世纪末期，马拉维（Malory）、卡克斯顿（Caxton）、北方的苏格兰乔叟派作家如亨利森（Henryson）、邓巴（Dunbar）和林德赛（Lindsay）等都创作了有影响力的作品。这些作家对进一步规范和丰富英语表达做出了重大贡献。

总之，中世纪晚期，尽管法语、拉丁语仍然占主导地位，英语已在社会各界得到广泛应用，成为英格兰社会重要的语言之一。但英语的统一或者说英语标准化尚未完成。各地方言差异仍然很大，标准英语的形成并不是这几代人能够完成的。到 15 世纪末，英语标准化仍然处于初级阶段。

第四章
早期现代英语语言的基础

  继古英语及中世纪早期和中期英语跌宕起伏的发展之后，到中世纪晚期及现代早期，英语已经赢得了一个适合自身发展并上升为官方用语相对有利的社会环境。在这个历史时期为现代英语语言科学铺上奠基石的则是威克里夫、乔叟、卡克斯顿以及莎士比亚，他们通过翻译《圣经》、从事文学创作及引进印刷术并发展出版业使英语从不规范走向规范，从只是老百姓的口头语言发展成为社会各界使用的书面语，最终上升为英格兰民族语言。

第一节　威克里夫与英译《圣经》

  威克里夫被誉为宗教改革的晨星，他虽然不是第一位翻译《圣经》的学者，但却是第一位通过翻译《圣经》规范英语语法的学者。威克里夫的翻译打破了罗马教会通过拉丁语对教会的控制。

一、英语语言发展中的基督教因素

  中世纪英国的宗教传统一直深受罗马基督教会的影响。英国所属的不列颠诸岛在罗马帝国统治时期是隶属于帝国的一个边远行省。迟至公元 4 世纪，罗马军团撤出不列颠之前，基督教已在不列颠城镇和乡村传播。伴随着西罗马帝国的灭亡，不列颠诸岛遭到盎格鲁、撒克逊、朱特等蛮族人的入侵，英格兰的基督教会也随之归于沉寂。在这种形势下，罗马教会开始转向盎格鲁 – 撒克逊人传教。[1] 公元 596 年，奥古斯丁受罗马教廷派遣带领 40 名修道士前往不列颠传教，幸运的是，奥古斯丁的传教活动一直没有受到太大阻碍，英国民族的历史从此与基督教结下不解之缘。

基督教确立后，英国修建大批教堂和修道院，这些场所为英国提供了发展多学科教育的机会。教堂的神职人员随之成为英国文化史中第一批知识分子。他们在宣扬基督教教义的过程中写了大量的宗教诗歌，同时也整理了民间诗歌。著名史诗《贝奥武甫》就是一位不知名的僧侣诗人根据民间口头流传整理加工并开始流传的。[2] 比德在《英吉利人教会史》中曾记载当时的僧侣人员不仅精通神学，还可以讲诗歌、天文学和算术。修道院还鼓励人们用本族语写作等。[3] 僧侣们所做的工作对英语语言的发展来讲是一次文化革命，他们把拉丁语、希腊语或希伯来语的宗教词汇带入不列颠，不但丰富了英语的词汇（其中有 400 多词沿用至今）而且提升了英语表达抽象概念的能力。奥古斯丁传教前，古英语表达的多是如太阳、月亮、冷、热等日常用词，而传教后古英语中如"disciple"（信徒）、"martyr"（殉道者）、"psalm"（赞美诗）等可以表达复杂思想的词就开始增加。[4]

在诺曼征服前的古英语时期，各地方言并不能在彼此间实现有效沟通，更不能作为英吉利民族得到统一的标志。[5] 诺曼征服加快了英国封建制度的发展。威廉建立起以封建骑士领有制为核心的金字塔式的封君封臣体制。[6] 由于英国所属的不列颠诸岛远离欧洲大陆，英国人能够在西欧

1　罗马教会向盎格鲁 – 撒克逊异教徒传播基督教的内容在第一章第一节已有阐述。具体内容参见 Mayr-Harting, H., *The Coming of Christianity to Anglo-Saxson England*, the Pennsylvania State University Press, 1991, pp. 51-78.

2　陈才宇：《古英语与中古英语文学通论》，商务印书馆，2007 年，第 2-3 页。

3　罗伯特·麦克拉姆：《英语的故事》，秦秀白、舒白梅、姬少军译，暨南大学出版社 1990 年，第 67-70 页。

4　同上。

5　李赋宁：《英语史》，商务印书馆，1991 年，第 36 页。

6　Green, J. R. & Green, A. S. *The Conquest of England*, New York, 1884, p. 457.

宗教机构和封建割据势力肆虐之际造就自己独特的地方管理体制。从诺曼征服直到中世纪晚期，英国再未受到外来入侵者的骚扰，社会发展相对安宁，王权始终是国家权力的中心。在这种政治环境影响下，中世纪的英国几乎不存在精神世界与世俗政府分开的情况，主教与修道院院长是王权所倚重的重要政治力量，王室任命高级教士的做法在大部分的时间里得到了广泛的承认。从这种意义上说，英国可以被视为一个由国王统治的统一教会国家，教会人士在英国基督化过程中对古英语发展所起的重要作用自然也就不难理解了。

中世纪的英国国王尽可能地将教会置于君权的控制之下，而教会为获得庇佑，也积极致力于运用神学理论为王权服务。但西欧基督教会毕竟是一个以教皇为神权领袖，组织完善、制度特殊的国际性宗教组织，11 世纪罗马教会改革之后，英国教会中的改革派成员不再满足于处于神命王权的庇佑之下，而是要摆脱王权对教务的干预，主导并支配教会财产，从而谋取更大的政治权力。作为基督教会的宗教领袖，教皇开始积极干预包括英国在内的各地区世俗事务。[1]这一举动加剧了英国教、俗权力之间的矛盾，进而演变成以教皇为首的教皇国和以国王为首的英格兰王国之间的国际性冲突，给英国世俗君主政体的建立与民族国家的形成带来了极大的阻碍。

中世纪英国的历任国王皆热心于教会事务、安插亲信担任高级教职，目的在于最大程度上去控制教会的税收，与此同时也可以通过高级教士的政治影响力来稳固王权。英王威廉二世（William Ⅱ，1087–1100 年在位）在位时期，其执意拖延任命高级教职时间长达数年之久，为的就是将教会的收益悉入国库；1256 年亨利三世（Henry Ⅲ，1216–1272 年在位）执政期间，收取了 5 年全不列颠王国教士的第一年俸禄。[2]罗马教会有向英国教会征税的传统，但多数情况下，英王才是教皇税收的最大收益人，以教皇名义征收的税款实际上大部分归国王所有，在 13 世纪只有在1239–1247 年征收的教皇助金没有被国王截留。[3]由此可见，教会拥有的

1　Eckhardt, C. C.*The Papacy and World Affairs as Reflected in the Secularization of Politics.* Chicago, 1937, p.1.

2　Lagarde, A. *The Latin Church in the Middle Ages.* tran. Alexander, A. New York, 1915, p. 312.

3　刘城：《英国中世纪教会》，首都师范大学出版社 1996 年，第 184 页。

巨额税收与庞大教产能够为英王实施统治提供强有力的经济保障。但 11 世纪罗马教会改革之后，教皇通过整顿教会秩序、反对买卖圣职、完善组织机构，有效抑制了私有教会制的现象，与地方教会加强了直接联系，从而提升了自身的宗教权威。英国教会中也出现了一些为教皇权威辩驳的声音，如朗弗兰克的学生圣安瑟姆（St. Anselmus，1093–1109 年在位）担任坎特伯雷大主教时，英王威廉一世与罗马教皇驻英国的使节就内政问题而发生了激烈的冲突，安瑟姆坚决支持教皇，认为教权应凌驾于王权之上。[1] 教皇在神权权威日益增长的势头下，对英国教会施加影响的能力与日俱增。罗马教会迁往阿维农期间正值英法百年战争之际，阿维农教皇受控于法王，向英国教会安插大量神职人员，控制和影响英国教会。教皇克莱蒙五世在英国两大主教区每两年安插 8 个教职，约翰二十二世时达 40 个；教皇克莱蒙六世 11 年间在英国任命的教职总共超过 1600 人次；这一时期外籍教士在英国教会中比例也很大，到 14 世纪中叶，超过半数的约克主教座堂教士团成员，约四分之一的林肯主教堂教士团成员是外籍教士。[2] 教皇委任圣职数量的增加限制了教产向俗界的转移，导致英国教会每年需向教廷缴纳大量的宗教税，英国王权权威受到重大挑战。

13 世纪，西欧许多地区的世俗君主政体都得到了加强。贸易的复兴、城镇的发展和交换经济的再现，深刻地影响了政府机构的发展，为民族国家的诞生提供了社会经济基础。14 世纪前半期国家与教会发生的冲突亦引发了人们对民族国家合法性的理性支持，捍卫世俗国家主权的政治学说与哲学思想层出不穷，为王权与民族意识的觉醒提供了理论基础。国家逐渐摆脱掉了宗教给它披上的神学外衣，并显露出了"自然"的本质。英国王权日益强大，英国教会所享有的封建特权也变得越来越软弱无力。从爱德华三世（Edward III，1327–1377 年在位）起，历任英王皆颁布一系列的反教皇法令，不断强化王权。法案的颁布打击了教会的司法特权，削弱了教皇的影响，壮大了国王的实力。[3]1351 年英王和议会制定了"圣职委任法"，规定主教职及其他教职的选举不受教皇的干预。某一教职如已由当局委任人员担任，而教皇又另有委任，那么这位教皇直

1　伯兰特·罗素：《西方哲学史》（上册），何兆武、李约瑟译，商务印书馆 1961 年，第 509 页。

2　刘城："中世纪欧洲的教皇权与英国王权"，载《历史研究》，1998 年第 1 期，第 107 页。

3　Roberts, C. D. *A History of England I: Prehistory to 1714*, New Jersey, 1985, p. 125.

委圣职受任人将受关押，直到他放弃这一职位。这条法令不可避免地导致教权同王权之间的纠纷。1353 年英国进一步立法，称为"禁止擅自行使教皇司法权法"（Procmunire），禁止公民向王国国境外上诉，违者剥夺公民权。虽然这些法律条款大多是一纸空文，但它们表明在英国一种精神力量在成长；1366 年议会不再承认国王约翰 1213 年有权臣服于教皇，使王国成为教廷的属国。[1] 英国教会在民族国家形成的潮流下也逐渐被打上了"民族"的烙印。

　　诺曼征服后英格兰的语言发展也伴随民族宗教的发展，经历了从拉丁语、法语、英语约三百年的三语共用时期直至英语民族标准语形成。这一过程及其缓慢，没有明确的时间界限。学界一般认为 11 至 13 世纪是英国三语共用时期（参见第二章第二节内容）。诺曼征服给英国带来封建制度的同时也带来了法语。法语主要在社会上层使用，常用于文学作品和官方文件。对英国人来说，法语这一统治阶层使用的语言虽为外语，但要想与统治阶层交流就必须学会使用。拉丁文在整个中古英语时期用于教会和知识界，而英语在教会事务中只用于一些特殊的情况，所占比例很小。它的使用场合依然多在口语中。因此，若论这三种语言的社会地位，英语远不及拉丁语和法语。在 13 世纪之前从语言上很难判断一个人是英格兰人还是法国人，因为无论是首都伦敦还是巴黎，法语都是英格兰上层的语言。13 世纪以来，随着英法两国之间的冲突与战争，那些当年被法国国王剥夺了地产的贵族和骑士越来越意识到不能再与法国人为伍，不能再做他们的附庸。于是，在爱德华一世鼓动下，诸如"若清除英吉利语言会遭上帝的谴责"、"英格兰应当是英格兰人的"等爱国口号在英格兰很快流传开来。

　　民族宗教是民族国家诞生的重要标志之一，用本民族语言诠释宗教信仰、解读宗教信条、传播宗教理念是民族宗教形成的前提条件。在民族宗教形成的过程中，由于伦敦从中世纪后期起就因是行政、商业、文化中心而成为英国无可争议的首都，以伦敦为基础的民族标准英语逐渐成为推广宗教信仰的新的用语，并取得了长足的发展。例如，理查一世统治时期（1189–1199）一个诺曼出身的主教曾严厉地谴责另一个诺曼

---

1 Walker, W. *A History of the Christian Church*, New York, 1918, p. 265.

出身的主教，因为他不会说英语；[1] 在 13 世纪，约克的主教拒绝把教会职位让给不会说英语的人，[2] 说明当时到 13 世纪教会也已把英语当做同其他阶层交流的必要语言，拉丁语已经不再是一枝独秀。到 14 世纪，英语已基本确立了它在国家生活和社会生活中的地位。这一时期，教士不仅用英语布道，在诗歌写作及历史著作等方面都有用英语替代拉丁语或法语的代表性作品。使用英语反对法语的民族情节已在宗教诗歌中有很多体现。成文于 1300 年前后中世纪长篇宗教诗《世界的运行者》（*Cursor Mundi*）的章节中，推崇英语、抵制法语的民族情绪弥散其中：

> 出于对英国人民的爱，
> 出于对英国本土人民的爱，
> 本书被译成了人人可懂的英语。
> 因为我读到的诗歌均为法国人而写，
> 那些不懂法语的人又有何可读？
> 在英国的民族之林，
> 英吉利民族浩浩荡荡，
> 使用最多的语言就最应该得以传播。
> 英吉利人的语言很少受宠于法国，
> 让我们讲自己的语言。
> 用英吉利人人皆懂的语言创作，
> 我不认为对他们有什么坏处。
>
> （《世界的运行者》序诗 II. 232-50）[3]

---

1 Emerson, O. F. *An Outline History of the English Language*. Kessinger Publishing, 1906, p. 60.

2 同上。

3 本节英文为 Pis ilk bok es translate Into Inglis tong to rede For the love of Inglis lede, Inglis lede of Ingland, For the commun at understand. Frankis rimes here I red Comunlik in ilka sted; Mast es it wroght for Frankis man, Quat is for him na Frankis can? In Inglandthenacion, Es Inglisman þarin commun; Þespecheþatman wit mast may spede; Mast þarwitto spekewar need. Seldenwas foranichance Praised Inglistong in France; Give we ilkanþarelangage, Me think we do þamnon outrage. To laud and Inglishman I spell Þatg understnades þatI tell. (Cursor Mundi, Prologue, II. 232-50) 参见 Baugh, A. C. & Cable T. *A History of the English Language*, Routledge & Kegan Paul, 1978, p. 138。

用来限制王权的《牛津条例》（1258 年在牛津通过决议）用拉丁语、法语和英语写成，拉丁语在当时仍旧是书面用语，法语的书面形式是否采用这里不得而知，但可以确定的是这一条例当时是以英语的书面形式发送给各郡郡长（sheriffs）去向公众散播的，教会人士自然也需要理解其中的含义而且要用英文传播给周围的人。[1] 可以看出，教会要求教士去应用英语，以便顺应社会发展的需要。在历史著作方面，中世纪全书式的牧师约翰·特烈维萨在 1375 年把希格登（Higden）用拉丁文写的《多国编年史》首先翻译成英语。继他之后，在 1432–1450 年间又出现第二部译著；第三位译者是将印刷术引入英格兰的商人威廉·卡克斯顿（Caxton）。他在特烈维萨译作基础上又加了第八册。这三部不同时期的译作都很有历史价值，反映了 14 世纪晚期及 15 世纪英语语言的历史变迁。到 15 世纪，英语文学作品中如散文多数仍然是宗教作品，流传至今的世俗作品很少。

以上提到的宗教作品无疑对英语上升为英格兰民族语言起到了重要推动作用，这里最应提到的是 14 世纪英格兰牛津神学家约翰·威克里夫（John Wycliffe，1324 ?–1384）及其追随者罗拉德派。威克里夫提出"以《圣经》的权威取代教会的权威"，[2] 教会钦定的拉丁文《圣经》应译为英文以便人人均可阅读《圣经》。在他的倡导下有两种英文版《圣经》出现，即尼古拉·赫里福德的早期译本及约翰·珀维的后期译本，首次正面挑战拉丁语作为教皇权威传媒工具的地位。罗拉德派活动范围很广，以秘密集会、讨论英文版圣经以及传抄教会禁书等方式宣传他们的观点。《圣经》英译本特别是后期译本语言流畅通俗易懂在民间流行很广。尽管威克里夫领导的宗教改革运动遭镇压而失败，但他领导其追随者英译《圣经》并带领民众阅读圣经的活动为英语民族语言的形成与发展做出了重要历史贡献。

二、威克里夫与英语语言的规范

1320 年左右，约翰·威克里夫（John Wycliffe）出生于英国约克郡

1　Baugh, A. C. & Cable T. *A History of the English Language*, Routledge & Kegan Paul, 1978, p. 126.

2　柴惠庭：《英国清教》，上海社会科学院出版社 1994 年，第 47 页。

(Yorkshire) 西莱丁 (West Riding) 威克里夫 (Wycliffe upon Tees) 农庄。他的家族是庄园领主，在地方上有权势，所以该地的地名才和他家族的姓雷同；该家族同时亦是圣公会教区的赞助人。威克里夫于 1345 年到牛津大学的墨顿学院就读，并于 1362 年在牛津大学的贝利奥尔学院完成硕士学位。其后，威克里夫于 1372 年又以全优的成绩取得博士学位，成为牛津大学著名的学者、哲学家和神学家，并担任过牛津大学巴略勒学院院长。由于学识渊博，威克里夫还担任英王的侍从神父。[1] 英王爱德华三世之子冈特的约翰 (John of Gaunt) 与威克里夫家族关系密切，这也可以解释后来约翰出任威克里夫庇护人的原因。

威克里夫严厉批评教会过于和执政掌权者亲近、政教不分，教会腐化严重。他认为应该剥夺教会的财富，攻击主教的特权，反对教皇的权力，否定变体论。这些激烈的政治和宗教观点严重威胁了教会的权威和利益，引发了教皇及圣职人员的强烈不满和紧随其后对威克里夫的残酷迫害。1381 年农民起义 (Peasants' Revolt of 1381) 后，威克里夫更是受到了猛烈攻击，他被驱逐出牛津大学，作品被禁，手稿被焚，许多信徒也被处以火刑，威克里夫在 1384 年 12 月 31 日因中风在卢多倭 (Lutterworth) 去世。

威克里夫的宗教改革思想的产生有着深刻的社会历史背景。随着 1204 年约翰王失去诺曼底等领土、英国与法国的政治、经济矛盾日趋激化。与此同时，英国的工商业快速发展，资本主义以纺织业为突破口不断开拓海内外市场，新兴的市民阶层开始形成并逐渐壮大，英国民众的个人主义与民族自信心随之酝酿和上升。随后的双方百年战争更是加速了民族意识萌生和迅速成长。而当时的罗马天主教会成为了英国民族发展的严重威胁和主要障碍。基督教东派教会与罗马天主教会大分裂 (the Papal Schism) 长达 40 年 (1378–1417)，宗教门派林立、秩序混乱，教会机构日趋腐败，圣职人员生活奢华，忙于敛财。在此背景下，威克里夫提出了富于英国民族精神的宗教改革思想，即《圣经》为信仰的唯一源泉，否定教会绝对权威，反对教会干涉俗务，反对教士置办产业。威克里夫提出教产应该世俗化，谴责大多数教士因担任高官或占有地产而不再恪守教士生活规范。他否认教士有赦罪权，要求简化教会礼仪。他的

1　Hanks, G. *70 Great Christians—Changing the World*, Christian Focus Publications Ltd., 1992, p.102.

主张代表了英格兰社会各阶层的利益，为其赢得了包括国王爱德华三世及其贵族在内等众多社会阶层的支持。

这场宗教改革运动始于威克里夫及其信徒于对世俗神学方面的激烈挑战。1370 年前后，牛津大学几位学者故意挑战宗教秩序而改用英语布道，标志着这一方面的争论开始发轫。为了宣传自己的思想并和教会进行斗争，威克里夫进行了大量创作。除拉丁文作品外，威克里夫一共用英语写了 294 篇布道书，2 篇短文以及 33 篇其他作品。威克里夫认为当时的罗马教会为了敛财和愚弄民众而歪曲《圣经》内容，妨碍教徒真正理解基督教义。因此，他提出一切应回归到《圣经》本义，以《圣经》文本的真实解读为信仰生活的准则。鉴于教会钦定的拉丁文《圣经》仅为少数受过教育的教士和俗人所理解，而不能在不懂拉丁文的普通民众之间流传，威克里夫遂与数位朋友在 1380 到 1382 年间开始合译英文版本《圣经》，同时也将相关教义资料用英文编纂，并由信徒传抄到英国各地。[1]

威克里夫用英语写成的宗教作品都是在他生命最后的六七年之间写成的。因为威克里夫在此之前作为牛津大学的学者一直用拉丁语写作，但是威克里夫逐渐注意到了乔叟和高厄用英语写作的尝试和成功，随着英语在英国上层社会的使用地位与法语相比不断上升，他尤其关注下层民众是否能够读懂用他们自己语言写成的《圣经》。他说："如果法国人有法语版的《圣经》，为什么英格兰没有？为什么在《约克的神秘剧本》（*York Mystery Plays*）可以听到用英语对上帝的祈祷，而为什么整个《创世纪》就不可以？"[2] 他倾尽全力所推动的《圣经》英译事业也激励他使用英语进行创作和布道。最重要的是，为了启蒙和号召不懂拉丁语的平民加入到反击攻击他的教会敌对派的队伍之中，威克里夫就必须使用平民的母语也就是英语进行战斗。图 4.1 是威克里夫英译《圣经》的不同手抄本。

1　Schwarz, H. *The Christian Church*, AUGSBURG Publishing House, 1982, p. 174.

2　Crystal, D. T*he Stories of English.* Penguin, 2004, pp. 238-40.

威克里夫英译《圣经》手抄版本一 [1]	威克里夫英译《圣经》手抄版本二 [2]

图4.1　威克里夫英译《圣经》的不同手抄本

　　威克里夫对英语的影响程度可以从教会对他的态度转变中看出：当威克里夫先前用拉丁语写作，批评教会对待英语的态度、教会腐化、教皇权威以及对罗马教会"化质说"（transubstantiation）进行强烈质疑时，教会对威克里夫不屑一顾、无动于衷，而当威克里夫用英语写作和布道时，教会大为震怒，群起而攻之。[3] 因此，英语在威克里夫看来是进行宗教改革的利器。多明我教会伦敦修道院院长托马斯·帕尔默（1371–1415）恼怒之中用拉丁语写道："英语不只是缺乏字母，而且没有任何英语单词或短语可以精确对等拉丁语《圣经》中那些最著名、最常用的意义表达。教义中的奥妙不应该被直接扔在像猪猡一样的下里巴人前面。许多好东西一旦让老百姓知道了就会变得稀松平常而不值一文。"[4] 对此谬论威克里夫予以坚决的反驳。在《圣经的真理及其意义》这篇文章中，他表示自己译经的决心，"要使英国的每一个人都能用自己最熟悉的语言来读懂基督的篇章。"[5] 在《神的国度》中，威克里夫认为"耶稣基督的福音，才是真正的宗教"，在《变体说》中，威克里夫用英语反对天主教义更引起了教廷的震怒，因为这主张是直接攻击到教士们在基督教的圈子内多年来

1　Schwarz, H. *The Christian Church*, AUGSBURG Publishing House, 1982, p.174.

2　Crystal, D. *The Stories of English*, Penguin, 2004, pp. 238-40.

3　Algeo, J, (ed.), *The Cambridge History of the English Language*, Cambridge University Press, p.19

4　Margaret, A. "Wycliffe and the Vernacular," In *From Ockham to Wycliffe: Studies in Church History.* ed. Anne Hudson & Michael Wilks. The Ecclesiastical History Society, 1987, p. 303.

5　Robinson, H. W. *The Bible in its Ancient and English Versions*, Greenwood Press, 1970, pp. 137-45.

所拥有的特殊势力，并动摇普通信众对教会的忠诚度。

威克里夫和他的助手们合译《圣经》活动在当时风声鹤唳的政治、宗教双重迫害下是一项浩大而危险的工作。但是由于得到广大下层民众的支持，其英译《圣经》在地下广为流传。当时印刷技术还没有引入英国，每一本圣经都是用人手抄写的，平均一人要用九个月才抄完整本圣经。教徒们公然违抗罗马教的禁令，亲笔在秘密的地下作坊里抄写译好的英文圣经。经过了六百多年，直至今日，仍有近 200 本威克里夫译的英文《圣经手抄本》流传下来。其中大部分是在 1420 年至 1450 年之间抄写的。[1] 由于教会一搜查到威克里夫译的英文《圣经》就予以没收，并将之付诸一烬，当年究竟一共抄写了多少本圣经，实在难以精确估计，单靠幸存的数量就可以推测到当时的传抄数量为数一定不少。因此可以看出，威克里夫对英语发展的最大贡献就是使得英语在英国宗教生活中迅速普及，人人可以理解和使用英语，英语因此成为拉丁语和法语强有力的竞争者。[2]

一种语言上升为民族标准语，民众对其接受和认可的程度和意识是首要前提。而威克里夫大量的用英语写成的布道书和与助手合译的英文版《圣经》成为了提高英国普通民众民族语言意识的载体。也就是说，威克里夫强化了英语作为民族语言的民众语言意识。

除了强化英语在英国民众语言使用意识以外，威克里夫对英语发展的贡献还在于对英语词汇以及文体的影响。罗拉德教派为了规避清洗迫害，往往不使用"坚信（believe）"这样的词汇，而是使用更加简略的表达方式，如"许多人认为 / 说 / 觉得……（many men think/say/feel...）"又比如，单词"ground"（地面、根基）在威克里夫的写作里并没有当时英语词典中的涵义，而是专指《圣经》，这层涵义的背后原因是只有《圣经》才是罗拉德教徒的唯一信仰根基。[3] 无论是在写作还是翻译中，威克里夫赋予了英语词汇新的宗教涵义，进一步丰富了英语表达。

除了加强英语原有词汇的涵义延展，威克里夫及其他《圣经》译者

1　谭载喜：《西方翻译简史》，商务印书馆 2004 年，第 52 页。

2　Lawrence, M. "John Wycliffe" In Tom McArthur, Roshan McArthur. *Oxford Companion to the English Language*, Oxford University Press,1992, p.1135.

3　Hudson, A. *Lollards and Their Books*, The Hambledon Press, 1985, pp. 171-72.

还引入了 1000 多个拉丁语词汇，很多在后世译本中得以保留并成为日常词汇，从而直接丰富了英语词库[1]。例如，古希腊人每当有庆祝活动一般会举办有奖竞技比赛（agon），而此类竞技比赛往往要通过艰苦的搏斗才能夺冠。他们又根据"agon"引申出"agonia"一词来表示"艰苦的搏斗"，该词以后转指"极度的痛苦"。古罗马人从希腊语借用了这两个词，并且在拉丁语中保留了原义。威克里夫在翻译《圣经》描述耶稣在克西马尼花园（Garden of Gethsemane）蒙难时所遭受的精神上的折磨首次将agony 用于"极度痛苦"一义，此义一直用至今日。

由于罗拉德教派组在周围敌对势力的围攻迫害下更加倾向于内部团结，组织非常严密，所以英译布道书的这种表达、特殊涵义以及拉丁语词汇由威克里夫的追随者、贫穷牧师和罗拉德成员传到全国各地。流传非常广泛有效。另外，罗拉德教派当时的活动中心是英国中部和西部地区，为了使民众能够真正理解《圣经》的教义，他在布道和写作中很多时候带有伦敦方言用法和中部方言特征，并伴有一些南部影响（如 moost vs most/mast，puple vs peple/people，knowun vs knowen/knawen，shulden vs sholden/ schulden，等）。而中部地区方言当时正处于上升态势，两者形成了合力，英语标准化的力度和发展进程进一步得以强化。

总之，威克里夫以及助手海尔福德（Nicholas Hereford）、波贝（John Purvey）、特烈维萨（John Trevisa）在宗教改革运动中以当时流行的伦敦或英国中部方言为基础的英语布道和《圣经》翻译活动对英语的发展产生了长远的影响。后世著名的学者、大文学家和改革派约翰·弥尔顿（John Milton）的英语写作也与罗拉德英语有着直接关系。[2] 威克里夫也因此被尊称为英语散文之父（Father of English Prose）。

第二节　乔叟的文学创作与英语语言的发展

威克里夫出生约 20 年后，杰弗雷·乔叟（Geoffrey Chaucer）在 1343 年前后出生于伦敦一个富裕的酒商家庭。他的父亲约翰·乔叟（John

---

1　Baugh, A. C. & Cable, T. *A History of the English Language*, Routledge & Kegan Paul, 1978, pp. 187-80.

2　McArthur, T. B. & Feri McArthur, *Oxford Companion to the English Language*, Oxford University Press, 1992, p. 1135.

Chaucer）的生意主要是为英国王室和贵族提供法国和意大利酒[1]。由于乔叟家庭与英国上流社会极其密切的关系，乔叟于 1357 年得以进入爱德华三世的王子里昂内尔（Lionel）的王妃伊丽莎白（赫斯特伯爵夫人）府上当听差。进入王室生活圈子后，衣食无忧、各种有利条件接踵而至，这一切为乔叟在后来的政治、文学等方面的发展提供了良好的保证。乔叟后来的文学创作从另外一个层面客观上延续了威克里夫的事业，继续推动英语的规范与发展。

一、乔叟文学创作的自身社会活动背景

乔叟的一生都忙于政务，在克劳（M. M. Crow）和奥尔森（C. Olson）1966 年编辑出版的《乔叟生平记录》（*Chaucer's Life Records*）一书中，有关其 493 篇记录没有一篇说明乔叟是一位作家。乔叟更多场合下是以外交家、朝臣身份出现在各种记录中。但是现在看来，乔叟的创作也不是仅仅自娱自乐，他的大量文学作品同时有力助推了其仕途上的发展，反之，乔叟的社会活动背景也为其文学创作提供了丰富的素材，成为其创作的有力支撑和保障。

当时，爱德华三世正与法国国王为争夺法兰西王权燃起战火。乔叟和当时大部分青年一样，把为王室效力、获得军功作为自己飞黄腾达的资本。1358 年，刚刚进入王府不久的乔叟即跟随英军赴法国参战。但是仅仅过了一年，即 1359 年，乔叟就在法国莱姆斯城被法军俘虏，并于 1360 年经过英方支付了 16 镑 13 先令 4 便士赎金后获释。回国后，乔叟开始投身法律学习。他在伦敦一所法学院学习了两三年后，又升入一所法学会学习法律和行政事务[2]。乔叟的学习持续了六年。1367 年学习结束后，乔叟便开始正式成为爱德华三世宫廷的官员，开始了自己为王室效力的生涯。1367 年任"仪仗卫士（Vallectus）"，1368 年升任王室的"候补骑士（Armiger）"。然后，头脑机敏的乔叟官运亨通，开始担任一系列

1　弗尼凡尔（F. J. Furnivall）于 1876 年发现了一张房屋转让的证书。乔叟在证书上面称自己为"伦敦酒商约翰·乔叟的儿子"。（John Fisher, 1977）

2　四法学协会（Inns of Court），英国伦敦具有授予律师资格之权的四个法学协会总称：分别为内殿法学协会（Inner Temple）、中殿法学协会（Middle Temple）、林肯法学协会（Lincoln's Inn）和格雷法学协会（Gray's Inn）。根据 John Fisher（1977）的考证，乔叟可能是在内殿法学协会学习。

重要官职。他于 1368 年和 1370 年先后到法国任外交官；1369 至 1370 年跟随兰开斯特公爵参加英法战争；1372 年 6 月，被任命为海关征税员；1372 年 12 月至 1373 年 5 月，乔叟又跟随外交使团出访意大利；1376 年至 1377 年，乔叟又三次奉命到法国议和；1378 年，乔叟出使意大利米兰；1382 年，乔叟被赋予征收"小额税"职务，负责葡萄酒以及其他商品的税收；1385 年，乔叟被任命为肯特郡治安法官；1387 年，乔叟结束海关工作，出使法国；1389 年，乔叟被查理二世任命为王室工程总管；1391 年，乔叟辞去工程总管职务，被马奇伯爵任命为林务副总管，负责管理伯爵领地的森林直至 1400 年 10 月 25 日去世，葬于伦敦威斯敏斯特大教堂，结束了自己忙碌的一生。乔叟的社会活动为其文学创作提供了丰富的影响和灵感，并保证了其能够在一定的范围内进行传播。

二、乔叟的创作与语言特色

我们先对乔叟的创作进行一简要综述。根据布林克（Bernhard Aegidius Konrad ten Brink）经典提法[1]创作生涯的三个阶段说，即法国影响时期、意大利影响时期和英国时期。表 4.1 是乔叟的主要作品简表。

表 4.1　乔叟主要作品简表

时期	主要作品	内容	所受影响
法国影响时期 （1355–1370）	《玫瑰传奇》（译作）	法国中古爱情诗	法国诗人马肖、弗格沙、格兰孙等
	《公爵夫人之歌》	对公爵夫人的挽歌	
意大利影响时期 （1370–1385）	《禽鸟议会》	寓言求爱诗	但丁、彼特拉克、薄伽丘等
	《特罗伊斯与格列尼达》	英国文学第一部带有戏剧结构的心理小说	
英国时期 （1385–1400）	《烈女传》	被丈夫遗弃的烈女故事集	但丁、薄伽丘等
	《坎特伯雷故事》	30 余人朝圣途中所讲故事集	

1　Brink, B. A. *Chaucer*, Adolf Russell's Verlag, 1870.

乔叟一直被许多英国作家和文学研究者尊为"英国诗歌之父"。[1]这个评价之所以普遍得到承认是因为乔叟的写作与中古英语文学发展有着密切的关系。我们今天从乔叟的作品中仍然可以看到当时英语在词汇、语法、修辞等多方面得以拓展与提高的例证。乔叟的"御用文人"身份也不可避免地在这个过程中起到了推广和强化作用。

词汇方面，随着 1066 年诺曼征服，法语语言文化与它的使用者一起涌入英国，法语随之被推广到社会政治、经济、军事、文化生活的各个方面。虽然古英语的演变其实早在 9 世纪北欧海盗的入侵就已经开始显现，但是这个缓慢的过程由于诺曼征服而突然加速。这个加速或因北欧海盗对英国的影响是局部的、断断续续的，而法国统治者对英国的影响却是整体的、持续的。值得注意的是。当亨利二世（Henry Ⅱ，1154–1189）迎娶法国王后阿基坦的埃琳诺（Eleanor of Aquitaine）之后，王后成为著名的文学赞助人（patron），吸引了大量的法语作家和诗人来到伦敦进行创作。正是在法语语言文化占据绝对优势的形势下，古英语开始大量吸收法语词汇，并借助法语词汇大大拓宽自己的表达内涵。这些词汇的变化在乔叟的作品中可以得到集中体现。我们下面就《坎特伯雷故事序诗》（General Prologue to the Canterbury Tales）第一节作一具体分析（见表 4.2 和表 4.3）。

1　德莱顿在其所编著的《古今寓言集》中对乔叟的崇高评价："首先，乔叟作为英语诗歌之父，他在我心中的地位就如荷马在希腊人心中的地位，维吉尔在罗马人心中的地位。乔叟是所有优秀品质的永恒源泉：通晓所有的学问，对所有的事情都有高见。"（In the first place, as he is the Father of English Poetry, for I hold him in the same Degree of Veneration as the Grecians held Homer, or the Romans Virgil: He is a perpetual Fountain of good Sense; learn'd in all sciences, and therefore speaks properly on all Subjects.）参见 Dryden, J. *Fables Ancient and Modern: Translated into Verse, from Homer, Ovid, Boccace, & Chaucer*, Hard Press, 2012, p. 550.）

表 4.2 《坎特伯雷故事序诗》第一节中的法语词源 [1]

Here bygynneth the Book (The Prologue)	总序
1: Whan that aprill (avril) with his shoures soote	夏雨给大地带来了喜悦，
2: The droghte of march (marz) hath perced (percier) to the roote,	送走了土壤干裂的三月，
3: And bathed every veyne (veine) in swich licour (licor)	沐浴着草木的丝丝茎络，
4: Of which vertu engendred is the flour (flor);	顿时百花盛开，生机勃勃。
5: Whan zephirus (Zephyrus) eek with his sweete breeth	西风轻吹留下清香缕缕，
6: Inspired hath in every holt and heeth	田野复苏吐出芳草绿绿，
7: Tendre (tendre) croppes, and the yonge sonne	碧蓝的天空腾起一轮红日，
8: Hath in the ram his halve cours (cors) yronne,	青春的太阳洒下万道光辉。
9: And smale foweles maken melodye (melodie),	小鸟的歌喉多么清脆优美，
10: That slepen al the nyght with open ye	迷人的夏夜怎好安然入睡——
11: (so priketh hem nature (nature) in hir corages (corage);	美丽的自然撩拨万物的心弦，
12: Thanne longen folk to goon on pilgrimages (prlrimage),	多情的鸟儿歌唱爱情的欣欢。
13: And palmeres (palmier) for to seken straunge (estrange) strondes,	香客盼望拜谒圣徒的灵台，
14: To feme halwes, kowthe in sondry londes;	僧侣立愿云游陌生的滨海。
15: And specially (special) from every shires ende	信徒来自全国东西南北，
16: Of engelond to caunterbury they wende,	众人结伴奔向坎特伯雷，
17: The hooly blisful martir (martyr) for to seke,	去朝谢医病救世的恩主，
18: That hem hath holpen whan that they were seeke.	以缅怀大恩大德的圣徒。
19: Bifil that in that seson (seison) on a day,	那是个初夏方临的日子，
20: In southwerk at the tabard as I lay	我到泰巴旅店投宿歇息。
21: Redy to wenden on my pilgrymage	怀着一颗虔诚的赤子心，
22: To caunterbury with ful devout (devot) corage (corage),	我准备翌日出发去朝圣。
23: At nyght was come into that hostelrye (hosterlerie)	黄昏前后华灯初上时分，
24: Wel nyne and twenty in a compaignye (compagnie),	旅店院里拥入许多客人；
25: Of sondry folk, by aventure yfalle	二十九人来各行各业，
26: In felaweshipe, and pilgrimes (pelerin) were they alle,	不期而遇都到旅店过夜。
27: That toward caunterbury wolden ryde.	这些香客人人虔心诚意，
28: The chambres (chambre) and the stables (estable) weren wyde,	次日要骑马去坎特伯雷。
29: And wel we weren esed (aise) atte beste.	客房与马厩宽敞又洁净，
30: And shortly, whan the sonne was to reste,	店主的招待周到而殷勤。
31: So hadde I spoken with hem everichon	夕阳刚从地下线上消失，
32: That I was of hir felaweshipe anon,	众人同我已经相互结识；
33: And made forward erly for to ryse,	大家约好不等鸡鸣就起床，
34: To take oure weyther as I yow devyse.	迎着熹微晨光赶早把路上。
35: But nathelees, whil I have tyme and space (espace),	可是在我叙述故事之前，
36: Er that I ferther in this tale pace,	让我占用诸位一点时间，
37: Me thynketh it acordaunt (accorder) to resoun	依我之见似乎还很必要，
38: To telle yow al the condicioun	把每人的情况作些介绍。
39: Of ech of hem, so as it semed me,	谈谈他们从事什么行业，
40: And whiche they weren, and of what degree (degré),	社会地位属于哪个阶层，
41: And eek in what array (areer) that they were inne;	容貌衣着举止又是如何，
42: And at a knyght than wol I first bigynne.	那么我就先把骑士说说。

1　乔叟：《坎特伯雷故事》，黄杲炘译，上海译文出版社 2007 年，第 1 页。

表 4.3　《坎特伯雷故事序诗》第一节中的法语借词词性、类别分布

名词	音乐	melodye（美妙的旋律）
	宗教	pilgrimages（朝圣）; palmeres（朝圣者）; martir（烈士）; pilgrimes（朝圣者）; devout（忠诚）
	文学用语	aprill（四月）; ephirus（西风）; arch（三月）; cours（路途）; flour（鲜花）; eyne（嫩枝）; seson（季节）; space（空间）; nature（自然界）
	时尚	licour（美酒）; chambres（房间）; hostelrye（大旅店）
	社会	array（阶层）
	其他	corages（勇气）; compaignye（陪伴）; stables（马厩）; degree（程度）
形容词		tendre（柔嫩）; straunge（奇异）; acordaunt（一致）
动词		perced（穿透）; esed（缓解）
副词		specially（特别）

可以看出，42 行诗句中法语借词达到 29 处（括号内为法语词源），即不够两行就有一个法语借词。在所有法语词源中，名词最多，共 23 个，包括音乐、宗教、文学用语、时尚等类别；形容词 3 个；动词 2 个；副词 1 个。而《序诗》通篇具有法语词源的词汇则高达 634 个，其中名词 417 个，形容词 106 个，动词 94 个，副词 16 个[1]。本节法语词源的词性分布规律与总序的法语词源中词性分布规律一致。鉴于这种分布现象，我们基本上可以认为，中古英语的法语借词主要集中于实词，即具有实际意义的词汇，而虚词（介词冠词、代词等）的法语词源为零。这些实词类借词多半集中于神话、音乐、军事、宗教、政治、社交、时尚等或其他需要复杂意义表达的语境，大大丰富了英语作为当时最下层阶级使用语言的表达范围和表达效果，为英语最终取代法语成为全社会通用语奠定了坚实的词汇基础[2]。当然，这些词汇并不是乔叟本人引入英语的。根据对《序诗》第一节 29 个法语词源进行词源学考证，90% 的词汇出现于 11 至 13 世纪之间，其中以 12、13 世纪居多（参见附录）。也就是说，

1　杨红秋："诺曼人入侵对英语词汇的影响"，载《山东外语教学》，1986 年第 1 期，第 41-43 页。

2　卡拉逊认为，只适合于更古老文明的古英语难以反映基督教复杂的概念和与英国国情迥然相异的封建社会的政治思想。参见 Classen, E. *Outlines of the History of the English Language*, Macmillan, 1919, p. 57.

这些法语词源的词汇已经在英语词汇中存在了一两个世纪，但是乔叟却把这次词汇正式运用于正式文学文本的创作之中，并得以在官方层面推广和流传。

在语法方面，古英语时期是英语词尾屈折变化全盛时期，而在中古英语时期，英语词尾屈折变化呈现出同化或磨平特点。这种语法的变化使得英语从一种高度屈折化的语言简化为一种高度分析型的语言，具体表现为名词词尾的格、数屈折变化逐渐消失，动词中强变化动词减少、弱变化动词增加等等。

古英语名词复数有 -as、-an、-u、-a、-o 五个词尾，而在中古英语时期，名词的单数开始用 -e 表示，名词的复数开始用 -s 或 -es 表示。《序诗》第一节中，名词的单数开始用 -e 表示的单词有："Aprille"（四月）、"shoures"（细雨）、"droghte"（干旱）、"Marche"（三月）、"rote"（根）、"veyne"（嫩枝）、"melodye"（歌声）；"ende"（结束）、"trappe"（陷阱）；以"s"结尾的复数名词有："shoures"（细雨）、"croppes"（庄稼）、"fowles"（禽鸟）、"strondes"（行走）、"londes"（地方）、"halwes"（朝圣者）等。

形容词方面，古英语的形容词必须和它修饰的名词在性、数、格保持一致，词尾屈折变化相当复杂。例如，古英语的"god"（good）一词在修饰单数阳性名词时，主格形式是"god"，宾格形式"godne"，所有格形式是"godes"，与格形式是"godum"，工具格形式是"gode"；但是当它修饰复数阳性名词或阴性名词时，便分别另有一系列的屈折变化形式。到了中古英语时期，古英语形容词的五种单复数变格在中古英语中已简化成以 -e 结尾的单一形式。随着语法性别逐渐被天然性别所取代，性与数的区别也随之消失，英语形容词的屈折变化已经基本消失。形容词的比较级和最高级形式，由古英语时期的词尾 -ra 变成了中古英语的 -re 以及后来的 -er，最高级的后缀 -ost 和 -est 一起变成 -est。《序诗》第一节中，形容词的平级除了"tender"是以 -er 结尾的，其他的词都是以 -e 结尾，例如："swete"（和煦的、甜美的）、"tender"（柔嫩）、"yonge"（青春的）、"smale"（小）、"straunge"（遥远的）等。形容词最高级的标记是 -est，例如"gretteste"（最厉害）等。[1]

1　张俊："中古英语语法发展与特点研究"，载《英语广场》，2011 年第 5 期，第 3-5 页。

动词方面，古英语动词分为强变化动词（strong verb）和弱变化动词（weak verb）两种类型。"强变化动词用词干元音交替来表示过去时和过去分词，例如"sing，song，sung"。弱变化动词附带一个带齿音的音节（如古英语中的 -de，-te）来形成过去时，用带齿音的词尾（例如古英语中的 -d，-t）来形成过去分词"。[1] 动词在中古英语时期最大的变化是强变化动词词尾的大量消失，许多强变化动词的不定式后面被加上了规则变化的词尾，成了弱变化动词，弱变化动词逐步增加了。整体上说，大约三分之一的强变化动词在这样的转化过程中消失了。强变化动词的减少是英语发展史上不可逆转的趋势，所以，今天英语的不规则动词在全部动词的比重很小，总共也就是 400 多个。《序诗》第一节中，弱变化动词以 -d 结尾的有："perced"（渗透）、"bathed"（沐浴）、"inspired"（刺激）、"peyred"（竭力）等；强变化动词以 -en 结尾的有："maken"（唱起）、"slepen"（睡眠）、"longen"（渴望）、"holpen"（帮助）等等。

总的看来，中古英语的语法形态呈现出简化、规则特征。名词只保留了自然性别，其语法性别已经消失；名词变格也只是保留了一个所有格，词尾原有的屈折变化的语法功能由介词所取代，复数形式也越来越呈现规则化，动词词尾的屈折变化也大为减少。英语词尾屈折形式的消失或磨平使得语序越来越重要，语序开始取代屈折变化形式成为表达语法关系的重要形式，英语也最终在诺曼征服的三百年中完成了从综合性语言向分析性语言的转变，其表达能力也大大增强。乔叟的文学创作也正好充分表现出这一显著发展变化。

乔叟文学创作的韵律特色方面，其最大的贡献是在《坎特伯雷故事》中率先采用的以五音步抑扬格双韵体（iambic pentameter couplet）为代表的多种诗歌韵律形式。这种韵律格式的流行仍然离不开英语词汇所受到的法语词汇的巨大影响。古英语词汇均为盎格鲁词源，单词重音绝大多数落在词首，所以古英语诗歌绝大部分采用的是押头韵（alliteration）格式。然而诺曼征服之后，随着大量的拉丁、法语词源涌入英语，英语词汇的重音也逐渐发生了结构性的变化。英语中有很多单词发音受法语发音影响（或本身就是法语词源）都是轻音在前、重音在后（即抑扬格

1　李赋宁：《英语史》，商务印书馆，1991 年，第 153 页。

形态），如"repeat, because, forgive, upon, prepare, besides, assist, believe, return"等，当时的押头韵诗歌格律已经不能完全适应文学表达的需要。因此轻音在前、重音在后的抑扬格就很便利。也就是说，抑扬格比较符合英语的发音规律。另外，一行诗有五个音步（foot），或者说是五个意义单元，人在讲英语时所需要的气息也基本能够覆盖五个意义单元，既不显得气息不足，也不会显得气息浪费造成戛然而止的唐突感。基于以上两个方面，这种韵律格式摆脱了古英语时期诗歌只是注重头韵、诗行过于短促、不利于表达完整的、复杂的意义单元等缺点，在英语诗歌中得到广泛应用。

当然，古英语文学也曾经出现过一些重要作品。但是，古英语和早期中古英语的诗歌形态与现代英语诗歌相距甚远，并没有真正被后世传承下来[1]；而乔叟由于频繁出访意大利、法国这两个文学创作与革新相当活跃的文艺复兴发祥地，并精通法语和意大利语，因此他积极继承和吸收了意大利诗人和法国诗人的诗歌技巧，并且运用这些技巧来丰富和提高英国诗歌的表达能力。从这个意义上说，乔叟的文学创作顺应并引领了当时英国文学创新的潮流，并深刻地影响了莎士比亚、狄更斯等众多后世作家。

三、乔叟文学创作中的社会政治因素

乔叟的崇高的文学声望也离不开其生活的特殊社会政治环境。从乔叟的生平可以看出，乔叟的父亲约翰·乔叟的生意主要是为英国王室和贵族提供法国和意大利酒。1347–1349年，约翰·乔叟带家人到南安普顿为国王的大管家当副手，协助管理酒窖。正是由于乔叟家庭与英国上流社会极其密切的关系，乔叟于1357年得以进入爱德华三世的三王子里昂内尔的王妃伊丽莎白府上当听差。进入王室生活圈子后，衣食无忧、各种有利条件接踵而至，这一切为乔叟在后来的政治、文学等方面的发展提供了良好的保证。乔叟的一生都与英语上层社会有着千丝万缕的密切关系。我们甚至可以勾勒出乔叟与英国王室的关系表，见表4.4。

1　沈弘："乔叟何以被誉为'英语诗歌之父'"，载《外国文学评论》，2009年第3期，第139-151页。

表 4.4 乔叟与英国王室的关系表

	乔叟	菲利帕 (乔叟妻子)	凯瑟琳 (乔叟妻妹)
爱德华三世	侍从（1367 年）；朝臣（1368 年后）		
里昂内尔 （爱德华三世三王子）	作为侍从赴法参战（1359）	侍女	
约翰 （兰开斯特公爵一世， 爱德华三世四王子）	《公爵夫人颂》（1368 年悼念公爵夫 人布兰茜去世）；作为侍从赴法参战 （1369）	享受约翰赐给 她的年金 （1373 年后）	情妇、第三任 公爵夫人 （自 1396 年）
康斯坦萨． （第二任公爵夫人）		侍女 （自 1371 年）	
理查二世	朝臣（1378 年后）；继续享受爱德华 三世时期的年金；专门写诗庆祝国 王与王后的第一个结婚周年纪念。		
亨利四世	同意继续给他发放年金（1400 年）		
亨利五世	授意其他诗人赞颂乔叟		

　　这个关系表比较清楚地表明，乔叟首先是个三朝老臣（如果把他去世前不久即位的亨利四世也算上的话），他一生为王室奔波，要么出使海外，要么在国内担任重要官职。此外，乔叟还是爱德华三世三王子王妃府上的侍从（乔叟妻子同时为侍女）、四王子冈特的约翰（兰开斯特公爵一世）府上的侍从。与此同时，使得乔叟与王室的关系网变得更为复杂的是他的妻妹凯瑟琳。她先是兰开斯特公爵的情妇，最后居然成为了公爵的第三任妻子。从这一点看，乔叟的政治庇护更多情况下是来自她妻子以及妻妹。除了《公爵夫人之歌》是他应公爵指示为去世的公爵夫人所作之外，他的《马尔斯怨诗》同样也是奉兰开斯特公爵之命而写的。因此，乔叟的文学生涯和个人生活都是和兰开斯特的家庭生活密不可分，乔叟可谓是王室的御用文人。

　　不只是与兰开斯特公爵一世关系密切，乔叟还在国王理查二世面前立了一个大功。1381 年，理查二世战胜了两个情敌，终于在 5 月 3 日宣布与圣安妮（Anne of Bohemia）订婚。国王大婚一周年的时候，乔叟恰如其分地专门写诗，庆祝国王与王后的第一个结婚周年纪念。乔叟还煞费苦心地发现 5 月 3 日还是 4 世纪热那亚第一位主教瓦伦丁（Saint Valentine）的生日。于是乔叟又将这个纪念日与国王订婚联系在一起，这个创意使得国王大为高兴。

另外，亨利五世对乔叟的垂青也不可忽视。前文提到，在现存的 493 条关于他生前的各种历史档案记载中，乔叟并不是以诗人身份出现的。然而他去世后不久，他作为大文学家的名声却广为传播。许多诗人开始热情地歌颂乔叟，称之为"乔叟大师"(mayster Chaucer) 或"慈父乔叟"(fadir Chaucer)。值得注意的是，英国诗人在 1410 年前后写的赞颂乔叟的诗大都与亨利王子即后来于 1413 年即位的亨利五世有关。这些诗要么是献给亨利，要么是由亨利授意而作。[1] 亨利五世鼓励英语作为民族语言在各种场合进行推广。在他还是王子时，亨利就大力提倡使用英语和发展英国文学。他在 1412 年曾授意当时最著名的诗人利德盖特 (John Lydgate)"用我们自己的语言"来翻译关于特洛伊战争的故事。[2] 亨利五世自己也成为第一位用英语写手谕的国王，而且他的手谕成为当时书面英语的典范，为社会各界所模仿。1430 年，英语终于取代法语成为英国国会和政府文件的正式语言。亨利五世大力提倡使用英语和发展英国文学的重要目的之一就是酝酿英国民族的社会情绪、培育英国民族意识，并与一度在英国上层社会占统治地位的法语语言文化进行抗衡。乔叟的文学创作正好迎合了英国王室的政治需要，成为唤醒英国民族自觉的有力手段。

从乔叟创作的社会影响因素看，由于意大利文艺复兴的影响和英国国内资本主义的发展，英国在 14 世纪末已经具备了产生文艺复兴的社会历史条件，而且的确出现了文学繁荣的局面[3]。在广大民众已经具备相当读写能力和文化基础的前提下，作为早期文艺复兴的代言人，乔叟集中笔墨对处于社会变革之中的英国社会各阶层人物代表进行了惟妙惟肖的刻画。我们可以从《坎特伯雷故事》的人物形象中清楚地看出乔叟人物的社会多样性。乔叟的 28 个短篇故事中有骑士、侍从、地主、自耕农、贫农、僧侣、尼姑、商人、海员、大学生、手工业者等众多人物。《坎特

1　肖明翰："乔叟对英国文学的贡献"，载《外国文学评论》，2001 年第 4 期，第 85-94 页。

2　Crow, M. & Clair Olson (eds.). *Chaucer Life Records*, Oxford University Press, 1996, p.146.

3　宗端华："乔叟与英国文艺复兴"，载《西南民族大学学报》（人文社科版），2008 年第 3 期，第 44-47 页。

伯雷故事》字里行间没有严肃的说教。取而代之的尽是天南海北的闲聊，庶民特征十分明显。全书格调与当时经济逐渐趋向繁荣的城市真实气氛非常一致，充满了世俗的热闹气氛。因此，乔叟的《坎特伯雷故事》是一部现实主义的"人间喜剧"，作品中充满了喜剧特色。[1] 总之，乔叟的现实主义主题取代了古英语中的宗教主题、传说主题，并与处于迅速发展过程中的英国民族意识产生了强烈共鸣，获得了广泛的社会认可。

　　从以上讨论可以看出，乔叟的文学声誉有着深刻的语言及社会政治背景。对《坎特伯雷故事》序诗的语言分析以及对乔叟家族与王室家族谱系历史学考证均证实了这两个影响因素。因此，乔叟文学创作与中世纪英语语言的发展、当时政治社会情绪高度一致，并借助其特殊的政治身份在英国国内形成了较大的影响。乔叟的成名也进一步印证了语言文学发展与社会发展之间一定的紧密关系。

第三节　卡克斯顿的印刷出版活动与现代英语的传播

　　乔叟去世 20 年后，威廉·卡克斯顿（William Caxton）大约于 1420 年左右出生于肯特郡维尔德的林区。卡克斯顿的大半生是首先一个成功的商人，从 50 岁起（按照当时的英国人均寿命，50 岁可以看作是一个人的高龄期），卡克斯顿却凭借敏锐的商业头脑开启了当时英国一个划时代的行业：印刷出版业。在今天看来，卡克斯顿的印刷出版活动进一步推动了英语成规模的传播。

一、卡克斯顿的出版活动简述

　　1438 年，年轻的卡克斯顿前往伦敦，在著名的布商、后来的伦敦市长勒泽（Robert Large）手下当学徒。[2] 勒泽 1441 年去世以后，卡克斯顿前往比利时布鲁日（Bruges）经营英国和佛兰芒地区间的纺织品贸易。在布鲁日的 20 多年中，他的事业获得了巨大的成功，到 1463 年，他已经做到了低地国家一带的英国商会会长，地位非常显赫，有时还代表英王就

1　贺晴宇："试论《坎特伯雷故事》的喜剧性"，载《世界文学评论》，2007 年第 2 期，第 280-283 页。

2　Thirsk, J. (ed.) *Hadlow, Life, Land & People in a Wealden Parish 1460–1600.* Kent Archaeological Society, 2007, pp.107-09.

国际贸易问题进行谈判。1469 年，由于约克王朝在玫瑰战争中失败，亲约克的卡克斯顿辞去了会长之职，应邀就任勃艮第公爵夫人（Duchess of Burgundy）、英国国王爱德华四世的妹妹玛格丽特（Margaret）的顾问。由于通晓英、法、德、拉丁文等几种语言，具备进行翻译的能力，卡克斯顿在赋闲时开始阅读一些书籍并并产生了将其译成英文的想法。1469 年 3 月，卡克斯顿开始翻译《特洛伊史故事集》（*Recuyell of the Historyes of Troy*）等书。他的翻译受到了包括公爵夫人在内的朋友们的喜爱，他们纷纷索要译本。这样，卡克斯顿除了找抄写员之外，还亲自笔录了一些译作给朋友。但他很快就感到自己力不从心，无法再抄下去了，决心寻找新型印刷术来解决这个烦人的问题。正在这个时候，古登堡 1450 年发明的活字印刷术已经在科隆迅速发展，并很快使得科隆成为欧洲的印刷中心。卡克斯顿得知后，于 1471 前往科隆刻苦学习印刷术。很快，卡克斯顿带着一套铅字活版印刷的装备返回布鲁日，在那里创建了一个印刷所。1475 年，他与曼逊（Colard Mansion）合作，在布鲁日印刷出世界上第一本厚达 700 页的英文书籍《特洛伊史故事集》。1476 年底，卡克斯顿应英格兰国王爱德华四世之诏，返回英国，在伦敦威斯敏斯特附近建立了英国第一个印刷厂，开始呈规模翻译并出版英文书籍。1477 年，卡克斯顿又出版了第一本印有明确出版日期的英文书籍《哲学家箴言录》（*Dictes and Sayenges of the Phylosophers*）。1491 年，卡克斯顿去世，葬于威斯敏斯特的圣玛格丽特教堂。他的印刷所由他的助手 Jan Wynkyn de Worde（Worde 是他的故乡）于 1500 年年底迁往伦敦的舰队街（Fleet Street）。卡克斯顿的印刷活动，标志着英国的印刷业开始发轫，英语的发展也迎来一个全新的发展机会。

二、卡克斯顿的出版特点

第一，卡克斯顿的印刷出版书籍以英文为主。目前现存的 15 世纪印刷品中的拉丁文书籍占到了 70%，而异乎寻常的是，卡克斯顿的印刷品的英文比例却占到了 68%，拉丁语只占到 28%，而法语的比例是 4%。拉丁语版的书籍中，有的只有一页，印刷量也不可得知。因此，卡克斯顿印刷的英文书籍应该是最他重要的业务。卡克斯顿这样做并不只是出于他对自己的母语英语有较大的语言忠诚度，这也是出于经济上的考虑。当时的拉丁语书籍市场已经比较发达，如果卡克斯顿出版拉丁语书籍，那他只得和欧洲的其他已经发展的很大的拉丁语书籍印刷商竞争，况且英国处于欧洲边缘地区，地理方位对卡克斯顿也是不利的。因此，卡克斯顿开始转向尚无人关注、没有竞争的英文书籍印刷。因此，卡克斯顿的大量英文出版客观上增强了英语作为书面语言的民众读写意识。

　　第二，卡克斯顿的出版范围非常广泛。在他的印刷出版生涯中，卡克斯顿印刷的英文书籍几乎无所不包，其中有宗教经籍（如《索尔兹伯里祈祷书》，另外，卡克斯顿在英国本土制作的第一件印刷品就是一张为英国代理主教约翰·甘特印刷的免罪书）、神学著作（如《心灵的朝圣》）、骑士传奇（如《黄金传奇》）、诗歌（如《加图》）、百科全书（如《世界镜鉴》）、历史（如《综合编年史》）、哲学（如《哲学的慰藉》）、寓言（如《骏马、绵羊与天鹅》）等等。另外，卡克斯顿几乎出版了当时能够得到的所有英国文学作品。1478 年他出版了乔叟的《坎特伯雷故事》（1484 年再版，并加上了木版插图，见图 4.2），此后还出版了乔叟的《特洛伊罗丝和克瑞西达》以及其他诗作。1485 年改编出版了托马斯·马洛礼的《亚瑟王之死》。另外，卡克斯顿还翻译出版了很多外国文学作品，例如《伊索寓言》、《列那狐的历史》等书。实际上，勃艮第宫廷文学作品与英国中世纪文学家的经典作品无疑正是借助于这位印刷商的努力才得以广为传阅，从而巩固了其在文学史上的重要地位。从这个角度而言，卡克斯顿作为传播者的作用与那些伟大的作家相比并不卑微，而且有其难以替代的价值。据统计，卡克斯顿共出版了 110 多种书籍，其中有 20 部是他亲自翻译成英语的作品。[1] 这些书籍极大地开阔了人们的眼界，一方面反映了 15 世纪末期贵族、绅士和商人的阅读品位，另一方面则接受并进一步推动了那一时代流行的文学观念，深深影响和促进了英国文学自身的发展。

1　于文："语言、阅读与出版变迁——论威廉卡克斯顿的出版史意义"，载《中国出版》，2012 年第 23 期，第 68-71 页。

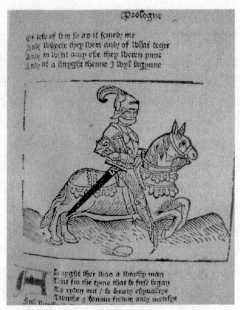

图 4.2 《坎特伯雷故事》木版插图

第三，卡克斯顿的出版迎合并培育了新的英国读者群体。卡克斯顿活动在英国和勃艮第的宫廷里，通过勃艮第公爵夫人的赞助和保护，其印刷事业蒸蒸日上，卡克斯顿准确地意识到其读者是贵族、绅士和商人，积极印刷出版他们希望读到的书籍。虽然"被动听读"是中世纪阅读的本质特征，[1]但是从 15 世纪末期开始，人们开始竭力摆脱教会强加给自己的知识灌输，尤其希望通过独立阅读来探索世界、理解文本。这也是英国新兴阶层希望通过独立阅读来完成从被动的"从属时代"到主动的"自我时代"的蜕变。人们发现手抄本越来越少，甚至几乎绝迹。印刷业的迅速发展培育了新的读者群体，并使之不断壮大。到 1640 年，无论是小册子还是大部头，英国用英文印刷出版的书籍已经达到 2 万多本。[2]结果使书从以前作为少数人的奢侈品变成许多人能购买的消费品。读者群的扩大客观上增强了英国民众的读写能力，进一步推动了英语成为标准民族语言的发展进程。

---

1 斯蒂文罗杰·费希尔：《阅读的历史》，李瑞林等译，商务印书馆 2009 年，第 126 页。

2 Baugh, A. C. & Cable, T. *A History of the English Language*, Routledge & Kegan Paul, 1978, p. 187.

第四，卡克斯顿的印刷活动加速了英国印刷业的发展。在其印刷工场开办两年后的 1478 年，另外一家印刷工场也在牛津创立。1479 年后，法国、比利时、立陶宛人先后在英国开设了了印刷工场。1484 年，查理三世又发布诏令，鼓励外国人在英国兴办印刷工场。1500 年，在伦敦开设的印刷工场有 5 家，1523 年增至 33 家，主要印刷书籍和小册子。[1]《九十五条论纲》的快速传播甚至使得宗教改革家马丁路德也开始意识到印刷传媒的重要性。马丁路德在领导宗教改革的斗争中就充分运用了印刷这种传媒。他后来写道："印刷术是上帝最近的、最好的善行，它把真正的宗教传遍了全世界。"[2]

三、卡克斯顿的出版对英语语言发展的影响

虽然卡克斯顿首先是一个出版商，但他同时也是一个客观上对英语语言的规范起到推进作用的改革者。中世纪的英语方言差异性很大，作为印刷出版从业者的卡克斯顿深感不便。对于卡克斯顿来说，语言的标准化是很重要的。当时拉丁语的使用标准已经普及整个欧洲大陆，因此也进一步推动了拉丁语书籍印刷与交易成为一桩成功的国际贸易活动。而肯特周边的人们如果觉得伦敦英语怪怪得像一门外语那就将严重阻碍其印刷活动的顺利进行。因此，卡克斯顿要想使他的书发行成功，把英语从当时的方言规范成为当时的标准语就非常重要。

第一，卡克斯顿对英语正字法（orthography）或拼写规范化的努力

我们可以从卡克斯顿对特烈维萨所翻译的希格登的《综合编年史》的修正版本中看出。特烈维萨的英译本是 1385 年，而卡克斯顿的修正版是 1482 年。因此两种版本的对比可以看出卡克斯顿对英语词汇规范化所采取的办法（见表 4.5）。

1　孙保国:《18 世纪以前欧洲文字传媒与社会发展研究》，东北师范大学博士论文，2005 年，第 59 页。
2　时代生活图书公司:《欧罗巴的黄金时代·北部欧洲》，李绍明译，中国建筑工业出版社 2001 年，第 45 页。

表 4.5 特烈维萨版本与卡克斯顿版本词汇拼写对比

特烈维萨 1385 年英译本	卡克斯顿 1482 年修正版
As it is i-knowe how meny manere peple beeþ in þis ilond þere beeþ also so many dyuers longages and tonges; noþeles walsche men and scottes þat beeþ nouȝt i-medled wiþ oþer naciouns holdeþ wel nyh hir firste longage and spech… Also englische men þey þei hadde from þe bygynnynge þre maner spech norþtherne sowþerne and middel speche in þe myddel of þe lond, as þey come of þre manere peple of Germania, noþeles by comyxtioun and meeynge firste wiþ danes and afterward wiþnormans in men þe contray longage is apayred and som vsep straunge wlaffreynge chiterynge harrynge and garrynge grisbitynge.	As it is knowen how many maner peple ben in this Ilond ther ben also many langages and tonges. Netheles walschmen and scottes that ben not medled with other nacions kepe neygh yet theyr first langage and speche… Also englysshmen thou they had fro the bgynnyng thre maner speches Southern northern and myddel speche in the middle of the londe as they come of thre maner of people of Germania. Netheles by commyxtion and medlyyng first with danes and afterward with normans In many thynges the countreye langage is appayred ffor somme vse straunge wlaffyng chytering harryng garryng and grisbytyng.

　　据统计，14% 的词汇只是出现在其中一个文本之中（这也可能部分归因于卡克斯顿对特烈维萨版本的增删）；两种文本中完全相同的词汇有 46 对，大约占到所有词汇的 25%；大约有 53% 的词汇前后出现一些差异，如特烈维萨版本中的 /þ/、/y/、/sch, sc/ 分别被 /th/、/i/、/ssh/ 所代替（þey-they；hym-him；frensche-frenssh 等），字母组合 re 与字母组合 er 之间互换现象也比较明显（bettre-better）；特烈维萨版本中很多词汇尾部冗余字母 e 在卡克斯顿版本中也大量脱落（如 norþerne-northern）。特烈维萨版本中的词汇尾部屈折变化符号 -eþ（现在时第三人称复数标志）、词汇前部屈折变化符号 -i（过去分词标志）也在卡克斯顿版本中脱落（haueþ-have；i-left-left）。[1] 这些变化通过卡克斯顿一定规模的印刷活动加深了这些变化在读者中的影响和认可程度，并且得以稳定和固化，使之逐渐成为书面英语拼写的标准或权威用法。通过字面阅读，我们也可以看出卡克斯顿版本中的词汇比特烈维萨版本中的词汇更加接近现代英语。

　　第二，卡克斯顿的印刷活动加速了英语标点符号的标准化（punctuating）。

1　Freeman, D. *From Old English to Standard English*, Macmillan, 1992, pp. 272-73.

　　早期的英文文献并没有标点符号，单词之间甚至也没有间隔。标点符号的出现最初是出于方便人们在宗教仪式或其他文学场合进行朗读的需要。在人们进行多种形式断句的尝试过程中，中世纪的文献里面先后出现了三十多种标点符号加注形式。[1]但印刷术出现后，它们中的大多数可能由于随意性较大而逐渐消失。其中的一些看起来像现代标点符号，但其功能却不尽相同：例如，一个圆点表示停顿，而现代英语的圆点是句号，用来表示句子完结；并且点的高度可以表示不同程度的停顿。印刷人员必须就拼写、标点、大小写作出决定。早期欧洲印刷人员一般继续使用他们在原手抄稿中发现的符号，实际形状取决于印刷字体。大多数人都认识三种停顿：由圆点代表的停顿，由短斜线代表的停顿和由疑问号代表的停顿。卡克斯顿主要使用单斜线（/），偶尔也会使用冒号（：）和段落标记（¶）。句尾词的换行由双斜线（//）表示。 见图 4.3。

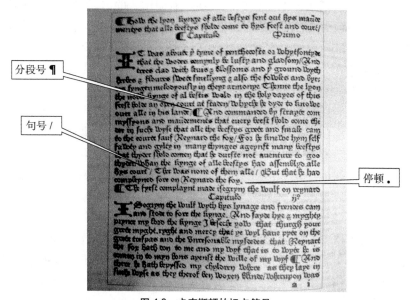

图 4.3　卡克斯顿的标点符号

　　另外，当时的排字工人就发现大部分新记号容易发生使用不一致的情况。大写字母使用也有许多不确定性。起初大写字母只用于特定人

1　Crystal, D. *The Stories of English*, Penguin, 2004, p. 261.

名，句首或诗行的开头，但后来它们的使用延伸至任何被认为重要的词（如标题，地址和人等）以及被强调的词。在 17 世纪，如果认为重要，几乎任何单词都可以大写。为了保险起见，排版工人更倾向于过度大写。例如在排版中是 "prime minister" 还是 "Prime Minister"，是 "moon" 还是 "Moon"，是 "bible" 还是 "Bible"，等等，这些问题经常需要解决。[1]

当然，卡克斯顿并不是语言学家，更不是语言政策的制定者。他是作为一个商人在自己的牟利生产中客观上、甚至是无意促进英语语言的标准化进程的。虽然卡克斯顿的印刷版本与他的助手文肯德（Wynkynde）印刷前后仍然存在大量前后标点符号使用不规范的现象，虽然卡克斯顿以后的许多印刷商的印刷产品中也存在大量的标点符号使用不规范现象，虽然直到 50 年之后不同的印刷厂才开始印出从语言角度来看非常难以区别的作品。虽然语言的使用标准即使没有印刷术的出现也会走向规范，但以卡克斯顿为代表的英国印刷业的兴起却使其更迅速，更广泛地传播。并且一旦标准由印刷者掌握，他们绝不放手。只有从这点上讲我们才能确定印刷业作为一种巩固标准的有效方法的重要性，卡克斯顿在英语发展史中的地位才得以凸显。

第三，卡克斯顿在新旧英语文体之间进行平衡折衷，争取到了较大的读者认可度和传播规模。在他的前言中，卡克斯顿经常对他自己的英语向读者表示歉意。例如在《特洛伊故事集》的前言中卡克斯顿就提到了他的英语就是 "俗气粗鄙的肯特方言"，并且勃艮第公爵夫人如何给自己提高语言质量。这当然可能是当时书面流行的套话，但也折射出当时社会对英语的一个普遍看法：使用从拉丁语和法语派生出来的英语词汇要比使用盎格鲁－撒克逊本土词汇显得更加高雅。这种致歉辞令一直持续到他印刷生涯的最后一本书。卡克斯顿也提到一些绅士向他抱怨在其印刷的翻译作品中存在不少很多普通英国人看不懂的词汇，所以这些绅士希望他的书籍中应该更多使用传统的普通英文词汇。但是，对于卡克斯顿来说，就连有些传统的普通词汇在当时也同样变得难以理解，他甚至察觉到了某些英语词汇从他年轻时代到其老年时期所发生的显著变化。

---

1 Crystal, D. *The Stories of English*, Penguin, 2004, p. 262.

卡克斯顿在《埃涅阿斯纪》的序言中写道："现在的语言与我出生的使用方式和发音已经非常不同了"。

因此，1387 年，在印刷特烈维萨翻译的《综合编年史》时，卡克斯顿就放弃使用了那些"就是在当时也难以理解的粗鄙陈旧英语"。他把这些所谓粗鄙陈旧的英语用法看作是下等人的标志，而其对立面则是"优雅的、华丽的、新鲜的"。卡克斯顿还举了个例子："一些在泰晤士河乘船的商人由于没风不能起航而上岸买吃的。其中一个商人特地想买鸡蛋，但是那个卖鸡蛋的妇人说他不懂法语。这个商人很生气，因为他也不会讲法语，他讲的就是英语，但是这个妇人听不懂他的英语。最后另外一个过路的人帮了忙，告诉那个妇人他要的是"eyren"，而不是"eggs"。妇人马上听懂了。"[1] 作为即将印刷的书籍翻译者，卡克斯顿必须保证他使用的英语对最广泛的读者群都是可以读懂的。"到底使用"eggs"（源自古英语"eg、egg、egge、ege、hegge、egg"的复数），还是使用"eyren"（源自古诺斯语"aig、ey、eye、ay、aye、ȝey"的复数）？由于英语语言的多样性和变化性，要想使得每个人都满意是很困难的。"就他的语言所应该持有的社会地位而言，卡克斯顿的解决方案就是折衷：尽量使得自己的英语文体既不是过于粗鄙低下，也不过于文雅矫情。自己的语言对于各类读者来说都是可以理解的。他在《世界镜鉴》的序言里说："那种正在形成的英语，各郡都不同……我把这本书的规模压缩一下，翻译成英语，不用粗俗口语，亦不用奇特方言，而是用大家都懂的语言。"[2]

当然，卡克斯顿的英语虽然明显是以正在形成过程中的伦敦标准语为基准，但是他的拼写却没有一个固定的标准，甚至每本书都有所差异。这可能是每个印刷排字员遵循了自己的拼写方式，除此原因之外，也和所印刷的书籍来源也有关系。例如卡克斯顿自己翻译的《列那狐的故事》

1　卡克斯顿的英语原文为 "… certayn marchauntes were in a shippe in Tamyse; and for lacke of wynde thei taryed atte forlond, and wente to lande for to refreshe them. And one of theym, named Sheffelde, a mercer, came into an hows, and axed for mete; and specyally he axed after eggys. And the goode wyf answerde, that she coude speke no Frenshe. And the marchaunt was angry, for he also coude speke no Frenshe, but wolde have hadde *egges*; and she understode hym not. And thenne at laste a-nother sayd that he wolde have *eyren*. Then the good wyf sayd that she understod hym wel. …" 参见 Freeborn, D. *From Old English to Standard English*, Macmillan, 1992, pp. 274.

2　Trevelyan, G M. *English Social History*, New York, 1942, p. 82.

(*Reynard the Fox*) 原来版本是荷兰语，所以卡克斯顿的英语译本里面有很多拼写方式受到荷兰语的影响。

无论怎样，通过印制大量英语作家的原作和译作（出版作品中包含许多其亲自从拉丁语、法语和荷兰语原文翻译而来的著作），以及用英语创作序言和后记，卡克斯顿对英语的发展起到了丰富和扩充的作用，英语拼写法得到逐步规范（为了英语的规范化，他甚至还编了一本《英－法语辞汇》，这是最早的双语词典之一）。英语中已有法语外来词的意义得以延伸，外来语修辞手法得到借用，英语的表达方式也得以增加，对英语文体的影响也非常重大。所有这些最终有力推动了伦敦方言压倒其他各地方言，成为普通话或"标准英语"的原型（proto-type）。

第四节　莎士比亚的戏剧创作与英语语言的发展

卡克斯顿的印刷出版活动客观上为其身后近 100 年后的莎士比亚戏剧创作奠定了民众读写能力基础和语言规范基础。威廉·莎士比亚（William Shakespeare）是英国文学史上最杰出的戏剧家，也是西方文艺史上最杰出的作家之一，全世界最卓越的文学家之一，[1] 莎士比亚对英语语言的发展和成熟具有重要的推动作用已经得到广泛的认可。

一、莎士比亚的戏剧创作生涯

莎士比亚于 1564 年 4 月 23 日生于英国中部瓦维克郡（Warwickshire）埃文河畔斯特拉特福（Stratford on Avon）的一位富裕市民家庭。其父约翰·莎士比亚是镇上家境殷实的市参议员和手套商人，母亲是一位富裕地主的女儿。[2] 莎士比亚在七岁时被送到当地的一个文法学校上过六年学，有关莎士比亚早期受教育的文献很少，但是大多数自传作家认为莎士比亚可能上的是斯特拉福镇的国王新学校（King's New School）。这所学校 1553 年建立，离他的家有四分之一英里远。当时的拉丁语是法律规定必须学的标准课程，因此莎士比亚可能受到过一些有关拉丁语和古典文学

1　Greenblatt, S. *Will in the World: How Shakespeare Became Shakespeare*, Pimlico, 2005, p.11.

2　Schoenbaum, S. *William Shakespeare: A Compact Documentary Life* (Revised ed.), Oxford University Press, 1987, pp.14-22.

的教育。[1]

　　1582 年 12 月 27 日，18 岁的莎士比亚与安妮·海瑟薇（Anne Hathaway）结婚。从 1585 年莎士比亚的双胞胎降生并受洗，一直到 1592 年莎士比亚的名字再次出现在伦敦剧院的记录上这一时期被称之为莎士比亚的失踪时间（lost years），几乎没有可以确认的历史文献证明其具体的行踪。[2]

　　这一段失踪时间可能是莎士比亚来到伦敦谋生并接触、尝试戏剧创作的时间。莎士比亚在剧院当过马夫、杂役，后加入剧团，做过演员、导演、编剧。传记作家们认为他的正式创作生涯始于 1580 年中期。[3] 到 1590 年年底，莎士比亚已成为伦敦一家顶级剧团——詹姆斯·伯比奇经营的"内务大臣供奉剧团（Lord Chamberlain's Men）"的演员和剧作家。1599 年，莎士比亚还和合伙人创建了环球剧场（the Globe），成为当时少有的由演员自己投资建造的大剧场。1603 年伊丽莎白女王去世、詹姆斯一世即位后也予以关爱，内务大臣供奉剧团改称为"国王的供奉剧团（King's Men）"，[4] 因此剧团除了经常巡回演出外，也常常在宫廷中演出，莎士比亚创作的剧本进而蜚声社会各界。成功的戏剧创作生涯给莎士比亚带来了丰厚的回报。1616 年 4 月 23 日莎士比亚在其生日当天去世，葬于圣三一教堂，享年 52 岁。[5] 表 4.6 是莎士比亚主要的剧本列表。

1　Baldwin, T. W. *William Shakspere's Small Latine & Lesse Greek,* University of Illinois Press, 1944, pp. 117, 179-80, 464.

2　Schoenbaum, S. *William Shakespeare: A Compact Documentary Life* (Revised ed.), Oxford University Press, 1987, pp. 77-78, 95.

3　Wells, S. *Shakespeare & Co,* Pantheon, 2006, p. 28.

4　Chambers, E. K. *The Elizabethan Stage* 2, Clarendon Press, 1923, pp. 208-09.

5　1995 年 11 月，联合国教科文组织第二十八次大会通过决议，宣布每年 4 月 23 日为世界图书和版权日，以纪念这位人类历史上最伟大的作家之一。

表 4.6　莎士比亚主要的剧本列表

	时间	中文译名	英文原名
喜剧	1604	《终成眷属》	*All's Well That Ends Well*
	1599	《皆大欢喜》	*As You Like It*
	1592	《错中错》	*The Comedy of Errors*
	1594	《爱的徒劳》	*Love's Labour's Lost*
	1604	《一报还一报》	*Measure for Measure*
	1596	《威尼斯商人》	*The Merchant of Venice*
	1599	《温莎的风流娘儿们》	*The Merry Wives of Windsor*
	1595	《仲夏夜之梦》	*A Midsummer Night's Dream*
	1598	《无事生非》	*Much Ado About Nothing*
	1608	《泰尔亲王佩力克尔斯》	*Pericles, Prince of Tyre*
	1593	《驯悍记》	*The Taming of the Shrew*
	1611	《暴风雨》	*The Tempest*
	1600	《第十二夜》	*Twelfth Night or What You Will*
	1594	《维洛纳二绅士》	*The Two Gentlemen of Verona*
	1613	《两位贵族亲戚》	*The Two Noble Kinsmen*
	1610	《冬天的故事》	*The Winter's Tale*
历史剧	1596	《约翰王》	*King John*
	1595	《理查二世》	*Richard II*
	1597	《亨利四世》	*Henry IV*
	1598	《亨利五世》	*Henry V*
	1590	《亨利六世》	*Henry VI*
	1592	《理查三世》	*Richard III*
	1613	《亨利八世》	*Henry VIII*
悲剧	1595	《罗密欧与朱丽叶》	*Romeo and Juliet*
	1607	《科利奥兰纳斯》	*Coriolanus*
	1593	《泰特斯·安特洛尼克斯》	*Titus Andronicus*
	1607	《雅典的泰门》	*Timon of Athens*
	1599	《凯撒大帝》	*Julius Caesar*
	1606	《麦克白》	*Macbeth*
	1601	《哈姆雷特》	*Hamlet*
	1601	《特洛伊罗斯与克瑞雪达》	*Troilus and Cressida*
	1605	《李尔王》	*King Lear*
	1604	《奥赛罗》	*Othello*
	1606	《安东尼与克丽奥佩托拉》	*Antony and Cleopatra*

莎士比亚流传下来的作品包括 38 部戏剧、155 首十四行诗、两首长叙事诗和其他诗歌。他的戏剧有各种主要语言的译本，且表演次数远远超过其他任何戏剧家的作品。[1]

二、莎士比亚语言的宏观社会背景

早期现代英语与希腊语和拉丁语相比在句法结构和词汇上并没有完全固定下来，仍然处于变化活跃期。在 15 世纪末至 17 世纪初，英语持续从其他语言吸收词汇。这种现象背后的动力是一系列深刻的社会因素在起作用。

技术进步与文化传播方面，威廉·凯克逊（William Caxton）于 1476 年首次引进了印刷技术，英语书籍开始成规模传播，英国民众文盲率不断下降，识字水平和读写能力显著提高；1549 年首次使用的《公祷书》和 1611 年正式颁布发行的《钦定圣经》对英语语言文体更是产生了持久深远影响；1604 年，罗伯特·考德雷（Robert Cawdrey）出版的《词汇表》成为第一部英语词典，规范了英语词汇的拼写和意义。

社会政治方面，1485 年亨利七世即位后，118 年的都铎王朝正式开始，由玫瑰战争带来的混乱的内战局面结束，社会趋向稳定发展，为经济文化的繁荣提供了保障。1534 年《至尊法案》颁布，亨利八世成为英国国教最高领袖，从而断绝了英国教会在行政、经济上与罗马教廷的关系，摆脱了罗马教权的桎梏，巩固了日益强大的王权；到 1558 年伊丽莎白女王即位时，英国迎接外交、文学、科学、探险、商业大繁荣的时代已经到来。

海外扩张方面，约翰·卡波特（John Cabot）在 1497 年企图找到前往中国的航线过程中发现了新斯科舍（Nova Scotia），英国海外领土扩张开始；1577 年至 1580 年，弗朗西斯·德雷克（Francis Drake）完成的环球航行极大丰富了英国人的环球航海知识，加速了英国海外领土扩张开始；1588 年，英国战胜西班牙无敌舰队，英国海外扩张的阻力被扫清；1600 年，东印度公司成立，英国在印度的殖民统治开始；1607 年，詹姆

1　Craig, L. H. *Of Philosophers and Kings: Political Philosophy in Shakespeare's "Macbeth" and "King Lear"*, University of Toronto Press, 2003, p. 3.

斯顿（Jamestown）的建立标志着英国在北美的殖民扩张开始。

在这种社会背景下，英国对外战争、对外地理探险、频繁的外交活动以及在全世界范围的殖民扩张也同时推动了哲学、神学和物理学的不断发展，英语进一步在这些领域得以应用。加之在元音大推移[1]（the Great Vowel Shift）的浪潮下，英国又陆续出版了一批英语正字法著作和语法书籍。学者们出于对英语变化的浓厚兴趣而引进了大量的借用词。诗人、剧作家和散文家面对新的社会形态和思潮也正在寻求表达复杂思想的新途径，他们一方面大量创造新词语，一方面又对旧词赋予了更多的新义。当时一些著名作家或文人如斯宾塞（Edmund Spenser）、悉尼爵士（Sir Philip Sidney）、马娄（Christopher Marlowe）和莎士比亚开始从其他语言中借词，甚至自己在作品中创造新词。在 1500 至 1659 年期间，来自拉丁语、希腊语以及现代罗曼语言的名词、动词和形容词达到 30 000 多个，极大地丰富了英语词库。

三、莎士比亚对英语语言的贡献

莎士比亚的创作对英语语言产生了深刻的影响。通过莎士比亚戏剧在随后 17、18 世纪持续广泛的传播，英语的形态得以进一步标准化，许多莎士比亚戏剧中的词汇、短语进入英语语言，莎士比亚独创的语法结构也逐渐成为英语中的标准用法，使得英语词汇和语法丰富多彩，大大增强了英语的表达力。我们从语法创新、词汇扩充以及英语成语三个方面来阐释莎士比亚对英语语言发展的贡献。

1　元音大推移（Great Vowel Shift）是英语发展史上的一次主要的语音转变，开始于 14 世纪，大体完成于 15 世纪中期，由大都会和港口城市向乡村的扩散一直持续到 16 世纪。转变主要体现在英语长元音的变化上。元音大推移前后长元音音值的差异已成为英语史的断代标准，用以区分之前的中古英语和之后的现代英语。英语中的长元音，原本与大陆（欧洲大陆）发音相似，经历了大推移之后，两个高位长元音转变成复合元音，其余的五个长元音开口度缩小（高化），其中的一个还伴随有舌位的前移。15 世纪中叶以降，随着活字印刷术在欧洲传播，各种文字类印刷品在英国逐渐普及，英语的拼写也随之固定，英语的语音转变受其影响趋于缓和。大推移的发生，其确切的原因和它那惊人的速度一直是语言学和文化史上的未解之谜。但是有一些理论将它归因于黑死病后英格兰东南部大量涌入的移民：操各种方言的人群汇聚在一起，出于交流的需要人们不得不调整各自的发音习惯，中间的调和型的发音在伦敦发展起来并逐渐成为规范继而向各地扩散。

1. 语法创新

莎士比亚的语法创新也体现在多个方面。伊丽莎白时代的英语口语与书面语没有严格的区分，也没有严格规范的语法规则来对语言的表达进行限制。这一点一方面导致了当时英语语言具有一定模糊性，但也同时为人们自由、生动地表达意义创造了条件和空间。莎士比亚的语法创新也正是在这个基础上的创新。总的说来，莎士比亚的语法创新主要有词性转换、双重否定、双关修辞等众多形式，极大地丰富了英语的表达形式。

把词从一个词类转换到另一个词类是莎士比亚语法创新的重要方式之一，文艺复兴时期的英国作家在创作时为了能够更加准确地表达思想，常常把某个词性的词作为另外的词性来使用。[1] 当然，词性之间的直接转换也有其语言使用背景。伊丽莎白时代尚未出现较大规模的词典来规范词汇的用法，这也为作家们写作时的个性化创造提供了条件。例如，形容词后缀可以有十多种形式（-able、-al、-ant、-ful、-ic、-ing、-ish、-ive、-ly、-some、-y），而当时并没有哪个人或哪本词典可以权威地确定究竟哪个是更加准确的用法。究竟是用哪个后缀，还是直接转换往往更多的是出于作家个人的考虑。词类转换现象在莎士比亚作品里俯拾皆是，通过形容词用作动词、名词转换成动词，动词转换成名词以及其他词类之间的相互转换，语言被赋以新鲜活力、变化和力量。表 4.7 是几个词性互换的例子：

表 4.7　莎剧中的词性转换 [2]

词性转换形式	举例	莎剧出处	汉译
代词转名词	she 指代 woman	Lady, you are the cruell'st she alive If you will lead these graces to the grave, And leave the world no copy. 《第十二夜》第一幕第五场	小姐，您是世上最忍心的女人，要是您甘心让这种美埋没在坟墓里，不给世间留下一份副本。

---

[1]　吴念："莎士比亚与英语语言"，载《山东外语教学》，1989 年第 2 期，第 35-40 页。
[2]　本表中的汉译均摘自《世界名著典藏系列·朱生译文卷》世界图书出版公司 2000 年。

续表

词性转换形式	举例	莎剧出处	汉译
形容词转动词	happy—to make happy （使快活）	That use is not forbidden usury, Which happies those that pay the willing loan 《十四行诗》第6首	这样的投放并不是非法放债，它会使借债付息者们打心底里快活。
名词转动词	word—to use word （用话骗）	He words me, girls, he words me. 《安东尼与克丽奥佩托拉》第五幕第二场	他用好听的话骗我，姑娘们，他用好听的话骗我。
副词转名词	ere, where （故国、家乡）	Thou losest here, a better where to find. 《李尔王》第一幕第一场	你抛弃了故国，将要得到一个更好的家乡。
分词转名词	having （财富）	Our content/Is our best having 《李尔王》第八幕第三场	知足就是我们最大的财富啊。

2. 词汇扩充

　　塞穆尔·约翰逊（Samuel Johnson）的《英语词典》（*A Dictionary of the English Language*）进一步扩大了莎士比亚的影响：词典中的词条解释所引用的例句和用法很多均来自莎士比亚，数量和规模远远超过其他作家。[1] 表4.8展示了《牛津英语词典》[2]所载的有关属于莎士比亚首次使用词汇记录。

1　Jack. L. *Samuel Johnson's Dictionary: Selections from the 1755 Work that Defined the English Language*, Levenger Press, 2002, p. 12.

2　《牛津英语词典》目前被认为最全面、最权威的英语词典。这套鸿篇巨制收录的词汇达到61万余个。另外，词典共列出的读音有137 000条，词源有2 493 000个，互相参照有577 000个，例句则达到2 412 400个。该词典收录了截止出版时编纂者已知的所有进入到英语文献中的词汇以及这些词汇的来源和涵义演变。很多词条从公元八九世纪起释义，每一项释义都将每100年的用例列举了一至两个。因此，与其说这是一部英文词典，还不如说是一部英语史巨著。

表4.8 莎士比亚首次使用词汇记录 [1]

年份	词数	作品
1588	140	《爱的徒劳》,《泰特斯·安特洛尼克斯》
1589	0	
1590	82	《错中错》,《仲夏夜之梦》
1591	73	《亨利六世》(第一部),《维罗纳二绅士》
1592	99	《亨利六世》(第二部),《罗密欧与朱丽叶》,《维纳斯与阿都尼》
1593	137	《亨利六世》(第二部),《亨利六世》(第三部),《情女怨》,《鲁克瑞丝遭强暴记》,《理查二世》,《维纳斯与阿都尼》
1594	38	《理查三世》
1595	46	《约翰王》
1596	162	《亨利四世》(第一部),《威尼斯商人》,《驯悍记》
1597	94	《亨利四世》(第二部),《爱的徒劳》,《热情的朝圣者》,《罗密欧与朱丽叶》
1598	69	《亨利四世》(第一部),《温莎的风流娘儿们》,《罗密欧与朱丽叶》,《理查三世》,《维罗纳二绅士》
1599	91	《亨利五世》,《无事生非》,《热情的朝圣者》
1600	87	《皆大欢喜》,《亨利五世》,《情女怨》,《十四行诗》,《泰特斯·安特洛尼克斯》
1601	122	《终成眷属》,《裘里斯凯撒》,《波里克利斯》,《凤凰与斑鸠》,《第十二夜》
1602	99	《哈姆雷特》
1603	60	《一报还一报》,《哈姆雷特》
1604	78	《奥赛罗》,《哈姆雷特》
1605	164	《李尔王》,《麦克白》,《哈姆雷特》
1606	158	《安东尼与克丽奥佩托拉》,《特洛埃勒斯与克雷雪达》
1607	104	《科里奥拉努斯》,《雅典的泰门》
1608	23	《李尔王》,《波里克利斯》
1609	1	《特洛埃勒斯与克雷雪达》
1610	51	《辛伯林》,《暴风雨》
1611	86	《辛伯林》,《冬天里的故事》
1612	0	
1613	15	《亨利八世》
总计	2079	去除莎士比亚故意的词汇误用后共有 2035 个

《牛津英语词典》的编纂者以莎士比亚戏剧全集的两个版本《第一对开本》以及《四开本》为数据来源库进行了莎士比亚首次使用词汇的检

1　根据 Crystal, D. *The Stories of English*, Penguin, 2004, p. 319 改制。

索。两个版本中许多作品的差异很大，例如同一个剧本有多个版本，并且互不相同。这些差异很有可能来源于当时的印刷错误、演员或观众的笔记差异以及莎士比亚自己的草稿。例如在下表中就出现了同一部作品出现在不同时期的时间标记不一致。其实时间的不一致往往意味着其作品的差异性也很大，所以统计时其实是把这些同名异形的作品看作不同作品来对待的。除去为了达到幽默效果故意误用的 44 个词汇外，莎士比亚首次使用的单词为 2035 个。这个数字在当时已经非常惊人，远远超过了当时同时代的作家或作品（斯宾塞为 500 个，悉尼爵士为 400 个，马斯顿为 200 个，《钦定圣经》为 50 个）。[1]

而根据我国著名莎士比亚研究专家顾绶昌教授的说法，莎士比亚的词汇量高达 29 066 个，这个惊人的词汇库中，不仅包括了 20 000 个以上源出盎格鲁－撒克逊的本民族词汇，而且还使用了由拉丁、法语、斯堪的纳维亚语等派生而来的词汇，以及伦敦各阶层人们日常使用的方言、土语、俚语、俗语乃至盗贼使用的黑话等等，蔚为大观。[2] 等等。许多新词是莎士比亚自己创造的，而这些单词现在早已成为英语及其常用的词汇的一部分，可见莎士比亚语言的生命力之顽强。如"agile"（敏捷）、"allurement"（诱惑）、"antipathy"（憎恶）、"catastrophe"（灾难）、"consonance"（和谐）、"critical"（关键的）、"demonstrate"（展示）、"dire"（完全）、"emphasis"（强调）、"extract"（提取）、"horrid"（可怕）、"modest"（谦虚）、"prodigious"（非凡的）、"vast"（巨大）、"advertising"（广告）、"bedroom"（卧室）、"eyeball"（眼球）、"cold-blooded"（冷血的）、"green-eyed"（嫉妒的）、"courtship"（求爱）、"critic"（批评家）、"generous"（慷慨的）、"dawn"（黎明）、"fashionable"（时髦的）、"gossip"（流言蜚语）、"lonely"（孤独的）、"tranquil"、（安宁的）、"unreal"（虚假的）、"blanket"（掩盖）、"excitement"（刺激）、"label"（加上标签）等等。[3]

还有一些单词刚问世一两年便被莎士比亚应用于创作中。如"exist"

1　Crystal, D. *The Stories of English*, Penguin, 2004, p. 317.

2　顾绶昌："关于莎士比亚的语言"，载《外国文学研究》，1982 年第 3 期，第 16-28 页。

3　Crystal, D. & Crystal, B. *Shakespeare's Words: A Glossary and Language Companion*, Penguin, 2004. p. 69.

（存在）、"initiate"（创始）、"jovial"（快活）等；[1] 另外，莎士比亚还从其他语言引进了大量的单词以充实自己的戏剧表达方式。一些来自罗曼语族的词汇如"ambuscade"（埋伏）、"armada"（舰队）、"barricade"（封锁）、"bastinado"（笞刑）、"cavalier"（骑兵）、"mutiny"（叛乱）、"palisade"（护栏）、"pell-mell"（凌乱）、"renegade"（背叛）等在 16 世纪中后期均由莎士比亚引进而成为英语新词。[2] 表 4.9 是莎士比亚从拉丁语和希腊语引进的词汇例证。[3]

表 4.9　莎士比亚引进并首次使用的拉丁语和希腊语词汇列表

时间	被引词汇	拉丁语 / 希腊语原词	汉译与莎剧出处
1588	apostrophe	apostrophe/ ἀπόστροφος	呼语 /《爱的徒劳》第四幕第二场
1590	premeditated	prameditare	预谋 /《仲夏夜之梦》第五幕第一场
1593	obscene	obscenus	下流 /《理查二世》第四幕第一场
1598	frugal	frugalis	节俭 /《温莎的风流娘儿们》第二幕第一场
1601	dexterously/ dexteriously	dexter+ous+ly	手巧 /《第十二夜》第一幕第五场
1604	accommodation	accomodationem	和解 /《奥赛罗》第一幕第三场
1605	assassination	assissinare	暗杀 /《麦克白》第一幕第七场
1605	dislocate	dislocare	《李尔王》第四幕第二场
1606	indistinguishable	distinguere+in+able	无法分辨 /《特洛伊罗斯与克瑞雪达》第五幕第一场
1606	submerged	submergere	淹没 /《安东尼与克丽奥佩托拉》第二幕第五场
1607	misanthrope	μισάνθρωπος	厌世者 /《雅典的泰门》第四幕第三场

　　莎士比亚是第一个把拉丁语和希腊语引进到英语词汇的英国作家。这些词汇的引进更多依靠的是莎士比亚以往对拉丁语和希腊语的学习和研究，而不是靠日常与这些外族人的交流。因为莎士比亚生平中并没有此类海外经历。

1　吴念："莎士比亚与英语语言"，载《山东外语教学》，1989 年第 2 期，第 35-40 页。

2　Baugh, A. C. & Cable, T. *A History of the English Language*, Routledge & Kegan Paul, 1978, p. 228.

3　Freeborn, D. *From Old English to Standard English*, Penguin, 1991, pp. 346-47.

3. 英语成语

现在，莎士比亚戏剧创作对英语语言的影响更多的是通过其经典台词得以体现。随着时光的流逝，莎士比亚首次使用的词汇有些已经消失或变为罕用词，莎士比亚戏剧中的经典台词很多却流传下来，成为英语成语（idiom）。由于许多成语使用频率很高、家喻户晓，很多人以至于都不知道这些司空见惯的日常语竟然来自几百年前的莎士比亚作品。根据统计，英语中目前有成语大约 4000 条，而来自莎士比亚的成语就达到135 个。[1] 在英语发展史上，莎士比亚是贡献成语最多的作家。当然，其中，有的可能不是莎士比亚的首创，但是经过莎士比亚在戏剧中的改编或修饰后，却很快传播开来，以至于后人把其归结于莎士比亚的创造。其中最具有代表性的是"a fool's paradise（黄粱美梦）"。这个成语虽然并不是莎士比亚的首创，但是它却随着《罗密欧与朱丽叶》而很快流行开来并成为英语成语。表 4.10 是英语中来自莎士比亚的常见成语举例。

表 4.10　莎剧中的英语成语

成语	汉译	出处
salad days	一个人的青涩年代	《安东尼与克丽奥佩托拉》第一幕第五场
foul play	不公平的比赛	《哈姆雷特》第一幕第二场
brevity is the soul of wit	言以简洁为贵	《哈姆雷特》第二幕第二场
tell the truth and shame the devil	据实直言	《亨利四世》第一部第三幕第一场
give the devil his due	平心而论	《亨利五世》第三部第七幕第一场
dead as a door-nail	完全死定了	《亨利六世》第二部第四幕第十场
it was Greek to me	深奥难懂	《裘里斯·凯撒》第一幕第二场
all the world's a stage	全世界是一个舞台	《皆大欢喜》第二幕第七场
mine own flesh and blood	亲生骨肉	《威尼斯商人》第二幕第二场
laughing stocks	笑柄	《温莎的风流娘儿们》第三幕第一场
green-eyed monster	嫉妒	《威尼斯商人》第三幕第二场
keep a good tongue in your head	说话注意自己的言语	《暴风雨》第三幕第二场

1　参见英国英语成语专业研究网站 http://www.phrases.org.uk/meanings/phrases-sayings-shakespeare.html

续表

成语	汉译	出处
set my teeth on edge	使人感到厌烦不安	《亨利四世》第一部第三幕第一场
with bated breath	屏住气息	《威尼斯商人》第一幕第三场
all our yesterdays	我们过去的岁月	《麦克白》第五幕第五场
play fast and loose	处世轻率，行为反复无常	《约翰王》第三幕第一场
knit his brows	眉头紧锁	《亨利五世》第二部第一幕第二场
we have seen better days	今非昔比	《皆大欢喜》第二幕第七场
as good luck would have it	走大运	《温莎的风流娘儿们》第三幕第五场
beggar all description	美得无法描述	《安东尼与克丽奥佩托拉》第二幕第三场

三、以莎士比亚为代表的戏剧创作对英国社会人文环境的影响

以莎士比亚为代表的戏剧创作与演出在伊丽莎白时期已经成为大众文化。无论是平民百姓到王公贵族都热衷于观赏戏剧，即便是伊丽莎白女王本人也非常热爱和支持戏剧。广大观众对戏剧的追捧也促使戏剧演出事业蓬勃发展，演出的内容丰富多彩、演出形式复杂多变，从而使得英国戏剧文学达到空前的繁荣。与此同时，戏剧演出所带来的较高酬薪也吸引了许多作家从事剧本创作，戏剧成为这一时期最重要的文学作品，对当时的英国社会人文环境产生了重要的影响。

从英国民众观赏戏剧的成本来看，当时戏票的价格很低，使得文艺复兴人文教化的受众范围非常广泛。

例如，在一家剧场，无论是有钱人还是没钱人都能找到符合自己经济实力的座位。观众站在舞台前的空地上看戏只需付一个便士。这个价格比其他的娱乐活动或购买一些生活必需品还要便宜。按照当时物价，登临圣保罗大教堂的高塔观赏伦敦全景需要付费一便士，去比武场看贵族比武需要付费18个便士，一个鸡蛋0.5便士，黄油1便士1磅，1加仑奶油1先令6便士，1头猪1先令，1只羊6先令，一本书值6便士或

1 先令，买一张单面印刷品也需要付费 1 便士。[1] 从以上消费价格对比可以看出，对于一般的伦敦市民而言，看戏是最为便宜的消遣之一。不用提乡绅贵族，就是普通的中产阶层市民以及来伦敦经商办事的乡绅和富裕农民也有足够的经济实力去观看戏剧。

从民众观赏戏剧的规模来看，当时的观众群体庞大，同样使得文艺复兴人文教化的受众范围非常广泛。例如，从 1576 年第一个剧院的建立到莎士比亚在 1613 年左右离开剧院，伦敦舞台上至少上演了 800 场戏剧。此外，根据 17 世纪最初几年的估计，每天到剧院看戏的人达到 3000 至 4000 人，一个星期大概有 2 万人。当时曾有一位西班牙大使写到："一天中有 3000 多人到剧院看戏，而这个人数还算是少的。"[2] 事实上，很多伦敦市民宁可去剧场看戏，也不愿意去教堂礼拜。1578 年 8 月 24 日约翰斯托克伍特在讲道中哀叹："喇叭一吹，一个下流的戏剧就能号召成千的观众，而教堂的钟声敲响整整一小时，还不能召集一百个听道的人。"[3]

总的看来，莎士比亚对英语语言的词汇规模、语法创新、文体变化以及成语惯用法等各个方面都有比较大的影响。他的创作不但丰富和提高了英语的表达力和影响力，而且以莎士比亚为代表的戏剧创作也对英国社会人文环境产生了重要影响。根据英国广播公司 (BBC) 进行的一项民意调查显示，莎士比亚成为 100 位最伟大的英国人之一，位居第五。[4]

1　吴光耀：《伊利莎白时期的英国剧场》，载《戏剧艺术》，1980 年第 2 期，第 140 页。
2　Reese, M. M., *Shakespeare: His World and His Work*, London,1980, pp. 94-95.
3　吴光耀：《伊利莎白时期的英国剧场》，载《戏剧艺术》，1980 年第 2 期，第 140 页。
4　参见维基百科 http://en.wikipedia.org/wiki/100_Greatest_Britons

结　语

英语发展的历史并不太长，从盎格鲁－撒克逊时期的古英语算起到现在大约只有 1500 多年的历史。语言的发展离不开社会。英语每一阶段的发展与变化都和英格兰的经济、政治、宗教、文化等息息相关。英格兰民族语言发展的重要阶段之一是在中世纪。然而中世纪时期的英语发展历程并不是那么一帆风顺，而是历经了垂死、复生、壮大最终才具有英格兰官方统一语言雏形的艰难考验。总体来看，英语的这一变迁既遵循了语言自身发展的规律，又有其非常独特的历史。

首先，从英语的内史（即英语内部结构）的发展变化来看，英语遵循了语言发展的一般规律。这是因为英语也像其他语言一样，从最初盎格鲁－撒克逊时期的综合性语言渐渐演变成中世纪的分析性语言，词形从复杂多样的屈折变化到大大减少，其语法功能也不再只依靠词形的变化来体现，而是主要由句子各成分之间的语法关系来确定。说它有独特的一面，是因为盎格鲁－撒克逊英语本身的词汇量很小，多为日常用语，很少能表达抽象的概念，而英语同时又具有灵活多变的特征，对外来语有很强的吸收能力。英格兰盎格鲁－撒克逊时期及中世纪特殊的社会语境使英语吸收了大量的外来语，包括拉丁语、法语、凯尔特语、斯堪的纳维亚语等。像"老瓶装新酒"一样，发展到中世纪晚期的英语已经不是最初的英语了，其词汇大大扩充，表达从不规范逐渐走向规范。

第二，英格兰社会历史发展中的诸多因素对英语产生了深远的影响。

从英语发展的外部社会环境来看，古英语时期的西撒克逊语在 9 世纪初已发展为当时英格兰相对成熟的标准语。然而，诺曼人的征服改变了英国的历史发展道路，使得英格兰与欧洲大陆联系加强；诺曼人引进采邑制，加速了英国封建制度的发展。诺曼人的征服也改变了英国语言文化的发展方向。英格兰社会出现了拉丁语、法语及英语三种语言共用现象：由于诺曼贵族成为英格兰的统治集团，法国贵族成为统治阶层主体，法语成为社会上层语言；英语的社会地位也因此而发生了巨大变化，只在社会大众中应用；基督教在英格兰的传播与发展使一直用于教会和知识界的拉丁语在英格兰继续得到加强。在中世纪早期，封建庄园经济盛行，社会等级森严，贵族与平民的接触较少。法语、英语和拉丁语各自有自己的使用场合，暂时处于一个较为宽松的社会语境当中。

然而，从 13 世纪的约翰王时期起，英国和大陆关系发生重大变化，英国贵族在法国占有的领地逐渐变少直至百年战争后被迫放弃在法国的所有领地后，他们才意识到英国是自己真正的家，才开始使用英语，法语的使用在贵族中也随之逐渐减少，这在客观上为英格兰人产生民族意识以及将自己的母语英语发展为民族统一语言创造了有利条件。12 世纪以前，英语很少有书面文字出现，而 13 世纪后英文记录大大增多。随着贸易往来增加，从事商贸的市民阶层在商业活动中使用英语越来越多。大量英语文档在伦敦产生，包括公告、行会章程、遗嘱、议会记录，诗歌、论著等，英语在这一时期已被各阶层广泛应用。英语和法语开始一争高低。

从 14 世纪开始，以伦敦为主的统一市场正在逐渐发展。由于"伦敦的经济是全国经济交流的引擎"，英格兰大部分的商业活动以伦敦商人为主体。伦敦商人的书面语言就成为商业同行在商贸活动中的主导语言。伦敦英语的重要性因此越来越凸显出来了。当时的伦敦商人来自全国各地，各地方言差异很大，但商人之间频繁的贸易往来使他们的方言与伦敦方言在交融的过程中彼此都发生了改变，伦敦英语不再只是伦敦方言，更像是一个方言的混合体，兼具了南方方言、东南部方言和东中部方言的特征。鉴于伦敦的经济地位在英语社会地位提高及英语标准化的进程中起了相当重要的作用，我们甚至可以这样说：伦敦英语的发展史就是标准英语的发展史；反之，英语标准化的历史几乎就是伦敦英语的发展史。

英语得到官方的认可更是英语发展成为英格兰的民族语言的重要因素。1362 年议会开始用英语颁布公告表明在法语和拉丁语虽为官方主要语言的中世纪，官方已经意识到使用英语与大众交流的必要性。国王开始真正重视使用英语是在 15 世纪早期及中期特别是亨利五世（1413–1422）和亨利六世（1422–1461）时期。中世纪英格兰的两大核心王室机构——玉玺保管处（Privy Seal Office）及大法院（Chancery）在这一时期使用英语已经具有了由少到多，由随意到渐趋统一，由繁复到较为简化的特征。这些都表明英语社会地位在进一步提高，官方语言由拉丁语及法语过渡到英语已成为历史的必然。

大众英语与官方语言的统一为英语的发展提供了坚实的群众基础。14、15 世纪英语信函、英语行会行规、英语商业合同等的出现，以及英语在学校的普遍应用等都说明英语的大众普及程度已经很高。14 世纪威克里夫写的英语散文及与助手翻译的英文版《圣经》成为标准英语的重要参照。威克里夫的翻译打破了罗马教会通过拉丁语对教会的控制，提高了英国普通民众使用英语民族语言的意识。英国民族文学的奠基人乔叟的英语作品如《坎特伯雷故事》已是中世纪英格兰社会的一个缩影；莎士比亚这位天才剧作家创造出很多英语新词，对丰富英语的表达产生重大影响。除了政治、经济和文化因素外，技术的进步是一个不可忽视的重要方面。卡克斯顿的出版活动正式通过印刷技术的革新客观上推动了英语标准化进程。今天我们考察卡克斯顿的出版活动意义，不仅要注重他对英国出版业的开创性影响，还要看到他引入英格兰的印刷业对传播英语语言作品、促进英语的统一发展做出的重大贡献。

总的看来，英语的发展史就是一幅波澜壮阔的英格兰历史文化画卷。早期的盎格鲁－撒克逊方言是英语的最初母体，接着凯尔特语、拉丁语、法语等外来语的涌入大大丰富了英语的内涵和表达能力，奠定了英语作为民族语的语言结构基础，而随之而来的诺曼征服、约翰王失地、英法百年战争等一系列重大政治、经济、文化事件使得英国民族意识逐渐形成，而这一民族意识的形成过程又极大地影响了英语作为民族语的地位沉浮。无论怎样，即使是英语被排斥于官方语言地位之外时，它依然是广泛使用的英国下层社会的大众语言，为其日后的复兴预先奠定了雄厚的群众基础。然后，以乔叟、莎士比亚为代表的文学创作直接推动了英语在语言的高变体（high variety）层面的升华和浸润，而以威克里夫为代表的英文《圣经》普及运动又从语言的低变体（low variety）层面进一步扩大了其社会认可度和影响力。最后在以卡克斯顿印刷术为代表的语言传播技术方面的巨大进步把英语的发展再次推到了一个崭新的的高度。

当然，语言的发展变化非常缓慢。英语民族语的形成不是几代人就能够完成的。尽管如此，发展到中世纪晚期的英语也已经相对成熟，为早期现代英语的发展奠定了坚实的基础，预示着现代英语的发展将迎来一页新的篇章。

参考文献

一、中文文献

著作类：

柴惠庭：《英国清教》，上海社会科学院出版社，1994 年。

陈才宇：《古英语与中古英语文学通论》，商务印书馆，2007 年。

陈建民：《中国语言和中国社会》，广东教育出版社，1999 年。

侯建新：《社会转型时期的西欧与中国》，济南出版社，2001 年。

李赋宁：《英语史》，商务印书馆，1991 年。

李赋宁、何其莘：《英国中古时期文学史》，外语教学与研究出版社，2006 年。

侯建新：《社会转型时期的西欧与中国》，济南出版社，2001 年。

蒋孟引：《英国史》，中国社会科学出版社，1988。

解楚兰：《英语史话》，江苏教育出版社，1995 年。

刘城：《英国中世纪教会》，首都师范大学出版社，1996 年。

马克垚：《封建经济政治概论》，人民出版社，2010 年。

马克垚：《西欧封建经济形态研究》，人民出版社，2001 年。

马克垚：《英国封建社会研究》，北京大学出版社，2005 年。

孟广林：《英国封建王权论稿 —— 从诺曼征服到大宪章》，人民出版社，2002 年。

刘景华：《西欧中世纪城市新论》，湖南人民出版社，2000 年。

刘新成主编：《西欧中世纪社会史研究》，人民出版社，2006 年。

钱乘旦、许洁明：《英国通史》，上海社会科学院出版社，2002 年。

秦秀白：《英语简史》，湖南教育出版社，1983 年。

宋振华：《马克思恩格斯和语言学》，吉林人民出版社，2002 年。

宋小梅：《中世纪斯堪的纳维亚民族社会演进研究》，华东师范大学博士论文，2008 年。

谭载喜：《西方翻译简史》，商务印书馆 2004 年，第 52 页。

王亚平：《权力之争：中世纪西欧的君权与教权》，东方出版社，1995 年。

王亚平：《修道院的变迁》，东方出版社，1998 年。

王亚平：《基督教的神秘主义》，东方出版社，2001 年。

王亚平：《西欧法律演变的社会根源》，人民出版社，2009 年。

王亚平：《西欧中世纪社会中的基督教教会》，中央编译出版社，2011 年。

信德麟：《拉丁语和希腊语》，外语教学与研究出版社，2007 年。

阎照祥：《英国贵族史》，人民出版社，2000 年。

阎照祥：《英国政治制度史》，人民出版社，2003 年。

张芝联主编：《法国通史》，北京大学出版社，1989 年。

张书理：《概念与现实中的凯尔特人》，华东师范大学硕士论文，2010 年，第 8 页。

周有光：《世界文字发展史》，上海教育出版社，1997 年。

张勇先：《英语发展史》，外语教学与研究出版社，2014 年。

译著类：

[英] 阿萨·勃里格斯：《英国社会史》，陈叔平等译，中国人民大学出版社，1991 年。

[英] 埃里克·霍布斯鲍姆：《民族与民族主义》，李金梅译，上海世纪出版集团，2006 年。

[英] 艾伦·麦克法兰：《英国个人主义的起源——家庭、财产权和社会转型》，管可秾译，商务印书馆，2008 年。

[美] 爱德华·萨丕尔：《语言论：言语研究导论》，陆卓元译，商务印书馆，1964 年。

[英] 爱德华·甄克斯：《中世纪的法律和政治》，屈文生、任海涛译，中国政法大学出版社，2010 年。

[法] 爱弥尔·涂尔干：《孟德斯鸠与卢梭》，李鲁宁等译，上海人民出版社，2006 年。

[英] 安东尼·吉登斯：《民族——国家与暴力》，胡宗泽等译，生活·读书·新知三联书店，1998 年。

[美]本内特·霍利斯特：《欧洲中世纪史》，杨宁、李韵译，上海社会科学院出版社，2007年。

[美]本尼迪克特·安德森：《想象的共同体：民族主义的起源与散布》，吴叡人译，上海人民出版社，2005年。

[英]比德：《英吉利教会史》，陈维振、周清民译，商务印书馆，1997年。

[英]彼得·伯克：《历史学与社会理论》，刘北成等译，上海人民出版社，2010年。

[英]彼得·伯克：《欧洲近代早期的大众文化》，杨豫等译，上海人民出版社，2005年。

[英]彼得·伯克：《什么是文化史》，杨豫译，北京大学出版社，2009年。

[英]彼得·伯克：《文化史的风景》，丰华琴、刘艳译，北京大学出版社，2013年。

[英]彼得·伯克：《意大利文艺复兴时期的文化与社会》，刘君译，东方出版社，2007年。

[英]彼得·伯克：《语言的文化史：近代早期欧洲的语言和共同体》，李霄翔等译，北京大学出版社，2007年。

[荷]彼得·李伯庚：《欧洲文化史》，赵复三译，上海社会科学院出版社，2004年。

[英]波斯坦等主编：《剑桥欧洲经济史》，王春法等译，经济科学出版社，2002年。

[英]伯兰特·罗素：《西方哲学史》（上册），何兆武、李约瑟译，商务印书馆，1961年。

[英]伯兰特·罗素：《西方哲学史》（上册），何兆武、李约瑟译，商务印书馆，2004年。

[法]布瓦松纳：《中世纪欧洲生活和劳动（五至十五世纪）》，潘原来译，商务印书馆，1985年。

[美]查尔斯·霍默·哈斯金斯：《12世纪文艺复兴》，夏继果译，上海人民出版社，2005年。

[美]查尔斯·霍默·哈斯金斯：《大学的兴起》，王建妮译，上海世纪出版集团，2007年。

[英]丹尼斯·哈伊：《意大利文艺复兴的历史背景》，李玉成译，生活·读

书·新知三联书店，1992 年。

[法] 法拉格：《财产及其起源》，王子野译，三联书店，1962 年。

[法] 费尔南·布罗代尔：《 法兰西的特性·人与物》，顾良、张泽乾译，商务印书馆，1995 年。

[法] 费尔南·布罗代尔：《15–18 世纪的物质文明、经济与资本主义》（1-3 卷），顾良、施康强译，三联书店，2002 年。

[法] 弗朗索瓦·基佐：《法国文明史》，沅芷、伊信译，商务印书馆，1997 年。

[奥] 弗里德里·希尔：《欧洲思想史》，赵复三译，广西师范大学出版社，2007 年。

[美] 哈罗德·J. 伯尔曼：《法律与革命 —— 西方法律传统的形成》，贺卫方等译，中国大百科全书出版社，1993 年。

[德] 汉斯 - 维尔纳·格茨：《欧洲中世纪生活》，王亚平译，东方出版社，2002 年。

[德] 汉斯 - 维尔纳·格茨：《欧洲中世纪生活》，王亚平译，东方出版社，2002 年。

[比] 亨利·皮朗：《中世纪的城市》，陈国樑译，商务印书馆，2006 年。

[比] 亨利·皮朗：《中世纪欧洲经济社会史》，乐文译，上海人民出版社，2001 年。

[英] 亨利·斯坦利·贝内特：《英国庄园生活：1150–1400 年农民生活状况研究》，龙秀清等译，上海人民出版社，2005 年。

[德] 洪堡特：《洪堡特语言哲学文集》，姚小平译，商务印书馆，2011 年。

[美] 贾恩弗朗哥·波齐：《国家：本质、发展与前景》，陈尧译，上海世纪出版集团，2007 年。

[苏] 柯思明斯基：《中世世界史》，何东辉译，人民教育出版社，1956 年。

[英] 克里斯托弗·戴尔：《转型的时代：中世纪晚期英国的经济与社会》，莫玉梅译，社会科学文献出版社，2010 年。

[英] 肯尼思·O. 摩根：《牛津英国通史》，王觉非译，商务印书馆，1993 年。

[英] 昆廷·斯金纳：《国家与公民：历史、理论、展望》，彭利平译，华东师范大学出版社，2005 年。

［法］罗伯特·福西耶主编：《剑桥插图中世纪史（950–1250年）》，李增洪等译，山东画报出版社，2008年。

［英］罗伯特·麦克拉姆等著：《英语的故事》，秦秀白、舒白梅、姬少军译，暨南大学出版社，1990年。

［法］马克·布洛赫：《法国农村史》，余中先、张朋浩、车耳译，商务印书馆，1997年。

［法］马克·布洛赫：《封建社会》（下），张绪山译，商务印书馆，2007年，第683页。

［法］马克·布洛赫：《封建社会》，李增洪、侯树栋、张绪山译，商务印书馆，2004年。

［德］马克思、恩格斯：《马克思恩格斯全集》，第3卷，中共中央马克思恩格斯列宁斯大林著作编译局编译，人民出版社，1995年。

［美］玛格利特·L．金：《欧洲文艺复兴》，李平译，上海世纪出版集团，2008年。

［英］迈克尔·曼：《社会权力的来源》，刘北成、李少军译，上海人民出版社，2002年。

［法］孟德斯鸠：《论法的精神》，张雁深译，商务印书馆，1961年。

［德］诺贝特·埃利亚斯：《文明的进程》（第二卷），袁志英译，三联书店，1999年。

［英］诺曼·戴维斯：《欧洲史》，郭方、刘北成等译，世界知识出版社，2007年。

［英］佩里·安德森：《从古代到封建主义的过渡》，郭方、刘健译，上海人民出版社，2001年。

［法］皮埃尔·米盖尔：《法国史》，蔡鸿滨等译，商务印书馆，1985年。

［美］乔治·萨拜因：《政治学说史》（第四版，上卷），邓正来译，上海人民出版社，2008年。

［美］乔治·萨拜因：《政治学说史》（下卷），刘山等译，商务印书馆，1986年。

［法］让·雅克·卢梭：《社会契约论》，何兆武译，商务印书馆，2003年。

［美］塞缪尔·亨廷顿：《变化社会中的政治秩序》，王冠华、刘为等译，上海人民出版社，2008年。

[法]瑟诺博斯:《法国史》,沈炼之译,商务印书馆,1964年。

[新]斯蒂文罗杰·费希尔:《阅读的历史》,李瑞林等译,商务印书馆,2009年。

[法]雅克·勒戈夫:《中世纪的知识分子》,张弘译,商务印书馆,2002年。

[法]雅克·韦尔热:《中世纪大学》,王晓辉译,上海人民出版社,2007年。

[法]伊曼纽埃尔·勒鲁瓦·拉迪里:《历史学家的思想和方法》,杨豫等译,上海人民出版社,2002年。

[美]詹姆斯·汤普逊:《中世纪经济社会史》,耿淡如译,商务印书馆,1997年。

[美]詹姆斯·汤普逊:《中世纪晚期经济社会史》,徐家玲等译,商务印书馆,1996年。

中文论文类:

陈平:"语言民族主义:欧洲与中国",载《外语教学与研究》,2008年第1期,第4-13页。

陈宇:"中世纪英国民众文化状况研究",载《历史教学》,2006第11期,第24-27页。

程冷杰,江振春:"英国民族国家形成中的语言因素",载《外国语文》,2011年第3期,第80-84页。

顾绶昌:"关于莎士比亚的语言",载《外国文学研究》,1982年第3期,第16-28页。

贺晴宇:"试论《坎特伯雷故事》的喜剧性",载《世界文学评论》,2007年第2期,第280-283页。

侯建新:"英格兰种族、语言和传统探源",载《天津师范大学学报》(哲社版),1995年第5期,第58-63页。

侯建新:"工业革命前英国农民的生活与消费水平",载《世界历史》,2001年第1期,第29-36页。

侯建新:"富裕佃农:英国现代化的最早领头羊",载《史学集刊》,2005年第4期,第43-50页。

侯建新:"封建主义概念辨析",载《中国社会科学》,2005年第6期,第174-189页。

侯建新，张晓晗："家庭教育：英国近代初等教育的催生剂"，载《天津师范大学学报（社会科学版）》，2010 年第 6 期，第 174-189 页。

江泽玖："《坎特伯雷故事》总引的人物描写"，载《外国语》，1985 年第 1 期，第 66-67 页。

李赋宁："英语民族标准语的形成与发展"，载《西方语文》，1958 年第 1 期，第 37 页。

刘城："中世纪欧洲的教皇权与英国王权"，载《历史研究》，1998 年第 1 期，第 97-111 页。

刘海燕："浅析诺曼人征服英国对英语语言发展的影响"，载《外语教学与研究》，2008 年第 32 期，第 49-50 页。

刘景华："论崛起时期英国经济地理格局的演变"，载《天津师范大学学报（社会科学版）》，2009 年第 6 期，第 38-42 页。

刘景华："外来移民和外来商人：英国崛起的外来因素"，载《历史研究》，2010 年第 1 期，第 138-159 页。

刘景华："略论中世纪城市对近代文明因素的孕育"，载《中国世界中世纪史学会 2012 年会论文集》，2012 年，第 10-18 页。

刘丽华，李明军："英语变化的社会因素研究"，载《齐齐哈尔大学学报》，2008 年第 2 期，第 136-138 页。

倪世光："从比武大赛看骑士与教会的冲突"，载《外国语言文学》，2008 年第 2 期，第 53-59 页。

倪世光："中世纪骑士行为变化与爱情观念"，载《外国语言文学》，2010 年第 7 期，第 84-92 页。

倪世光："西欧中世纪骑士的培养和教育"，载《历史教学》2003 年第 1 期，第 47-50 页。

沈坚："维京时代：冲突与交融"，载《历史研究》，1989 年第 5 期，第 167 页。

沈坚："凯尔特人在西欧的播迁"，载《史林》，1999 年第 1 期，第 103 页。

沈弘："乔叟何以被誉为英语诗歌之父"，载《外国文学评论》，2009 年第 3 期，第 139-151 页。

宋德生："简析诺曼征服后英国的语言状况及其发展主流"，载《石油大学学报》，1996 年第 3 期，第 78-80 页。

孙保国：《18 世纪以前欧洲文字传媒与社会发展研究》，东北师范大学博士论文。2005 年，第 59 页。

王继辉："再论《贝奥武甫》中的基督教精神"，载《外国文学》，2002 年第 5 期，第 69-78 页。

王亚平："13 世纪西欧城市自治运动发生的历史原因"，载《东北师大学报 (哲学社会科学版)》，1996 年第 2 期，第 1-6 页。

王亚平："论西方社会中的基督教"，载《外国问题研究》，1997 年第 2 期，第 13-17 页。

王亚平："论西欧中世纪的三次文艺复兴"，载《东北师大学报》，2001 年第 6 期，第 1-8 页。

王亚平："英国封建制度形成的社会历史条件"，载《史学集刊》，2002 年第 3 期，第 35-41 页。

王亚平："西欧中世纪社会中的权力与权利"，载《天津师范大学学报 (社会科学版)》，2005 年第 4 期，第 30-36 页。

王亚平："浅析中世纪西欧社会中的三个等级"，载《世界历史》，2006 年第 4 期，第 60-68 页。

王亚平："浅析西欧中世纪的宗教冲突与对话"，载《历史教学》，2007 年第 10 期，第 64-68 页。

王亚平："试析中世纪晚期西欧土地用益权的演变"，载《史学集刊》，2010 年第 5 期，第 80-86 页。

王亚平："浅析德意志中世纪封建社会中的农村与城市"，载《中国德国史研究会 2012 年年会暨"德国历史：宗教与社会"学术研讨会论文集》，第 248-259 页。

吴光耀："伊利莎白时期的英国剧场"，载《戏剧艺术》，1980 年第 2 期，第 137-150 页。

吴念："莎士比亚与英语语言"，载《山东外语教学》，1989 年第 2 期，第 35-40 页。

肖明翰："乔叟对英国文学的贡献"，载《外国文学评论》，2001 年第 4 期，第 85-94 页。

肖明翰："《坎特伯雷故事》的朝圣旅程与基督教传统"，载《外国文学》，2004 年第 6 期，第 93-98 页。

肖明翰："旧传统的继续与新的开端——诺曼征服之后早期中古英语文学

的发展"，载《英国文学》，2009 年第 2 期，第 107 页。

杨开范："国内古英语文学研究 30 年述评"，载《理论月刊》，2012 年第 8 期，第 81-86 页。

杨红秋："诺曼人入侵对英语词汇的影响"，载《山东外语教学》，1986 年第 1 期，第 41-43 页。

杨敏："诺曼征服对英语的影响"，载《外语研究》，2006 年 4 月号中旬刊，第 123-124 页。

于文："语言、阅读与出版变迁——论威廉卡克斯顿的出版史意义"，载《中国出版》，2012 年第 23 期，第 68-71 页。

张俊："中古英语语法发展与特点研究"，载《英语广场》，2011 年第 5 期，第 3-5 页。

宗端华："乔叟与英国文艺复兴"，载《西南民族大学学报》（人文社科版），2008 年第 3 期，第 44-47 页。

二、西文文献

史料类：

Bede, *Bede's Ecclesiastical History of England*, London, 1907.

Gregory of Tours, *The History of the Franks*, Ed. & Tran. by Thorpe, L., Baltimore, 1974.

Tacitus: *Germania,* Tran. by Thomas, G., Ed. by Ellot, C. W., from the Harvard Classics,Vol.33, New York, 1910.

T*he Anglo-Saxon Chronicle*, Tran. by Giles, J. A., London, 1847.

著作类：

Abulafia, D., (ed.), *The New Cambridge Medieval History*（Vol. V）, Cambridge University Press, 1999.

Adams, G. B., *Civilization during the Middle Ages*, New York, 1914.

Allmand, C. (ed.), *The New Cambridge Medieval History* (Vol. VII), Cambridge University Press, 1998.

Algeo, J, (ed.), *The Cambridge History of the English Language* (Vol.VI), Cambridge University Press, 1998.

Algeo, J. & Pyles, T., *The Origins and Development of the English Language*, Harcourt Brace Jovanovich College, 1993.

Aston, T. & Coss, P. (ed.), *Social Relations and Ideas: Essays in Honor of R. H. Hilton*, Cambridge, 1983.

Bailey, R., *Images of English: A Cultural History of the English Language*, Cambridge University Press, 1991.

Bader, K. S., *Das mittelalterliche Dorf als Freedens-und Rechtsbereich*, Weimar 1957.

Baldwin, T. *William Shakspere's Small Latine & Lesse Greek*, University of Illinois Press, 1944.

Baker, R., *Reflections on the English Language*, Scolar Reprint 87, 1770.

Bammesberger, A., "The Place of English in Germanic and Indo-European", In R. M. Hogg (ed.) *The Cambridge History of the English Language*, Cambridge University Press, 1992.

Barton, D., *Literacy: An Introduction to the Ecology of Written Language*, Blackwell, 1994.

Bates, D. & Curry, A. (eds.), *England and Normandy in the Middle Ages*, Hambledon Press, 1994.

Baugh, A. C. & Cable, T., *A History of the English Language*, Routledge & Kegan Paul, 1978.

Bernstein, B., *Class, Codes and Control*, Paladin, 1973.

Bisson, T. N., *The Rise of the Twelfth Century*, Princeton and Oxford, 2009.

Blake, N., (ed.), *The Cambridge History of the English Language* (Vol. 2:1066-1476), Cambridge University Press, 1992.

Blake, N. F., *Caxton and His World*, Andre Deutsch, 1969.

Black, A., *Political Thought in Europe 1250-1450*, Cambridge University Press, 1992.

Bradley, N. F., *The Making of English*, Macmillan, 1904.

Braithwaite, T. W. *The "Six Clerks of Chancery", Their Successors in Office, and the Houses They Lived in—A Reminiscence*, London, 1879.

Brink, B. A. *Chaucer*, Adolf Russell's Verlag, 1870.

Brown, A. L., *The Governance of Late Medieval England 1272-1461*, Stanford University Press, 1989.

Brown, P. A., *The Norman and Norman Conquest*, the Boydell Press, 1985.

Burke, P., *Language and Communities in Early Modern Europe*, Cambridge University Press, 2004.

Burrow, J. A. & Turville-Petre, T., *A Book of Middle English (third edition)*, Blackwell, 2005.

Cannon, C., *The Making of Chaucer's English*, Cambridge University Press, 1998.

Casiday, A., *The Cambridge History of Christianity*, Cambridge University Press, 2007.

Chambers, E. K. *The Elizabethan Stage* 2, Clarendon Press, 1923.

Chambers, R. & Daunt, M., (eds.), *A Book of London English 1384-1425*. Clarendon, 1931.

Chernilo, D., *A Social Theory of the Nation-State*, Routledge, 2007.

Church, W. F., *Constitutional Thought in Sixteenth-Century France*, Cambridge University Press, 1941.

Clagett, M. et al, (eds.), *Twelfth-Century Europe and the Foundations of Modern Society*, Wisconsin University Press, 1966.

Clanchy, M. T., *From Memory to Written Record: England, 1066-1307.* Harvard University Press, 1979.

Clark, P., *The Cambridge Urban History of Britain (Vol.2)*, Cambridge University Press, 2008.

Classen, E., *Outlines of the History of the English Language*, Macmillan, 1919.

Collins, J., *From Tribes to Nation: The Making of France 500-1799*, Thomson Learning, 2002.

Cottle, B., *The Triumph of English, 1350-1400*, London: Blandford, 1969.

Craig, L. H. *Of Philosophers and Kings: Political Philosophy in Shakespeare's "Macbeth" and "King Lear"*, University of Toronto Press, 2003.

Creveld, M., *The Rise and Decline of the State*, Cambridge University Press, 1999.

Crow, M. & Clair O., (eds.), *Chaucer Life Records*, Oxford University Press, 1996.

Crystal, D.,*The Stories of English*, Penguin, 2004.

Crystal, D & Crystal, B., *Shakespeare's Words: A Glossary and Language Companion*, Penguin, 2004.

Daniel, E., *The History and Derivation of the English Language*, London: National Society, 1883.

Delaney, F. *Celts*, London, 1989.

Dopsch, A. *The Economic and Social Foundations of European Civilization*, London, 1937.

Dryden, J. *Fables Ancient and Modern: Translated into Verse, from Homer, Ovid, Boccace, & Chaucer*, Hard Press, 2012.

Eckhardt, C. C., *The Papacy and World Affairs as Reflected in the Secularization of Politics*. Chicago, 1937.

Ekwall, E. *Studies in the Population of Medieval London*, Stockholm, 1956.

Emerson, O. F. *An Outline History of the English Language*. Kessinger Publishing, 1906.

Fairclough, N., *Language and Power*, London: Longman, 1989.

Fairclough, N., *Discourse and Social Change*, Cambridge: Polity Press, 1992.

Fennel, B. A., *History of English: A Sociolinguistic Approach*, Blackwell, 1998.

Fisher, J. H., *The Emergence of Standard English*, University Press of Kentucky, 1996.

Fowler, H. W. & Fowler, F. G., *The King's English*, Oxford: Clarendon, 1919.

Frantzen, A. J., *King Alfred*, Boston: Twayne, 1986.

Freeborn, D., *From Old English to Standard English*, Macmillan, 1992.

Freeman, E. A. *The History of the Norman Conquest of England: Its Causes.* Cambridge University Press, 2011.

Geipel, J., *The Viking Legacy: The Scandinavian Influence on the English and Gaelic Languages*, David and Charles, 1971.

Graves, M. A. R., *The Parliaments of Early Modern Europe*, Longman, 2001.

Green, J. R. & Green, A. S., *The Conquest of England*, New York, 1884.

Greenblatt, S. *Will in the World: How Shakespeare Became Shakespeare*, Pimlico, 2005.

Harrison, W., *Of the Languages Spoken in This Island*, 1587.

Hart, J., *The Opening of the Unreasonable Writing of Our English Tongue*, MS, 1551.

Hay, Denys, *Europe In The 14th And 15th Centuries*, Longman Group UK Limited, 1989.

Hogg, R. M. (ed.), *The Cambridge History of the English Language, vol. 1: The Beginnings to 1066*, Cambridge University Press, 1984.

Horrox, R. & Ormrod, W. M., (eds.), *A Social History of England (1200-1500)*, Cambridge University Press, 2006.

Hughes, A., *Medieval Manuscripts for Mass and Office*, University of Toronto Press, 1982.

Huntington,S., *The Clash of Civilizations and the Re-making of World Order*, New York, 1996.

Hwews, J., *A Perfect Survey of the English Tongue*, Scolar Reprint, 1624.

Gunnée, B., *States and Rulers in Later Medieval Europe*, Basil Blackwell, 1985.

Hanks, G., *70 Great Christians Changing the World*, Christian Focus Publications Ltd., 1992.

Herbert, W. *The History of the Twelve Great Livery Companies of London*, London, 1834.

Hilton, R. H., *English and French Towns in Feudal Society: a Comparative Study*, Cambridge University Press, 1992.

Hilton, R. H., *The English Peasantry in The Later Middle Ages*, Oxford, 1975.

Hoccleve, T. *The Regiment of Princes*, Blyth, C. R. (ed.) , Kalamazoo, MI, 1999.

Hogg, R. M. (ed.), *The Cambridge History of the English Language, vol. 1: The Beginnings to 1066*, Cambridge University Press, 1984.

Holmes, G., *The Later Middle Ages, 1272-1485*, New York, 1962.

Holmes, G. (ed.), *The Oxford History of Medieval Europe*, Oxford University Press, 1988.

Holzknecht, K. J. *Literary Patronage in the Middle Ages*, Philadelphia, 1923.

Horrox, R. & Ormrod, W. M. (ed.), *A Social History of England (1200-1500)*, Cambridge University Press, 2006.

Hudson, A. *Lollards and Their Books*, The Hambledon Press, 1985.

Hudson, A. & Michael, W. *From Ockham to Wyclif*, Blackwell, 1987.

Jack. L. *Samuel Johnson's Dictionary: Selections from the 1755 Work That Defined the English Language*, Levenger Press, 2002.

Jespersen, O., *Growth and Structure of the English Language*, Blackwell, 1905.

Jobson, A. (ed.), *English Government in the Thirteenth Century*, The Boydell Press, 2004.

Jones, M., *The New Cambridge Medieval History* (Volume VI), Cambridge University Press, 2000.

Jones, R. F., *The Triumph of the English Language*, Stanford University Press, 1953.

Joseph B. (ed.) *Standardizing English*, University of Tennessee Press, 1989.

Joseph, J. E., *Eloquence and Power: the Rise of Language Standards and Standard Language*, Frances Press, 1987.

Judith, J. *The Viking Diaspora*, Lodon: Routledge, 2015.

Kenny, A. (ed.), *Wyclif and his Times*, Clarendon, 1986.

Kirshner, J. (ed.), *The Origins of the State in Italy 1300-1600*, Chicago and London, 1995.

Knowles, G., *A Cultural History of the English Language*, Peking University Press, 2004.

Kyngstoston, R., *Letter to Henry IV. Royal and Historical Letters During the Reign of Henry IV*, Rolls Series, 1403.

Lagarde, A. *The Latin Church in the Middle Ages*, tran. Alexander, A., New York, 1915.

Lander, R., *The Limitations of English Monarchy in the Later Middle Ages*, Toronto, 1989.

Lawson, J. & Silver, H., *A Social History of Education in England*, London, 1973.

Leith, D., *A Social History of Education in England*, Routledge and Kegan Paul,1983.

Leonard, S. A., *The Doctrine of Correctness in English Usage 1700-1800*, Russell and Russell, 1962.

Lerer, S., *Inventing English: A Portable History of the Language*, Columbia University Press, 2007.

Levine, K., *The Social Context of Literacy*, Routledge, 1986.

Linehan, P. & Nelson, J. L., *The Medieval World*, Routledge, 2001.

Lodge, R. A., *French, from Dialect to Standard*, Routledge, 1993.

Luscombe, D. & Riley-Smith, J. *The New Cambridge Medieval History*（*Vol. IV*）, Cambridge University Press, 2004.

Mayr-Harting,H., *The Coming of Christianity to Anglo-Saxson England*, the Pennsylvania State University Press, 1991.

McArthur, T. B. & McArthur, F., *Oxford Companion to the English Language*, Oxford University Press, 1992.

McCrum, R., et al, *The Story of English*, Penguin Books, 2003.

McFarlane, K. B., *Lancastrian Kings and Lollard Knights*, Clarendon, 1972.

McIntosh, A., et al, *A Linguistic Atlas of Late Mediaeval English*, Aberdeen University Press, 1986.

McKisack, M., *The Fourteenth Century 1307-1399*, Oxford University Press, 1959.

Mckitterick, R. (ed.), *The New Cambridge Medieval History*（Vol. II）, Cambridge University Press, 1995.

McKnight, G., *Modern English in the Making*, General Publishing Co. 1928.

Mitchell, B., *A Guide to Old English*, Basil Blackwell, 1968.

Morgan, O. K. (ed.), *The Oxford History of Britain*, Oxford University Press, 2010.

Morrall, J. B., *Political Thought in Medieval Times*, London, 1958.

Morris, Colin, *The Discovery of the Individual 1050-1200*, University of Toronto Press, 1972.

Moore, S., et al, *Middle English Dialect Characteristics and Dialect Boundaries: Essays and Studies in English and Comparative Literature*, University of Michigan Press, 1935.

Mugglestone, L., *The Oxford History of English,* Foreign Language Teaching and

Research Press, 2011.

Mundy, J. H., *Europe in the High Middle Ages 1150-1300*, Longman, 2000.

Mustanoja, T. F., *A Middle English Syntax*, Societe Neophilologique, 1960.

Nichols, J., *A Collection of All the Wills of the Kings*, London, 1780.

Oldmixon, J., *Reflections on Dr. Swift's Letter to the Earl of Oxford*, Scolar Reprint, 1712.

Orme, N., *Education and Society in Medieval and Renaissance England*, the Hambledon Press, 1989.

Orme, N., *Medieval Schools: From Roman Britain to Renaissance England*, Yale University Press, 2006.

Painter, S., *The Rise of the Feudal Monarchies*, New York, 1951.

Palliser, D. M., *The Cambridge Urban History of Britain*, Vol. I, Cambridge University Press, 2000.

Patrick, St. *The Confession*, Grand Rapids, 2004.

Petit-Dutaillis, C., *The Feudal Monarchy in France and England, from the 10th to the 13th Century*, New York, 1964.

Pollock, F. & Maitland, F. W., *The History of English Law Before the Time of Edward I*, Cambridge University Press, 1898.

Potter, D., (ed.), *France in the Later Middle Ages 1200-1500*, Oxford University Press, 2002.

Pounds, N., *An Economic History of Medieval Europe*, Longman, 1974.

Pounds, N., *The Medieval City*, Greenwood Press, 2005.

Power, D., (ed.) *The Central Middle Ages Europe 950-1320*, Oxford University Press, 2006.

Powicke, F. M. *The Loss of Normandy*, Manchester, 1913.

Price, G., *The language of Britain*, London: Edward Arnold, 1984.

Prins, A. A., *French Influence in English Phrasing*, Leiden: Leiden University Press, 1952.

Reese, M. M., Shakespeare: his World and his Work, London, 1980.

Reuter, T. (ed.), *The New Cambridge Medieval History* （*Vol. III*）, Cambridge University Press, 1999.

Reynolds, S., *An Introduction to the History of English Medieval Town*, Claerndon Press, 1977.

Reynolds, S., *Kingdoms and Communities in Western Europe, 900-1300*, Oxford University Press, 1984.

Richardson, O. H., *The National Movement in the Reign of Henry III*, New York, 1897.

Rigby, S. H., *English Society in the Later Middle Ages: Class, Status, and Gender*, London, 1995.

Roberts, C. & Roberts, D., *A History of England I: Prehistory to 1714*, New Jersey, 1985.

Robinson, H. W. *The Bible in its Ancient and English Versions*, Greenwood Press, 1970.

Rösener, W., *Peasants in the Middle Ages*, Urbana and Chicago, 1992.

Ruggiers, P. G. (ed.), *Chaucer: the Great Tradition*, Pilgrim, 1984.

Sampson, G., *English for the English*, Cambridge University Press, 1921.

Saussure, F., *Course in General Linguistics*, Open Court, 1986.

Schaff, P., *History of the Christian Church: Medieval Christianity A. D. 590-1073*, Grand Rapids, 2002.

Schwarz, H., *The Christian Church*, AUGSBURG Publishing House, 1982.

Schoenbaum, S. *William Shakespeare: A Compact Documentary Life* (Revised ed.), Oxford University Press, 1987.

Sharpe, R. R., *Calendar of Letter: Books of the City of London*, London, 1905.

Shelly, P. V. D. *English and French in England, 1066-1100*, Philadelphia, 1921.

Strayer, J. R., *On the Medieval Origins of the Modern State*, Princeton University Press, 1970.

Sweet, H., *A Short Historical English Grammar*, Oxford University Press, 1892.

Swift, J. *A Proposal for Correcting, Improving and Ascertaining the English Tongue*, London, 1712.

Thirsk, J., *Hadlow, Life, Land & People in a Wealden Parish 1460-1600*, Kent Archaeological Society, 2007.

Tilly, C., (ed.), *The Formation of National States in Western Europe*, Princeton

University Press, 1975.

Trevelyan, G M., *English Social History*, New York, 1942.

Trotter, D. A., *Multilingualism in Later Medieval Britain*, D. S. Brewer, Cambridge, 2000.

Trudgill, P., *The Social Differentiation of English in Norwich*, Cambridge University Press, 1974.

Turner, E. R., *Ireland and England: In the Past and at Present*, New York, 1919.

Turville-Petre, T., *England the Nation*, Clarendon Press, 1996, Preface v.

Ullmann, W., *Principles of Government and Politics in the Middle Ages*, London, 1978.

Walker, W., *A History of the Christian Church*, New York, 1918.

Watson, G.(ed.), *The Cambridge History of the English Language (Vol.1)*, Cambridge University Press, 1992.

Wells, S. *Shakespeare & Co*, Pantheon, 2006.

Wright, J. & Wright, E., *An Elementary Middle English Grammar*, Oxford University Press, 1934.

Wright, J., *The English dialect dictionary*, Oxford University Press, 1961.

Wyld, H. C., *A History of Modern Colloquial English*, Oxford University Press, 1956.

论文类：

Aston, M., "English Ruins and English History: The Dissolution and the Sense of the Past", *Journal of the Warburg and Courtauld Institutes*, Vol. 36 (1973), pp. 231-255.

Abbey, S. & Blunt, J., "The Myroure of Oure Ladye", EETSES, 1873, 19.

Battaglia, O. F., "The Nobility in the European Middle Ages", *Comparative Studies in Society and History*, Vol. 5, No. 1 (Oct., 1962), pp. 60-75.

Bahr, A. & Gillespie, A., "Medieval English Manuscripts: Form, Aesthetics, and the Literary", *The Chaucer Review*, Vol.47, No. 4, (2013), pp. 346-360.

Bednarski, S. & Courtemanche, A., "Learning to Be a Man: Public Schooling and Apprenticeship in Late Medieval Manosque", *Journal of Medieval*

History (2009), pp. 113-135.

Blake, N. F., "The Emergence of Standard English by John H. Fisher (Review by N. F.), Blake", *The Review of English Studies*, New Series, Vol. 48, No. 192 (Nov., 1997), pp. 512-513.

Blumenthal, H. & Kahane, R., "Decline and Survival of Western Prestige Languages *Language*, Vol. 55, No. 1 (Mar., 1979), pp. 183-198.

Bridbury, A. R., "Before the Black Death", *The Economic History Review, New Series*, Vol. 30, No. 3 (Aug. 1977), pp. 393-410.

Briggs, F. C., "Literacy, Reading, and Writing in the Medieval West", *Journal of Medieval History* (2000), pp. 397-420.

Campbell, B. M. S., "Agricultural Progress in Medieval England: Some Evidence from Eastern Norfolk", *The Economic History Review*, New Series, Vol. 36, No. 1 (Feb., 1983), pp. 26-46.

Campbell, J., "Observations on English Government from the Tenth to the Twelfth Century", *Transactions of the Royal Historical Society*, Vol.25 (1975), pp. 3954.

Cannon, C., "The Myth of Origin and the Making of Chaucer's English", *Speculum*, Vol. 71, No. 3, (July, 1996), pp. 646-675.

Catto J., "Written English: The Making of the Language, 1370-1400," *Past and Present*, Vol.179, No.1, (May, 2003): 24-59.

Claire, J. "Elaboration in Practice: The Use of English in Medieval East Anglian Medicine", In Jack Fisiak and Peter Trugill. (eds.), *East Anglian English*, Cambridge: Brewer, 2001. pp. 163-177.

Chambers, R. W., "The Continuity of English Prose from Alfred to More and his School", In E.V. Hitchcock (ed.) *Harpsfield's Life of More*, Early English Text Society, 1932, pp. xlv-clxxiv.

Clark, C. "People and Languages in Post-Conquest Canterbury", *Journal of Medieval History*, Vol. 2, No. 1, (Jan., 1976), pp. 1-33.

David, C.C., "Code-switching and Authority in Late Medieval England", *Neophilologus* Vol. 87, No. 3, (July, 2003), pp. 473-486.

Deller, W. S. "The Texture of Literacy in the Testimonies of Late Medieval

English Proof-of-age Jurors, 1270 to 1430", *Journal of Medieval History*, Vol.38, No.2, (June, 2012), pp. 207-224.

Derek Keene, "Metropolitan Values: Migration, Mobility and Cultural Norms, London 1100-1700," in L. Wright (ed.), *The Development of Standard English1300-1800: Theories, Descriptions, Conflicts*, (Cambridge, UK, 2000), p. 111.

Dodd, G, "The Rise of English, the Decline of French: Supplications to the English Crown, c. 1420–1450", *Speculum*, Vol. 86, No.1, (Mar., 2011), pp. 117-150.

Dodd, G. "Writing Wrongs: The Drafting of Supplications to the Crown in Later Fourteenth-Century England," *Medium Ævum*, Vol.80, No.2, (Nov., 2011): 217-246.

Dodd, G., "Trilingualism in the Medieval English Bureaucracy: The Use and Disuse of Languages in the Fifteenth Century Privy Seal Office", *The Journal of British Studies*, Vol. Vol. 51, No.2, (Apr., 2012), pp. 253-283.

Ekwall, E "How Long Did the Scandinavian Language Survive in England?" In *Miscellany Offered to O. Jespersen*, Copenhagen, 1930, pp. 17-30.

Elisabeth M. C. van Houts, "Latin Poetry and the Anglo-Norman Court 1066–1135: The Carmen de Hastingae Proelio", *Journal of Medieval History* (1989) , pp. 39-62.

Finucane, R. C. "Two Notaries and their Records in England,1282–1307", *Journal of Medieval History* (1987), pp. 1-14.

Fisher, J. H., "Chancery and the Emergence of Standard Written English in the Fifteenth Century", *Speculum 52* (1977) , pp. 870-899.

Fisher, J. H., "European Chancelleriesry and the Rise of Standard Languages", *Proceedings of the Illinois Medieval Association 3* (1986) , pp. 1-33.

Fisher, J. H., "Chaucer's French: a Metalinguistic Inquiry", *Chaucer Yearbook 1* (1992), pp. 33-46.

Fisher, J. H., "A Language Policy for Lancastrian England", *PMLA*, Vol. 107, No. 5 (Oct., 1992), pp. 1168-1180.

Fisiak, J. H., "Chancery and the Emergence for the Distribution of Early

Modern English Dialect Features: the Voicing of Initial /f-/", In D. Kastovsky (ed.) *Studies in Early Modern English*. Berlin: Mouton de Gruyter (1977), pp. 97-110.

Fletcher, A. J., "Performing the Seven Deadly Sins: How One Late-Medieval English Preacher Did it", *Leeds Studies in English*, Vol.29, (Jan., 1998), Periodicals Archive Online, pp. 89-98.

Galbraith, V. H., "Nationality and Language in Medieval England", *Transactions of the Royal Historical Society*, Fourth Series, Vol. 23 (1941), pp. 113-128.

Geary, P. J., "What Happened to Latin", *Speculum* 84 (2009), pp. 859-873.

Goerlach, M., "Middle English–a Creole?" In D. Kastovsky and A. Szwedek (eds.) *Linguistics across Historical and Geographical Boundaries*, Berlin: Mouton de Gruyter, 1986, pp. 329-344.

Gordon-Kelter, J. "The Lay Presence: Chancery and Privy Seal Personnel in the Bureaucracy of Henry VI", *Medieval Prosopography*, Vol. 10, No.1, (1989), pp. 53–74.

Hanawalt, B. A., "Middle Class Writing in Late Medieval London", *The Journal of British Studies*, Vol. 51(2012), pp. 203-205.

Harriss, G., "Political Society and the Growth of Government in Late Medieval England", *Past and Present*, No. 138 (Feb., 1993), pp. 28-57.

Harriss, G., "War and the Emergence of the English parliament, 1297-1360", *Journal of Medieval History* (1976), pp. 35-56.

Haskins, G. L., "Parliament in the Later Middle Ages", *The American Historical Review*, Vol. 52, No. 4 (Jul., 1947), pp. 667-683.

Herlihy, D., "Three Patterns of Social Mobility in Medieval History", *Journal of Interdisciplinary History*, Vol. 3, No. 4 (1973), pp. 623-647.

Hieatt, C. B. & Jones, R. F., "Two Anglo-Norman Culinary Collections", *Speculum* 61/4 (1986), pp. 858-882.

Higgins, D., "Justices and Parliament in the Early Fourteenth Century avid Parliamentary History" (Jan., 1993, *Periodicals Archive Online*), pp. 1-12.

Hilton, R. H., "A Crisis of Feudalism", *Past and Present*, No. 80 (Aug., 1978), pp. 3-19.

Horobin, S., "Compiling the Canterbury Tales in Fifteenth-Century Manuscripts", *The Chaucer Review*, Vol. 47, No. 4(2013), pp. 372-389.

Hudson, A., Wyclif and the English language. In A. Kenny (ed.) *Wyclif and his Times*, Clarendon Press, 1986, pp. 85-103.

Hymas, P. R., "The Origins of a Peasant Land Market in England", *The Economic History Review, New Series*, Vol. 23, No. 1 (Apr., 1970), pp. 18-31.

Genet, J. P., "English Nationalism: Thomas Polton at the Council of Constance", *Nottingham Medieval Studies* (Jan 1, 1984, Periodicals Archive Online), pp. 60-78.

Jones, R. W., "Lollards and Images: The Defense of Religious Art in Later Medieval England", *Journal of the History of Ideas*, Vol. 34, No. 1 (Jan. - Mar., 1973), pp. 27-50.

Keller, W. "Skandinavischer Einfluss in der englischen Flexion," *Probleme der englischen Sprache und Kultur: Festschrift Johannes Hoops* (Heidelberg, 1925), pp. 80-87.

Kirch, M. S., "Scandinavian Influence on English Syntax," *PMLA*, 74 (1959), pp. 503-10.

Kortlandt, F., The Origins of Old English Dialects. In D. Kastovsky and A. Szwedek (eds.) *Linguistics across Historical and Geographical Boundaries*, Berlin: Mouton de Gruyter, 1980, pp. 437-42.

Lawrence, M. "John Wycliffe" In T. McArthur & R. McArthur, *Oxford Companion to the English Language*, Oxford University Press, 1992, p. 1135.

Leonard, W. L., and Moody, R. E., "The Seal of the Privy Council", *The English Historical Review*, Vol. 43, No. 170 (Apr., 1928), pp. 190-202.

Lyall, R. J. "Materials: The Paper Revolution," In J. Griffiths & D. Pearsall, (ed.), *Book Production and Publishing in Britain, 1375-1475*, (Cambridge, 1989), 11-29, esp. 11-12.

Lyon, B. D., "The Money Fief under the English Kings, 1066-1485", *The English Historical Review*, Vol. 66, No. 259 (Apr., 1951), pp. 161-193.

Machan, T. W., "Chaucer and the History of English", *Speculum* 87 (2012), pp. 147-175.

Martin, G. H., "The English Borough in the Thirteenth Century", *Transactions of the Royal Historical Society*, Fifth Series, Vol. 13 (1963), pp. 123-144.

Milroy, L. & J. Milroy. "Socialnet work and Social Class: Towards an Integrated Sociolinguistic Model", *Language in Society* (21), 1992, pp. 1-26.

Milroy, J., "The Notion of Standard Language and its Applicability to the Study of Early Modern English Pronunciation", In D. Stein & I. Tieken-Boon van Ostade (eds.) *Towards a Standard English 1600-1800*, Mouton de Gruyter, 1994, pp.19-29.

Moore, S., Meech, S.B. and Whitehall, H., "Middle English Dialect Characteristics and Dialect Boundaries", In *Essays and Studies in English and Comparative Literature*, University of Michigan Press, 1935, pp. 1-60.

Morreale, K. B., "French Literature, Florentine Politics, and Vernacular Historical Writing（1270–1348）", *Speculum* 85 (2010), pp. 868-893.

Morrish, J., "King Alfred's Letter as a Source of Learning in England", In P. Szarmach (ed.) *Studies in Earlier Old English Prose*, State University of New York Press, 1986, pp. 87-107.

Myers, A. R., "Parliamentary Petitions in the Fifteenth Century: Part I: Petitions from Individuals or Groups", *The English Historical Review*, Vol. 52, No. 207 (Jul., 1937), pp. 385-404.

Nightingale, P., "Trade, Politics and the Gentry in Late Medieval England", *Past and Present*, No. 169 (Nov., 2000), pp. 36-62.

Ormrod, W. M., "The Use of English: Language, Law, and Political Culture in Fourteenth-Century England", *Speculum*78(2003), pp. 750-787.

Page, R. I. "How Long Did the Scandinavian Language Survive in England? The Epigraphical Evidence," in P.Clemoes & K.Hughes (ed.), *England Before the Conquest: Studies in Primary Sources Presented to Dorothy Whitelock*, (Cambridge, UK, 1971), pp. 165-181.

Poos, L. R. and Bonfield, L., "Law and Individualism in Medieval England", *Social History*, Vol.11, No.3 (Oct., 1986), pp. 287-301.

Randsbor, K., "The Viking Nation". In L. M. Smith (ed.), *The Making of Britain: the Dark Ages*, Macmillan, 1984.

Richards, M. P. "Elements of a Written Standard in the Old English Laws". In J. Trahern, (ed.) , *Standardizing English*, Knoxville: University of Tennessee Press. 1989. pp. 1-22.

Richardson, H. G., "The English Coronation Oath", *Transactions of the Royal Historical Society, Fourth Series*, Vol. 23 (1941), pp. 129-158.

Richardson, M., "Henry V, the English Chancery, and Chancery English". *Speculum* 55(1980): pp. 726-750.

Richter, G. J., "Education and Association: the Bureaucrat in the Reign of Henry VI", *Journal of Medieval History*(1986), pp. 81-96.

Rosser, G., "Crafts, Guilds and the Negotiation of Work in the Medieval Town," *Past and Present*, No. 154 (Feb., 1997), pp. 3-31.

Rothwell, W., "Language and Government in Medieval England," In H. Stimm & A. Noyer-Weidner (eds.), *Zeitschrift fur Franzosische Sprache und Literatur*, (Wiesbaden, 1983), p. 262-65.

Rothwell, W., "From Latin to Anglo-French and Middle English: The Role of the Multilingual Gloss", *The Modern Language Review*, Vol. 88, No. 3 (Jul., 1993), pp. 581-599.

Rothwell,W., "Henry of Lancaster and Geoffrey Chaucer: Anglo-French and Middle English in Fourteenth Century England", *The Modern Language Review*, Vol. 99, No. 2 (Apr., 2004), pp. 313-327.

Samuels, M. L., "Some Applications of Middle English Dialectology", *English Studies* , Vol.44, No. 1(Jan., 1963): pp. 81-94.

Sheehan, M. M., "English Wills and the Records of the Ecclesiastical and Civil Jurisdictions", *Journal of Medieval History*, Vol. 14, No. 1 (Mar., 1988), pp. 3-12.

Spencer, H. L., "Macaronic Sermons. Bilingualism and Preaching in Late-Medieval England by Siegfried Wenzel", *The English Historical Review*, Vol. 112, No. 445 (Feb., 1997), pp. 176-177.

Stafford, P., "One English Nation", In L. M. Smith (ed.) *The Making of Britain: the Dark Ages*, Macmillan, 1984.

Stein, D., "Storing out the Variants: Standardization and Social Factors in the

English Language 1600-1800", In D. Stein & I. Tieken-Boon van Stade (eds.) *Towards a Standard English 1600-1800*, Mouton de Gruyter, 1994, pp. 1-17.

Strayer, J. R., "The Promise of the Fourteenth Century", *Proceedings of the American Philosophical Society*, Vol. 105, No. 6 (Dec., 1961), pp. 609-611.

Suggett, H., "The Use of French in England in the Later Middle Ages", *Transactions of the Royal Historical Society*, Fourth Series, Vol. 28 (1946), pp. 61-83.

Tadmor, N., "People of the Covenant and the English Bible", *Transactions of the Royal Historical Society*, 22, (Dec., 2012), pp. 95-110.

Thrupp, S. L., "Economy and Society in Medieval England", *The Journal of British Studies*, Vol.2, No.1 (Nov., 1962), pp. 1-13.

Tout, F. T., "Literature and Learning in the English Civil Service in the Fourteenth Century", *Speculum*, Vol. 4, No. 4 (Oct., 1929), pp. 365-389.

Tout, T. F. "The English Civil Service in the Fourteenth Century", *Bulletin of the John Rylands Library* 3 (1916-17), pp. 185-214.

Treharne, R. F., "The Nature of Parliament in the Reign of Henry III", *The English Historical Review*, Vol. 74, No. 293 (Oct., 1959), pp. 590-610.

Woodbine, G. E., "The Language of English Law", *Speculum*, Vol. 18, No. 4 (Oct., 1943), pp. 395-436.

网络资源:

1. Wikipedia, http://www.wikipedia.org/

2. http://www.britannica.com

3. http://www.londonroll.org

4. http://openlibrary.org/

5. http://scholar.google.com/

6. Internet Medieval Sourcebook, http://www.fordham.edu/halsall/sbook.html.

7. The Online Medieval & Classical Library, http://omacl.org/

8. http://en.wikipedia.org/wiki

附 录[1]

附录一 斯堪的纳维亚借词对英语的影响

表 1 首次出现在英语文献中的斯堪的纳维亚借词在时间分段上的分布

时间段	借词数量	所占百分比
早期	11	9.6%
12 世纪	9	7.8%
13 世纪	44	38.3%
14 世纪	31	27.0%
15 世纪	6	5.2%
16 世纪	10	8.7%
17 世纪	4	3.5%
总计	115	100.0%

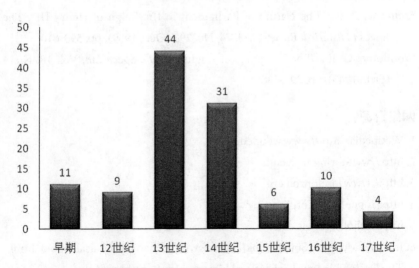

图 1 首次出现在英语文献中的斯堪的纳维亚语借词在时间分段上的分布

---

1 各附录中的数据和图表是作者根据 Dennis Freeman 所编著的《从古英语到标准英语》(Dennis Freeman, *From Old English to Standard English*, Macmillan Publishers Ltd., 2000.) 每章所附的原始借词列表综合并分类整理后改制而成。

表 2 首次出现在英语文献中的斯堪的纳维亚语借词

序号	时间	单词	汉译
1	855	awe	敬畏
2	1000	call	叫喊
3	1016	fellow	同伴
4	1031	haven	避风港
5	1100	knife	刀
6	1000	law	法律
7	1023	outlaw.	放逐，被剥夺权利
8	1100	take	取
9	1100	their	他们的
10	800	till	直到
11	1100	wrong	错误
1（12 世纪）	1175	both	两
2	1135	die	死
3	1150	low	低
4	1122	sister	妹妹
5	1175	skill	技能
6	1150	swain	男仆
7	1175	thrust	猛冲
8	1125	tidings	消息
9	1175	win	赢
1（13 世纪）	1200	aloft	在高处
2	1250	anger	愤怒
3	1200	aye	永远
4	1200	band	团队
5	1200	bank	桌子
6	1200	birth	分娩
7	1200	bull	公牛
8	1230	cast	投
9	1200	clip	夹

续表

序号	时间	单词	汉译
10	1225	crook	弯曲
11	1225	crooked	歪扭的
12	1200	egg	鸡蛋
13	1200	flit	掠过
14	1200	fro	来回
15	1220	gape	张嘴
16	1200	get	得到
17	1205	hap	机遇
18	1205	hit	撞击
19	1200	ill	生病
20	1200	kid	孩子
21	1200	kindle	点燃
22	1275	leg	腿
23	1240	loan	贷款
24	1225	loose	松
25	1200	meek	温顺
26	1200	raise	提高
27	1250	rake	耙
28	1250	ransack	洗劫
29	1200	rid	摆脱
30	1200	root	根
31	1225	rotten	烂
32	1200	same	同
33	1250	scab	痂
34	1205	scale(s)	规模
35	1200	scare	惊吓
36	1225	seemly	得体的
37	1200	skin	皮肤
38	1220	sky	天空

续表

序号	时间	单词	汉译
39	1200	they	他们
40	1200	though	虽然
41	1200	thrive	兴旺
42	1225	trust	信任
43	1225	want	想
44	1225	window	窗口
1（14 世纪）	1300	bait	饵
2	1300	bark	吠
3	1393	bask	晒
4	1386	calf	小牛
5	1300	crawl	爬行
6	1300	dirt	污垢
7	1369	down	向下
8	1300	droop	垂
9	1377	egg	鸡蛋
10	1320	flat	平
11	1386	freckle	雀斑
12	1380	gap	差距
13	1390	gasp	喘气
14	1300	girth	肚带
15	1375	glitter	闪光
16	1387	keel	龙骨
17	1300	lift	升起
18	1375	lug	拖
19	1387	mire	泥沼
20	1398	odd	奇数的
21	1325	race	种族
22	1390	reef	礁
23	1300	sale	卖

序号	时间	单词	汉译
24	1387	scrap	碎屑
25	1300	skirt	裙子
26	1300	slaughter	屠宰
27	1300	sly	狡猾
28	1300	snare	圈套
29	1340	snub	冷落
30	1300	stack	堆
31	1300	weak	弱
1 (15 世纪)	1450	link	链接
2	1400	reindeer	驯鹿
3	1400	scant	很少的
4	1400	score	得分
5	1440	silt	淤泥
6	1420	steak	牛排
1 (16 世纪)	1551	rug	地毯
2	1542	scrag	颈肉
3	1596	scrub	擦洗
4	1532	scud	飞毛腿
5	1590	scuffle	打架
6	1563	simper	傻笑
7	1572	skit	讽刺文
8	1577	snug	舒适
9	1595	snug	舒适
10	1573	wad	填料
1 (17 世纪)	1632	keg	桶
2	1625	oaf	糊涂人
3	1634	skittles	九柱戏
4	1616	troll	旋转

附录二 拉丁语借词对英语的影响

表3 首次出现在英语文献中的拉丁语借词在时间分段上的分布

时间段	借词数量	所占百分比
盎格鲁 – 撒克逊时期之前	42	16.4%
盎格鲁 – 撒克逊时期	55	21.5%
14 世纪	39	15.2%
15 世纪	52	20.3%
16 世纪	68	26.6%
总计	256	100.0%

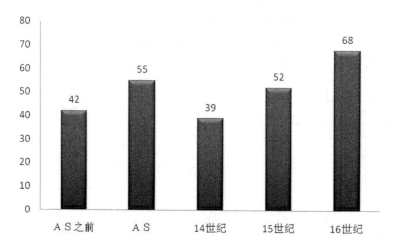

图2 首次出现在英语文献中的拉丁语借词在时间分段上的分布

表4 首次出现在英语文献中的拉丁语借词分类编码以及所占比例图

1	2	3	4	5	6	7	8	9	10	11
宗教	法律	政治	文化	动植物	物名	饮食	建筑	医学	科技	其他
26	16	11	68	19	36	7	3	9	27	33
10.2%	6.3%	4.3%	26.6%	7.4%	14.1%	2.7%	1.2%	3.5%	10.5%	13.3%

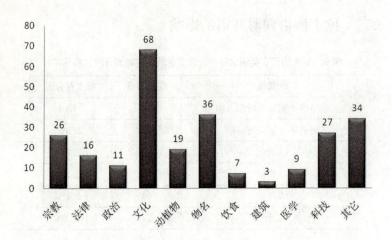

图3 首次出现在英语文献中的拉丁语借词分类编码以及所占比例图

表5 首次出现在英语文献中的拉丁语借词

序号	时间	单词	汉译
1	AS 前	belt	皮带
2		bin	篮子
3		bishop	主教
4		butter	黄油
5		cat	猫
6		chalk	粉笔
7		cheese	奶酪
8		copper	铜
9		cup	杯
10		dish	菜
11		fork	叉
12		inch	寸
13		kettle	水壶
14		kiln	窑
15		kitchen	厨房

续表

序号	时间	单词	汉译
16		line	线
17		-monger	贩子
18		mile	英里
19		mill	磨
20		mint	薄荷
21		mortar	砂浆
22		mule	骡子
23		pan	平移
24		pea	豌豆
25		pepper	胡椒
26		pillow	枕头
27		pin	针
28		pipe	管
29		pit	坑
30		pitch	沥青
31		plum	梅
32		poppy	罂粟
33		pound	英镑
34		purse	钱包
35		Saturday	星期六
36		sickle	镰刀
37		street	街头
38		tile	瓦
39		toll	税
40		wall	墙
41		wick	灯芯
42		wine	酒
1(AS)	880	anchor	锚

续表

序号	时间	单词	汉译
2	950	angel	天使
3	950	apostle	使徒
4	1000	ark	方舟
5	1000	balsam	香脂
6	1000	beet	甜菜
7	931	box	箱
8	700	candle	蜡烛
9	1000	cap	帽
10	1000	cedar	雪松
11	825	chalice	圣餐杯
12	700	chest	箱子
13	1000	circle	圆周
14	1000	cook	厨师
15	1000	colter	犁刀
16	931	cowl	僧帽
17	1000	creed	信条
18	900	crisp	脆
19	900	disciple	弟子
20	800	fan	风扇
21	700	fennel	茴香
22	1000	fever	发烧
23	1000	font	圣水器
24	1000	ginger	姜
25	971	lily	百合
26	1000	lobster	龙虾
27	900	martyr	殉道者
28	900	mass	弥撒
29	1000	master	首领

续表

序号	时间	单词	汉译
30	825	mat	垫子
31	900	minster	教堂
32	1000	mussel	蚌
33	824	myrrh	没药
34	900	nun	修女
35	1000	organ	教堂风琴
36	825	palm	棕榈
37	1000	pear	梨
38	1000	pine	松树
39	825	plant	种植
40	900	pope	教皇
41	805	priest	牧师
42	961	psalm	诗篇
43	1000	radish	萝卜
44	950	Sabbath	安息日
45	1000	sack	麻袋
46	1000	school	学校
47	1000	shrine	神龛
48	888	silk	丝绸
49	725	sock	袜子
50	1000	sponge	海绵
51	930	talent	天赋
52	825	temple	寺庙
53	950	title	标题
54	900	verse	诗
55	1000	zephyr	西风
1（14 世纪）	1382	allegory	寓言
2	1386	commit	犯

续表

序号	时间	单词	汉译
3	1380	complete	完整
4	1386	conspiracy	阴谋
5	1393	contempt	鄙视
6	1320	dirge	挽歌
7	1340	discuss	讨论
8	1380	dissolve	溶解
9	1391	equal	等于
10	1390	history	历史
11	1382	imaginary	假想
12	1395	incarnate	体现
13	1398	index	指数
14	1340	innumerable	无数
15	1386	intellect	智力
16	1382	lapidary	宝石
17	1300	limbo	地狱边缘
18	1380	magnify	放大
19	1297	minor	未成年人
20	1382	necessary	必要
21	1380	private	私人
22	1387	promote	促进
23	1382	quiet	安静
24	1398	rational	合理的
25	1375	remit	（法律）发回下级法院
26	1340	reprehend	责难
27	1386	rosary	天主教念珠
28	1377	scribe	书吏
29	1300	scripture	经文
30	1393	simile	明喻

续表

序号	时间	单词	汉译
31	1340	solitary	孤读的
32	1382	spacious	宽敞
33	1398	stupor	麻木
34	1374	submit	提交
35	1380	suppress	压制
36	1380	temperate	适度的
37	1380	temporal	世俗的
38	1393	testify	作证
39	1382	tributary	纳贡的
1（15世纪）	1430	adjacent	邻近的
2	1413	client	门客
3	1491	conviction	有罪
4	1491	custody	监禁
5	1413	distract	转移
6	1490	exhibit	展览
7	1489	extract	提取
8	1471	frustrate	阻挠
9	1410	gesture	手势
10	1477	gratis	免费
11	1420	immune	免疫的
12	1420	include	包括
13	1412	incredible	难以置信
14	1425	individual	个人
15	1494	infancy	婴儿期
16	1432	inferior	劣势
17	1413	infinite	无限
18	1420	innate	先天
19	1412	interrupt	打断

续表

序号	时间	单词	汉译
20	1400	juniper	红松树
21	1450	lapse	偏离摔倒
22	1494	legitimate	合法
23	1412	lucrative	赚钱的
24	1440	malefactor	犯罪分子
25	1432	mechanical	机械
26	1412	moderate	温和
27	1440	obdurate	顽固
28	1432	ornate	华丽的
29	1420	picture	图片
30	1450	polite	有礼貌
31	1490	popular	流行
32	1432	prevent	预防
33	1477	project	项目计划
34	1432	prosecute	起诉
35	1450	prosody	韵律学
36	1450	querulous	爱抱怨的
37	1400	recipe	食谱
38	1494	reject	拒绝
39	1450	scrutiny	审查选票
40	1451	seclude	隐居
41	1450	solar	太阳的
42	1432	subdivide	细分
43	1456	subordinate	下属
44	1425	subscribe	订阅
45	1400	substitute	替代
46	1432	summary	总结
47	1410	superabundance	过剩

序号	时间	单词	汉译
48	1417	supplicate	哀告
49	1432	testimony	见证
50	1400	tincture	药酒
51	1486	tract	管道
52	1400	ulcer	溃疡
1（16世纪）	1513	alienate	法律转让
2	1548	allusion	典故
3	1525	appropriate	适当
4	1538	area	区域
5	1570	calculate	计算
6	1579	catastrophe	灾难
7	1581	compendium	概要
8	1511	consolidate	巩固
9	1545	conspicuous	显着
10	1590	critical	危急的
11	1568	decorum	礼仪
12	1599	delirium	精神错乱
13	1552	demonstrate	演示
14	1552	denominate	定名
15	1548	denunciation	控诉
16	1527	dexterity	灵巧
17	1530	digress	离题
18	1567	dire	可怕的
19	1534	dissident	持不同政见
20	1589	emulate	仿效
21	1531	encyclopedia	百科全书
22	1564	eradicate	根除
23	1599	excavate	挖掘

续表

序号	时间	单词	汉译
24	1533	excrescence	赘生物
25	1574	excursion	远足
26	1538	expectation	期望
27	1586	expostulation	谏言
28	1556	external	外部
29	1545	extinguish	熄灭
30	1533	folio	对开
31	1513	genius	天才
32	1541	gradual	循序渐进
33	1526	habitual	惯常的
34	1577	hereditary	遗传
35	1590	horrid	可怕
36	1577	ignoramus	傻
37	1534	imitate	模仿
38	1520	impersonal	非主观的
39	1548	incumbent	责任义务
40	1560	insane	疯癫的
41	1526	insinuation	影射
42	1579	interregnum	新旧国王空位期间
43	1584	janitor	门警
44	1500	legal	法律
45	1542	malignant	恶性疾病的
46	1542	mediate	调解
47	1560	meditate	宗教沉思
48	1551	medium	中等的
49	1590	militia	民兵
50	1570	nasturtium	旱金莲
51	1531	nervous	紧张

续表

序号	时间	单词	汉译
52	1548	notorious	臭名昭著
53	1582	omen	不祥的预兆
54	1548	orbit	轨道
55	1598	pathetic	可怜的
56	1538	peninsula	半岛
57	1552	prodigious	惊人
58	1589	quarto	四开
59	1597	radius	半径
60	1532	resuscitate	复苏
61	1579	rostrum	古罗马船首
62	1597	sinus	生物学：窦
63	1599	stratum	地层
64	1578	strict	严格的
65	1554	superintendent	管理者
66	1560	urge	敦促
67	1577	vagary	奇思妙想
68	1575	vast	巨大

附录三 法语借词对英语的影响

表6 首次出现在英语文献中的法语借词在时间分段上的分布

时间段	借词数量	所占百分比
11 世纪	5	0.8%
12 世纪	35	5.6%
13 世纪	223	35.8%
14 世纪	291	46.7%
15 世纪	32	5.1%
16 世纪	16	2.6%
17 世纪	21	3.4%
总计	623	100%

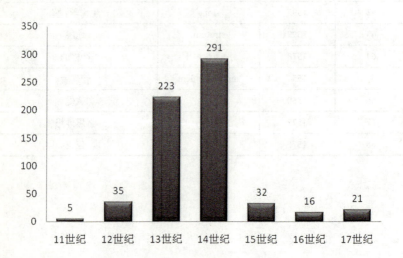

图4 首次出现在英语文献中的法语借词在时间分段上的分布

表7 首次出现在英语文献中的法语借词分类编码以及所占比例表

1	2	3	4	5	6	7	8	9	10	11	12
文化	宗教	法律	物名	政治	其他	动植物	修饰语	军事	食物	建筑	经济
89	86	75	75	60	49	43	40	39	32	24	11
14.3%	13.8%	12.0%	12.0%	9.6%	7.9%	6.9%	6.4%	6.3%	5.1%	3.9%	1.8%

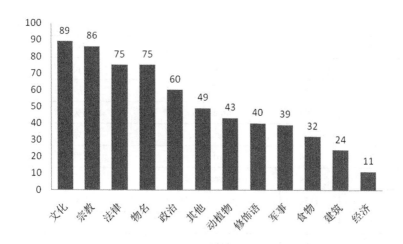

图 5 首次出现在英语文献中的法语借词分类编码以及所占比例图

表 8 首次出现在英语文献中的法语借词

序号	时间	单词	汉译
1	1000	sot	醉
2	1000	capon	阉鸡
3	1050	proud	骄傲
4	1075	castle	城堡
5	1085	crown	王冠
6	1100	arbalest	劲弩
7	1100	chaplain	牧师
8	1100	tower	塔
9	1122	saint	圣人
10	1123	abbot	男修道院院长
11	1123	prison	监狱
12	1123	prior	小修道院院长
13	1125	cardinal	红衣主教
14	1125	council	评议会
15	1129	clerk	教会执事

续表

序号	时间	单词	汉译
16	1129	duke	公爵
17	1131	chancellor	大法官
18	1154	countess	伯爵夫人
19	1154	war	战争
20	1154	court	法庭
21	1154	empress	皇后
22	1154	justice	正义
23	1154	legate	使节
24	1154	market	市场
25	1154	miracle	奇迹
26	1154	rent	地租
27	1154	standard	军旗
28	1154	treasure	财宝
29	1175	charity	（宗教）博爱
30	1175	fruit	水果
31	1175	grace	神的恩典
32	1175	juggler	杂耍弄臣
33	1175	mercy	神的怜悯
34	1175	oil	油
35	1175	palfrey	小马
36	1175	paradise	天堂
37	1175	passion	殉教
38	1175	prove	法律验证
39	1175	sacrament	圣礼
40	1175	table	桌子
41	1200	absolution	赦免
42	1200	baron	男爵
43	1200	blame	责怪

续表

序号	时间	单词	汉译
44	1200	ermine	貂
45	1200	feast	盛宴
46	1200	fine	优雅
47	1200	lamp	灯
48	1200	obedience	皈依
49	1200	olive	橄榄
50	1200	penitence	忏悔
51	1200	poor	可怜
52	1200	religion	宗教
53	1200	rime	霜
54	1200	saffron	藏红花
55	1200	sergeant	高级律师
56	1200	sermon	讲道
57	1200	service	礼拜仪式（serfice）
58	1200	virgin	童贞修女
59	1200	wait	等待
60	1205	arm	武器
61	1205	cape	海角
62	1205	catch	围猎
63	1205	duke	公爵
64	1205	hermit	隐士
65	1205	poor	贫穷的
66	1205	prelate	主教
67	1220	balm	香脂
68	1220	basin	盆
69	1225	art	艺术
70	1225	boil	沸腾
71	1225	brooch	胸针

续表

序号	时间	单词	汉译
72	1225	cellar	地窖
73	1225	champion	加冕典礼护卫官
74	1225	chapel	小教堂
75	1225	chapter	章
76	1225	chaste	贞洁的
77	1225	chattel	（法律）动产
78	1225	clause	条款
79	1225	convent	女修道院
80	1225	crucifix	十字架
81	1225	dame	骑士夫人，贵妇人
82	1225	devout	虔诚
83	1225	dignity	尊严
84	1225	estate	贵族议员
85	1225	fig	无花果
86	1225	gentle	贵族阶层
87	1225	habit	法衣
88	1225	haunch	后臀尖
89	1225	heresy	异端
90	1225	heritage	世袭财产
91	1225	image	图像
92	1225	largesse	慷慨
93	1225	lesson	宗教日课
94	1225	letter	字母
95	1225	medicine	医药
96	1225	messenger	信使
97	1225	minstrel	吟游诗人
98	1225	noble	贵族
99	1225	ornament	礼拜用品

续表

序号	时间	单词	汉译
100	1225	parlour	客厅
101	1225	physician	医师
102	1225	pillar	支柱
103	1225	pity	遗憾
104	1225	place	地方
105	1225	preach	讲道
106	1225	prince	王子
107	1225	proof	法律证据
108	1225	ransom	赎金
109	1225	remedy	补救
110	1225	remission	缓解
111	1225	salvation	救恩
112	1225	servant	仆人
113	1225	siege	围城
114	1225	simony	圣职买卖罪
115	1225	spice	香料
116	1225	state	国家
117	1225	story	故事
118	1225	temptation	诱惑
119	1225	tournament	中世纪骑士比武
120	1225	traitor	叛徒
121	1225	treason	叛逆
122	1225	trinity	三位一体
123	1225	veil	修女面纱
124	1225	warden	看守
125	1225	warrant	保证
126	1230	acquit	宣布无罪
127	1230	assail	攻击

续表

序号	时间	单词	汉译
128	1230	banner	旗帜
129	1230	change	变化
130	1230	poison	毒
131	1230	service	礼拜式
132	1240	constable	王室总管
133	1240	ribald	下流的、不敬的
134	1250	abbey	修道院
135	1250	attire	服装
136	1250	censer	香炉
137	1250	defend	辩护
138	1250	falcon	猎鹰
139	1250	figure	图形、雕像
140	1250	leper	麻风病人
141	1250	malady	弊病
142	1250	music	音乐
143	1250	parson	牧师
144	1250	plead	求情
145	1250	sacrifice	祭祀
146	1250	scarlet	大主教红衣
147	1250	spy	间谍
148	1250	stable	稳定
149	1250	virtue	美德
150	1258	marshal	司仪
151	1259	dais	讲台
152	1260	park	国王特许猎场
153	1272	reign	在位
154	1272	sapphire	蓝宝石
155	1275	beauty	美女

续表

序号	时间	单词	汉译
156	1275	clergy	教士
157	1275	cloak	斗篷
158	1275	country	国家
159	1275	fool	傻瓜
160	1275	gaol	监狱
161	1275	heir	继承者
162	1275	hue and cry	围猎时大声呐喊
163	1275	pillory	颈手枷
164	1275	robe	法衣
165	1275	russet	赤褐色
166	1275	supper	晚餐
167	1280	executor	指定遗嘱执行者
168	1289	mustard	芥菜
169	1289	sugar	糖
170	1290	amethyst	紫晶
171	1290	colour	颜色
172	1290	courtier	朝臣
173	1290	creator	造物主
174	1290	cruet	调味瓶
175	1290	date (fruit)	枣（水果）
176	1290	friar	男修士
177	1290	fry	炒
178	1290	gout	鉴赏力
179	1290	grape	葡萄
180	1290	herb	草本植物
181	1290	homage	效忠
182	1290	incense	香
183	1290	inquest	有陪审员的审讯

续表

序号	时间	单词	汉译
184	1290	jewel	宝石
185	1290	judge	法官
186	1290	judgement	审判
187	1290	lance	长矛
188	1290	manor	庄园
189	1290	marble	大理石雕刻品
190	1290	melody	旋律
191	1290	minister	部长、牧师
192	1290	mutton	羊肉
193	1290	ointment	软膏
194	1290	ordain	法律规定
195	1290	painting	绘画
196	1290	palace	宫
197	1290	pardon.	赦免
198	1290	parliament	议会
199	1290	partridge	鹧鸪
200	1290	penance	苦修
201	1290	perch	栖息木
202	1290	plate	盘子
203	1290	porch	门廊
204	1290	pork	猪肉
205	1290	pray	祈祷
206	1290	quilt	被套
207	1290	realm	王国
208	1290	repent	忏悔
209	1290	reverence	尊敬
210	1290	safe	安全
211	1290	seize	（法律）查封

续表

序号	时间	单词	汉译
212	1290	sentence	句子
213	1290	slander	诽谤
214	1290	slave	奴隶
215	1290	solace	慰藉
216	1290	sovereign	君主
217	1290	squire	乡绅
218	1290	statute	法规
219	1290	sue	起诉
220	1290	summons	传票
221	1290	surplice	法衣
222	1290	sustenance	营养
223	1290	taste	味道
224	1290	tax	税
225	1290	tyrant	暴君
226	1290	venison	鹿肉
227	1294	joist	（建筑）龙骨
228	1296	wicket	便门
229	1297	abbess	女修道院院长
230	1297	accuse	控告
231	1297	alliance	联盟
232	1297	archer	弓箭手
233	1297	assault	突击
234	1297	assign	（法律）分配
235	1297	bailiff	地主管家
236	1297	battle	战斗
237	1297	cathedral	大教堂
238	1297	chamberlain	国王管家
239	1297	chance	机会

续表

序号	时间	单词	汉译
240	1297	charge	冲锋
241	1297	chief	法院院长
242	1297	choice	精选
243	1297	choir	教堂唱诗班
244	1297	collar	衣领
245	1297	dinner	正餐
246	1297	empire	帝国
247	1297	feign	伪造文件
248	1297	felon	重犯
249	1297	forest	森林
250	1297	garrison	驻军
251	1297	govern	治理
252	1297	imprison	监禁
253	1297	libel	诽谤
254	1297	madam	夫人
255	1297	mayor	市长、宰相
256	1297	pain	疼痛
257	1297	pavilion	亭子
258	1297	rebel	反叛
259	1297	roast	烘烤
260	1297	second	第二
261	1297	sir	爵士
262	1297	suit	诉讼
263	1297	verdict	判决书
264	1300	almond	杏仁
265	1300	award	奖赏
266	1300	beef	牛肉
267	1300	blanket	毯子

续表

序号	时间	单词	汉译
268	1300	blue	蓝色
269	1300	caitiff	卑鄙的
270	1300	chair	椅子
271	1300	chamber	房间
272	1300	chess	棋
273	1300	chivalry	骑士气概
274	1300	coat	外套
275	1300	contrition	悔悟
276	1300	coverlet	床单
277	1300	curtain	窗帘
278	1300	damnation	诅咒
279	1300	dance	舞蹈
280	1300	demesne	领地
281	1300	depose	（法律）免职
282	1300	duchess	公爵夫人
283	1300	emerald	绿宝石
284	1300	evidence	证据
285	1300	enemy	敌人
286	1300	exchequer	税务法庭
287	1300	exile	流亡
288	1300	expound	阐述
289	1300	faith	信仰
290	1300	fashion	时尚
291	1300	forfeit	（法律）被罚失去
292	1300	fur	毛皮
293	1300	garment	服装
294	1300	garret	阁楼
295	1300	gender	性别

续表

序号	时间	单词	汉译
296	1300	goblet	高脚杯
297	1300	idiot	白痴
298	1300	ivory	象牙
299	1300	jollity	欢乐
300	1300	kennel	狗窝
301	1300	lace	花边
302	1300	lantern	灯笼
303	1300	leash	皮带
304	1300	mackerel	鲭鱼
305	1300	majesty	威严
306	1300	novice	初学者
307	1300	nutmeg	肉豆蔻
308	1300	orange	橙
309	1300	palsy	麻痹
310	1300	panel	陪审员
311	1300	pantry	食品储藏室
312	1300	parchment	羊皮纸
313	1300	pasty	膏状
314	1300	pearl	珍珠
315	1300	peer	窥视
316	1300	poet	诗人
317	1300	prologue	序幕
318	1300	property	属性
319	1300	quail	鹌鹑
320	1300	raisin	葡萄干
321	1300	record	记录
322	1300	rein	缰绳
323	1300	retreat	撤退

续表

序号	时间	单词	汉译
324	1300	romance	骑士文学
325	1300	sacrilege	法律亵渎神圣罪
326	1300	salmon	三文鱼
327	1300	saucer	茶托
328	1300	saviour	救主
329	1300	sceptre	王杖
330	1300	skirmish	小规模战斗
331	1300	soldier	战士
332	1300	stomach	胃
333	1300	study	研究
334	1300	sturgeon	鲟
335	1300	sulphur	硫
336	1300	surgeon	外科医生
337	1300	tassel	流苏
338	1300	title	标题
339	1300	towel	毛巾
340	1300	tripe	（烹调）内脏
341	1300	turret	塔楼
342	1300	vassal	诸侯
343	1300	vestment	法衣
344	1300	vicar	副主教
345	1300	vinegar	醋
346	1303	victual	食品
347	1302	heron	苍鹭
348	1302	loin	腰
349	1303	anoint	涂油于
350	1303	horrible	可怕
351	1303	assize	巡回法庭

续表

序号	时间	单词	汉译
352	1303	chivalry	骑士气概
353	1303	chronicle	编年史
354	1303	chancel	圣坛
355	1303	culpable	有罪
356	1303	decree	法令
357	1303	enamor	使迷恋
358	1303	indict	起诉
359	1303	jaundice	黄疸
360	1303	leisure	闲
361	1303	marvel	奇迹
362	1303	pestilence	瘟疫
363	1303	single	单的
364	1303	trespass	（法律）侵入
365	1305	adore	崇拜
366	1305	stallion	公马
367	1309	porpoise	海豚
368	1310	diamond	钻石
369	1310	garnet	石榴石
370	1310	ruby	红宝石
371	1312	plover	珩鸟
372	1314	chase	追
373	1314	dart	镖
374	1314	encumbrance	阻碍
375	1314	mallard	凫，野鸭
376	1315	equity	衡平法
377	1315	mirror	镜子
378	1315	mystery	神秘
379	1315	solemn	庄严

续表

序号	时间	单词	汉译
380	1320	button	按钮
381	1320	mistress	女管家
382	1320	pheasant	野鸡
383	1325	alum	明矾
384	1325	arraign	法律传讯
385	1325	array	陪审团名单
386	1325	arrest	逮捕
387	1325	baptism	洗礼
388	1325	base	地基
389	1325	boot	靴
390	1325	brandish	舞弄
391	1325	coroner	王室私产管理官
392	1325	enamel	搪瓷
393	1325	lectern	读经台
394	1325	officer	军官
395	1325	revel	陶醉
396	1325	tenant	承租人
397	1325	tenement	占有（爵位）
398	1325	usurp	篡位
399	1330	adjourn	休会
400	1330	apparel	服饰
401	1330	bacon	熏肉
402	1330	biscuit	饼干
403	1330	broach	胸针
404	1330	chimney	烟囱
405	1330	dean	副主教
406	1330	dress	连衣裙
407	1330	fraud	骗局

续表

序号	时间	单词	汉译
408	1330	harness	马具
409	1330	lay	世俗
410	1330	marquess	侯爵
411	1330	mastiff	看家狗
412	1330	navy	海军
413	1330	petition	请愿书
414	1330	pinnacle	教堂尖顶
415	1330	portcullis	吊门
416	1330	prose	散文
417	1330	remember	记得
418	1330	scullery	餐具室
419	1330	search	搜索
420	1330	sexton	教堂司事
421	1330	vanquish	征服
422	1331	latch	闩
423	1332	cream	奶油
424	1338	sober	清醒
425	1340	advocate	律师，主张
426	1340	buckle	扣
427	1340	closet	壁橱
428	1340	conversation	谈话
429	1340	couch	卧榻
430	1340	cushion	坐垫
431	1340	dalliance	调戏
432	1340	embellish	美化
433	1340	immortality	不朽
434	1340	innocent	无辜无罪的
435	1340	mansion	大厦

续表

序号	时间	单词	汉译
436	1340	oppress	压迫
437	1340	patrimony	教堂财产
438	1340	redemption	救赎
439	1340	reward	奖励
440	1340	sanctuary	圣堂，庇护所
441	1340	subject	主题
442	1340	treacle	糖浆
443	1341	paper	纸
444	1341	sole	唯一
445	1350	cherry	樱桃
446	1350	frock	僧袍
447	1350	garter	袜带
448	1357	oyster	牡蛎
449	1362	grammar	语法
450	1362	gruel	麦片粥
451	1362	logic	逻辑
452	1362	moat	护城河
453	1362	pastor	牧师
454	1362	pellet	炮弹
455	1362	pullet	小母鸡
456	1362	theology	神学
457	1362	trot	小跑
458	1366	adultery	通奸
459	1366	apothecary	药剂师
460	1366	appetite	食欲
461	1366	peach	桃
462	1366	satin	缎
463	1366	squirrel	松鼠

续表

序号	时间	单词	汉译
464	1373	taffeta	塔夫绸
465	1374	administer	管理
466	1374	adorn	装饰
467	1374	complain	抱怨
468	1374	divine	神圣的
469	1374	just	正义
470	1374	liberty	自由
471	1374	royal	皇族
472	1374	tragedy	悲剧
473	1374	treatise	论文
474	1375	authority	权威
475	1375	banish	放逐
476	1375	bonnet	圆帽
477	1375	captain	队长
478	1375	legacy	（法律）遗产
479	1375	lieutenant	陆军中尉
480	1375	literature	文学
481	1375	question	审问
482	1375	retinue	随从
483	1375	scent	香味
484	1375	season	季节
485	1377	ague	疟疾
486	1377	appurtenances	（法律）附带权利
487	1377	bill	法案
488	1377	galosh(es)	套鞋（ES）
489	1377	pen	笔
490	1377	salary	薪水
491	1377	warren	法律特许养兔场

续表

序号	时间	单词	汉译
492	1380	ambush	埋伏
493	1380	ceiling	天花板
494	1380	mitre	僧帽
495	1380	subsidy	补贴
496	1380	volume	书卷
497	1382	communion	圣餐式
498	1382	convert	皈依
499	1382	crime	犯罪
500	1382	desolation	荒凉
501	1382	homicide	（法律）杀人
502	1382	lattice	格子
503	1382	plague	瘟疫
504	1382	schism	教会分裂
505	1382	treaty	条约
506	1382	waiter	服务员
507	1384	check	检查
508	1384	flute	长笛
509	1384	magic	魔术
510	1385	bay	海湾
511	1386	alkali	城
512	1386	army	军队
513	1386	arsenic	砷
514	1386	bream	鲂鱼
515	1386	chant	颂歌
516	1386	cinnamon	肉桂
517	1386	confess	坦白
518	1386	contagion	传染性
519	1386	homily	讲道

续表

序号	时间	单词	汉译
520	1386	lute	琵琶
521	1386	mitten	手套
522	1386	oppose	反对
523	1386	pledge	抵押
524	1386	poultry	家禽
525	1386	preface	前言
526	1386	spaniel	獚（一种狗）
527	1386	veal	小牛肉
528	1387	confection	蜜饯
529	1387	copy	复制
530	1387	perjury	伪证
531	1387	prerogative	特权
532	1387	viscount	子爵
533	1387	wardrobe	衣柜
534	1388	bar	酒吧
535	1388	lintel	楣
536	1390	marjoram	墨角兰
537	1390	mince	剁碎
538	1390	ordnance	军械
539	1390	pigeon	鸽子
540	1390	recreation	娱乐
541	1390	salad	沙拉
542	1393	embroidery	刺绣
543	1394	sanctity	神圣
544	1395	chevron	（军事）徽章
545	1397	arras	壁毯
546	1398	blanch	漂白
547	1398	noun	名词

续表

序号	时间	单词	汉译
548	1398	pleurisy	胸膜炎
549	1398	thyme	麝香草
550	1398	toast	烤面包
551	1398	turquoise	绿松石
552	1399	allegiance	忠诚
553	1399	plume	羽
554	1399	secret	秘密
555	1400	bail	保释
556	1400	jury	陪审团
557	1400	lemon	柠檬
558	1400	loyalty	忠诚
559	1400	nitre	硝石
560	1400	nutritive	营养的
561	1400	plaintiff	原告
562	1400	sausage	香肠
563	1400	stew	炖
564	1400	tart	馅饼
565	1400	retrieve	挽回
566	1413	assembly	议院
567	1413	punishment	惩罚
568	1420	condiment	调味品
569	1422	revenue	税收
570	1423	sable	黑貂
571	1426	compilation	汇编
572	1426	guard	守卫
573	1426	umbrage	树荫
574	1430	vellum	羊皮纸
575	1436	public	公开的

续表

序号	时间	单词	汉译
576	1440	terrier	地产簿
577	1449	abhor	厌恶
578	1460	enable	授权
579	1460	larceny	盗窃罪
580	1475	peasant	农民
581	1477	curb	限制
582	1479	manoeuvre	演习
583	1481	column	立柱
584	1483	repeal	废除
585	1490	virile	雄浑
586	1491	resonance	（物理）共鸣
587	1501	minion	奴才
588	1513	trophy	锦标
589	1523	pioneer	先锋
590	1530	pilot	领航员
591	1542	sally	突围
592	1540	scene	（戏剧）场
593	1540	anatomy	解剖学
594	1548	colonel	陆军上校
595	1548	baton	指挥棒
596	1549	machine	机器
597	1560	chamois	羚羊
598	1561	gauze	纱布
599	1563	vase	花瓶
600	1567	combat	战斗
601	1588	pedant	学究
602	1599	genteel	上流温雅的
603	1600	dessert	甜点

续表

序号	时间	单词	汉译
604	1607	reliance	信赖
605	1642	invalid	有病伤残的
606	1644	reveille	起床号
607	1645	repartee	机敏的对答
608	1648	melee	乱斗
609	1653	soup	汤
610	1654	naive	天真
611	1662	rapport	友好关系
612	1663	chandelier	吊灯
613	1663	jaunty	斯文的
614	1664	champagne	香槟酒
615	1664	envoy	使者
616	1667	ballet	芭蕾舞
617	1670	aide-de-camp	副官
618	1672	penchant	强烈的嗜好
619	1687	beau	花花公子
620	1687	commandant	指挥官
621	1697	tête-d-tête	单独的
622	1698	ménage	一户人家
623	1699	salon	沙龙、客厅